Wein

Kennen & genießen

Wein
Kennen & genießen

Joanna Simon

Fotos: Ian O'Leary

Dorling Kindersley

DORLING KINDERSLEY
London, New York, Melbourne, München und Delhi

*Für Benet, Alice, Emma, Joy und Heloise
In memoriam Michael Hoare*

Für Dorling Kindersley produziert von
Francis Ritter (Redaktion)
Toni Kay (Gestaltung)

LEKTORAT Nicki Lampon
BILDREDAKTION Anna Benjamin
CHEFLEKTORAT Sharon Lucas
LEITUNG BILDLEKTORAT Derek Coombes
ART DIRECTOR Carole Ash
DTP-DESIGN Sonia Charbonnier
BILDRECHERCHE Georgina Lowin,
Franziska Marking
HERSTELLUNG Louise Daly

Fachbeiträge von
Margaret Rand und Simon Woods
(Weine der Welt)

Für die deutsche Ausgabe:
PROGRAMMLEITUNG Monika Schlitzer
HERSTELLUNGSLEITUNG Dorothee Whittaker
PROJEKTBETREUUNG Andrea Göppner
HERSTELLUNG Anna Strommer
COVERGESTALTUNG Anna Strommer

Bibliografische Information Der Deutschen Bibliothek
Die Deutsche Bibliothek verzeichnet diese Publikation in
der Deutschen Nationalbibliografie;
detaillierte bibliografische Daten sind im Internet über
http://dnb.ddb.de abrufbar.

Titel der englischen Originalausgabe:
The Sunday Times Book of Wine

© Dorling Kindersley Limited, London, 2001
Ein Unternehmen der Penguin-Gruppe
Text © Joanna Simon, 2001

© der deutschsprachigen Ausgabe by
Dorling Kindersley Verlag GmbH, München, 2002, 2008
Alle deutschsprachigen Rechte vorbehalten

ÜBERSETZUNG Christian Kennerknecht, München
REDAKTION Dorit Esser, Berlin

ISBN 978-3-8310-1312-8

Colour reproduction by Colourscan, Singapore
Printed and bound in China by SNP Leefung

Besuchen Sie uns im Internet
www.dk.com

Inhalt

Einleitung	6
Stilarten	8
Rebsorten	28
Wein verkosten	58
Die Welt der Weine	74
Essen & Wein	92
Anbau & Bereitung	110
Wein kaufen	134
Lagern & servieren	148
Weine der Welt	162
Glossar	218
Register	220
Dank	224

Einleitung

Das Thema Wein ist in den letzten Jahren immer spannender geworden, da uns heute die Weine der ganzen Welt zur Verfügung stehen und es somit mehr Zugangsmöglichkeiten gibt als früher. Wenn Sie vor der Wahl des richtigen Weines stehen, können Sie nach der Rebsorte gehen oder sich nach einem bestimmten Essen richten, zu dem Sie den Wein servieren möchten. Denkbar ist auch der traditionelle geografische Ansatz, wenn Sie sich mit den Weinen einer bestimmten Region oder eines Landes vertraut machen möchten. Oder Sie interessiert ein spezieller Weinberg oder Keller, möglicherweise hat Sie vielleicht auch einfach das Etikett auf der Flaschenrückseite neugierig gemacht. Dafür müssen Sie allerdings den Fachjargon verstehen, um das Wesentliche vom Unwesentlichen zu unterscheiden. Dieses Buch gibt zu allen genannten Punkten Auskunft.

Sicher haben manche das Gefühl, sie könnten mehr von ihrem Wein haben, würden sie sich nur besser auf das Verkosten und das Erkennen der Aromen verstehen. Oder sie möchten gerne mehr über die Herkunft eines Weines erfahren. All das finden Sie in diesem Buch. Eine besonders schöne Seite hat die Begegnung mit dem Thema Wein: Ein wirkliches Kennenlernen ist nur über das Produkt selbst möglich. Geschichte kann man sich erlesen, man muss nicht unbedingt selbst dabei gewesen sein. Sie können Musikliebhaber

sein, ohne selbst ein Instrument zu spielen. Wein jedoch müssen Sie riechen, schlürfen, schmecken – genießen. Also tauchen Sie ein in die Texte und Bilder dieses Buches, aber bitte immer mit einem Glas Wein in erreichbarer Nähe.

EIN WORT ÜBER DIE WEINSPRACHE

Wie alle Spezialisten haben auch Weinkenner ihre eigene Sprache entwickelt. Sie trägt teilweise zur Klärung der Materie bei, so wie geschlagenes Hühnereiweiß Rotwein klärt (Sie wussten das nicht? Schauen Sie auf S. 130). Aber manches verschleiert und verkompliziert die Sachlage unnötig. Genau das versuche ich hier zu vermeiden. Wenn ich doch einmal darauf zurückgreife, erkläre ich die entsprechenden Begriffe. Zusätzlich gibt es in den Kapiteln »Verkostung« sowie »Weinkauf« Übersichten über die verwendeten Fachbegriffe.

Ich möchte an dieser Stelle besonders darauf hinweisen, dass ich die Begriffe »Alte Welt« und »Neue Welt« aus praktischen Gründen verwendet habe. Manche mögen diese Unterscheidung nicht, weil sie ihrer Meinung nach implizit auf zwei unversöhnliche philosophische Lager verweist. Für mich war es in diesem Fall einfach kürzer, Neue Welt zu schreiben statt Australien, Neuseeland, Südafrika, Südamerika und Nordamerika. Ebenso ist es knapper, Alte Welt zu sagen, als Frankreich, Deutschland, Italien und all die anderen etablierten Weinländer Europas zu nennen, zumal hier immer noch neue Anbaugebiete hinzukommen.

Weiß, Rot oder Rosé, trocken oder süß, leicht oder vollmundig, moussierend oder gespritet: In jeder Kategorie hat die Welt der Weine Großartiges zu bieten.

Stil-
arten

Frisch, trocken, leicht

Helle, junge, schlanke Weißweine mit delikaten Aromen, ohne Eiche und mit einem erfrischenden Finale: ein Stil, wie er europäischer nicht sein könnte.

Viele Europäer meinen, Kalifornien und die Länder der südlichen Hemisphäre würden nicht über entsprechend kühles Klima für Weine dieses Stils verfügen. Die meisten Erzeuger der Neuen Welt würden dem wahrscheinlich entgegnen, derartige Weine entsprächen ohnehin nicht ihrem Geschmack.

Schlanke, helle, fast scharfe Weine sind eine europäische Spezialität. Aber auch in Europa geht der Trend hin zu größeren, kräftigeren Aromen. Es wäre bedauerlich, wenn dieser typisch europäische Stil verdrängt würde, nicht nur weil er ein bedeutender Bestandteil des europäischen Erbes ist, sondern auch weil frische, trockene, leichte Weine einfach ihren Platz in der Welt des Weins haben.

Weine wie Muscadet, besonders Muscadet sur lie, und einfacher Chablis (nicht unbedingt leicht, aber recht neutral) sind der ideale Begleiter zu frischen, salzigen, schlicht zubereiteten Meeresfrüchten.

Viele Weine dieser Art, darunter typische Italiener wie Soave, Frascati und Orvieto secco, aber auch Vin de pays aus der Gascogne, passen gut zu leichten Gerichten wie Pasta, Salaten und Vorspeisen. Mit fettem Fisch wie Sardinen und Makrelen werden sie besser fertig als die meisten anderen Weine. Ebenso gut können sie zwischendurch getrunken werden, einige trockene deutsche Weine ausgenommen. Als Aperitif sind sie leichter als ein eichengereifter Chardonnay mit 14 Prozent Alkohol.

Die Erzeuger der Neuen Welt haben mit derartigen Weinen nichts am Hut. Das Hunter Valley in Australien allerdings, das seinen eigenen Stil noch nicht gefunden hat, produziert leichte, anfangs scharfe Weine. Ein typischer Sémillon aus dem Hunter Valley, mit elf Prozent Alkohol eher leicht, ist in der Jugend dünn und scharf und entwickelt sich im Alter zu einem strohgelben Wein mit intensiven Toast- und Honigaromen.

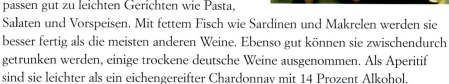

Weine und Trauben

Frankreich: Muscadet sur lie und Gros plant; Vins de pays des Côtes de Gascogne, du Gers und du Comté Tolosan; Anjou sec; Bergerac und Bordeaux; Bourgogne Aligoté und schlichter Chablis

Italien: Soave, Frascati, Orvieto, Bianco di Custoza, Verdicchio; preiswerter Pinot grigio; die meisten Weißen von Sizilien

Deutschland: trockene und halbtrockene Weine der Qualitätsstufe QbA oder Kabinett

Portugal: traditioneller Vinho verde

Australien: reifer Sémillon aus dem Hunter Valley

Stilarten

Aromatisch oder blumig,
trocken bis lieblich

Ob leicht oder mittelschwer, trocken oder lieblich: Diese Weißweine bestechen durch ihre auffallend blumigen, würzigen oder fruchtigen Aromen.

Man könnte vermuten, dass stark duftende Weine groß und mächtig wären. Die Weine in dieser Gruppe zeigen, wie wenig Aroma und Geschmack an Gewicht und Körper gebunden sind, besonders bei Weißweinen. Einige der leichtesten Weißweine bieten intensivste Geschmackserlebnisse.

Klassische deutsche Weine, vor allem Riesling Kabinett oder Spätlese von der Mosel, zählen mit meist nur sieben Prozent Alkohol zu den Leichtgewichten unter den Weinen, und doch haben sie intensive blumig-fruchtige Aromen. Die lebhafte Säure ist für deutsche Weine besonders wichtig – als Gegengewicht zu der für sie charakteristischen fruchtigen Süße. Ohne diese Säure wären sie nämlich ausgesprochen schal.

Von Deutschland einmal abgesehen, sind die meisten dieser Weine in der mittleren Gewichtsklasse anzusiedeln. Das Elsass setzt Maßstäbe, aber auch Südtirol ist bekannt für seine hocharomatischen Weißen. Andere Weine dieser Art sind trockene Muscatweine aus Frankreich, Torrontes aus Argentinien, Irsai Oliver aus Ungarn sowie einige der frischeren Viogniers aus der Kategorie Vins de pays.

Ob leicht oder vollmundig: Diese Weißweine sind fast immer frei von Holznoten. Hocharomatische Weine werden nicht in neuer Eiche gereift, da sie weder das zusätzliche Aroma noch die weiche, glättende Wirkung benötigen. Der Geschmack von Eiche würde mit Rebsorten wie dem exotisch parfümierten Gewürztraminer kollidieren.

Aromatische Weißweine sind ein erfrischender Aperitif, passen aber auch zum Essen gut – zum Beispiel deutscher Wein zu chinesischen Gerichten, vielen Vorspeisen und Salaten; elsässischer Wein zu leicht würzigem, nicht zu scharfem Essen.

Weine und Trauben

Deutschland: Riesling und Scheurebe, v.a. Kabinett und Spätlese, besonders von den Regionen Mosel, Rheingau und Pfalz

Frankreich: Gewürztraminer, Riesling, Tokay-Pinot gris und Muscat aus dem Elsass; trockener Muscat und leichtere Viogniers aus dem Languedoc

Italien: Pinot grigio und Traminer aromatico aus Südtirol

Ungarn: Irsai Oliver

Argentinien: Torrontes

Chile: Gewürztraminer

Spritzig oder stahlig, mittelschwer

Eine von Eiche und Süße weitgehend freie Zone, in der sich einige trockene Weißweine mit dem lebhaften Charakter von Zitrusfrüchten tummeln.

Diese Gruppe umfasst prägnante, trockene Weine mit flotter Säure als Rückgrat und manchmal, insbesondere in Frankreich, einem stahligen oder mineralischen Unterton. Einzig die lebhafte, eindringliche Frucht mildert ihre Schärfe.

Die meisten Länder bieten Weine dieses Kalibers an, im Mittelpunkt jedoch steht Sauvignon blanc. Mit seiner prickelnden Stachelbeerfrucht läuft er in Marlborough (Neuseeland) und in den Loire-Regionen Sancerre und Pouilly-Fumé zu Höchstformen auf. In Chile und in Südafrika ist er im Kommen. Es gibt weichere Sauvignons blancs aus der Gegend um Bordeaux und leichtere, grasigere aus der Touraine. Ein anderer Loire-Wein, der hierher gehört, ist der eindringliche, langlebige und seltene Savennières. Burgund leistet seinen Beitrag mit Aligoté und einigen in einem herberen, eichenfreien Stil gehaltenen Chablis-Weinen.

Australien weist weniger Erfolge mit Sauvignon blanc auf; dafür erzeugt Australien, passend zu asiatisch gewürzten Gerichten, Rieslinge mit verführerischen Zitronennoten (insbesondere Eden und Clare Valleys). Deutschland hat seine trockenen und halbtrockenen Riesling-Spätlesen sowie neue trockene Stile, Österreich seinen Grünen Veltliner und Riesling. Spanien kann mit Rueda aufwarten (der oft Sauvignon blanc enthält) und dem aromatisch-spritzigen Albariño, der in Rías Baixas im Nordwesten angebaut wird. Portugal hat seinen Fernão pires. Griechenland bietet Assyrtiko und mehrere andere aromatische Sorten. Chardonnay gehört von Natur aus nicht zu dieser Kategorie, aber Chardonnay-Fans können sich zu den eichenfreien Chardonnays aus Ungarn oder Südtirol retten.

Weine und Trauben

Neuseeland, Südafrika und Chile: Sauvignon blanc

Frankreich: Sancerre und Pouilly-Fumé; Sauvignons blancs aus Bordeaux, Bergerac, den Côtes de Duras und der Touraine; Savennières; Bourgogne Aligoté

Australien: Riesling

Deutschland: trockene und halbtrockene Riesling-Spätlesen sowie die neuen Stile Classic und Selection

Österreich: Riesling und Grüner Veltliner

Spanien: Albariño und Rueda

Portugal: Fernão pires

Griechenland: Assyrtiko und andere Weißweine

Stilarten 13

Körperreich, aromatisch

Weißweine voller Kraft und Eichenaromen sind allgegenwärtig. Chardonnay beherrscht das Feld, lässt aber genügend Platz für andere Sorten und Aromen.

Weine und Trauben

Neue Welt: Chardonnays

Frankreich: Burgunder, einschließlich Chablis; Chardonnays aus dem Pays d'Oc und Pays de l'Ardèche; Hermitage, Châteauneuf-du-Pape und Condrieu; Graves und Pessac-Léognan

Spanien: Chardonnays aus Navarra und Somontano; weißer Rioja

Italien: Chardonnay aus Apulien

Kalifornien: Viognier

Australien: Viognier, Sémillon, Marsanne und Verdelho

Südafrika: fassvergorener Chenin blanc

In dieser Kategorie finden Sie die großen weißen Burgunder – üppig und dennoch trocken, mit Honig- und Nussaromen, aber immer von pikantem Charakter. Diese Weine waren das Vorbild für alle anderen Chardonnays, besonders in Kalifornien und der südlichen Hemisphäre. Ob die Weine dieser Stilart letztendlich reifer und weniger langlebig sind, mit tropischer Frucht, mit Karamell- und toastartigen Eichenaromen in warmen Klimaten, oder ob sie, aus einer kühleren Neue-Welt-Region wie den Adelaide Hills stammend, langlebig und dem burgundischen Original näher sind: Sie gehören alle in diese Kategorie. Auch Chablis der Güteklasse Premier Cru oder Grand Cru gehört dazu.

Weitere Weine, die diesen Kriterien entsprechen, sind die großen, oft kräuterwürzigen Weißen von der Rhône – Châteauneuf-du-Pape und langlebiger Hermitage – sowie ein seltenerer Rhône-Wein, der opulente und alkoholstarke Condrieu, der aus Viognier gekeltert wird. Viognier-Weine aus Kalifornien und Australien sind von gleichem Kaliber. Australien hat auch körperreiche Marsannes (eine weitere Rhône-Traube) und Verdelhos sowie eine Vielzahl reicher, zitronenfrischer Sémillons, hauptsächlich aus dem Barossa Valley. Sémillon begegnet uns wieder bei den feinen Bordeaux Graves und Pessac-Léognan, die in ihrer Jugend mager und straff erscheinen, mit der Zeit aber tiefe, sahnige, weizenartige Aromen entwickeln. Ähnlich verhält sich weißer Rioja der Spitzenklasse.

Rosé

Ist ein Rosé weder Fisch noch Fleisch oder das Beste zweier Welten? Sind diese Weine schal und ein wenig zu süß oder trocken, volltönend und erfrischend?

Die Antwort lautet natürlich: Rosé hat von all diesen Eigenschaften etwas. Rosé hat heute in erster Linie ein Image-Problem, einfach weil es in der Vergangenheit schlechte Qualität gab. Noch lange nachdem die Weinindustrie die Standards für Rot- und Weißweine angehoben hatte, blieb Rosé zweitklassig. Entweder wurde er von Weinmachern produziert, die viel lieber Rotwein bereitet hätten, oder er kam aus angeblich auf Rosé spezialisierten Regionen, die aber eher auf altmodische, nachlässige Verfahren »spezialisiert« waren, was oft dazu führte, dass die Weine unangenehm hohe Restzuckermengen aufwiesen. Mittelsüße Roséweine aus Portugal und Rosé d'Anjou lassen noch immer oft zu wünschen übrig. Auch die meisten halbsüßen Zinfandels aus Kalifornien sind nicht besonders berühmt. Trotzdem hat sich auch beim Rosé viel getan – Gott sei Dank.

Viele der heute besten Rosés, aus Grenache, Cabernet Sauvignon, Merlot oder Syrah bereitet, sind trocken und fruchtig. Die Region Languedoc erzeugt alle vier Sorten (oft als Vin de pays d'Oc). Aus Bordeaux stammen einige saftige, runde Cabernets Sauvignons und Merlots (manchmal Clairet genannt). Große, trockene, pfeffrige Rosés von der Rhône kommen aus Tavel, Lirac und Gigondas. Durchschnittliche Rosés aus der Provence sind kaum erwähnenswert, interessanter – und deshalb en vogue und entsprechend teuer – sind da Bandol, Cassis und Bellet. Die Preise für Sancerre rosé werden ebenfalls durch eine gesteigerte Nachfrage mitbestimmt. Auch in Spanien, hauptsächlich in Navarra, gibt es attraktive Rosados. Ungarn bietet ein gutes Preis-Leistung-Verhältnis; Australien erzeugt volle, dunkle Rosés.

Weine und Trauben

Frankreich: Vin de pays d'Oc; Bordeaux (Clairet); Tavel, Lirac, Gigondas; Bandol, Cassis, Bellet; Sancerre

Spanien: besonders Navarra

Ungarn: Cabernet Sauvignon

Deutschland: Spätburgunder Weißherbst

Schaumwein

Schaumwein gibt es in allen Variationen, aber der Qualitätsmarkt wird von französischem Champagner – dem Original – und seinen Nachahmern beherrscht.

Weine und Trauben

Frankreich: Champagner; Crémant de Limoux und Blanquette de Limoux; Crémant de Bourgogne; Crémant d'Alsace; Saumur und moussierenden Vouvray

Australien und Neuseeland: besonders Weine mit der Aufschrift Chardonnay, Pinot noir, Blanc de Blancs oder einer Jahrgangsangabe; moussierender Shiraz aus Australien

Kalifornien: vor allem Vintage und Blanc de Blancs

Spanien: Cava

Italien: Prosecco

Dürftiges, saures »Sprudelwasser« gibt es zur Genüge – guter Champagner ist delikat, aber prägnant, mit biskuitartigen, sahnigen Aromen und einer unverwechselbaren Frische. Diese Eigenschaften rühren vom Klima her: Die im Norden Frankreichs gelegene Champagne ist eine der kühlsten Weinregionen überhaupt.

Die meisten Länder, die die Champagner-Trauben anbauen, liegen in wärmeren Zonen. Die Weine haben weniger Tiefe und Finesse, dafür aber eine reifere Frucht und weniger Säure, was sehr reizvoll sein kann, besonders wenn man echten Champagner als zu streng empfindet. Diese Weine sind billiger als Champagner und für ihren Preis oft sehr gut, besonders solche aus Australien.

In begünstigten kühlen Zonen Australiens (Tasmanien inbegriffen), Neuseelands, Kaliforniens, ja selbst mit großen Einschränkungen, dem Süden Englands reichen die Weine einiger Erzeuger sehr nahe an Champagner heran. So ist es auch kein Zufall, dass Champagnerhäuser wie Moët, Roederer und Deutz an vielen dieser Unternehmen beteiligt sind. Ihre Weine kosten ungefähr so viel wie die billigsten Champagner, sind aber von wesentlich besserer Qualität.

Zu den preiswerteren französischen Schaumweinen, die nach der *méthode champenoise*, aber nicht notwendigerweise aus denselben Sorten bereitet werden, gehören Crémant de Limoux, Crémant de Bourgogne, Crémant d'Alsace und Saumur. Die Besten bieten viel für ihren Preis, die Qualität jedoch wechselt.

Die Antwort Spaniens auf Champagner heißt Cava, der zum Großteil aus Penedès kommt. Mit seinen apfelartigen, erdigen Aromen ist er viel weicher, einfacher und billiger als Champagner und entsprechend erfolgreich. Auch in Deutschland werden Schaumweine nach der *méthode champenoise* bereitet. Italien exportiert die süßen, traubigen, leichten Moscatos (Asti ist der bekannteste) sowie den eher trockenen Prosecco (das italienische Pendant zu Cava).

Eine letzte Variante ist roter Schaumwein, der durch billigen Lambrusco stark in Misskredit geraten ist. Probieren sollten Sie die vollen, würzigen Schaumweine aus Australien und authentischen, trockenen, exportierten Lambrusco.

perlend

16 Stilarten

Guter Champagner ist delikat, aber prägnant, mit biskuitartigen, sahnigen Aromen und einer unverwechselbaren Frische.

Frisch, fruchtig, tanninarm

Junge Rotweine, die Sie heute, morgen oder nächsten Monat trinken sollten. Eichenaromen bilden hier höchstens einen dezenten Hintergrund.

Weine und Trauben

Frankreich: Beaujolais; Sancerre, Menetou-Salon, Gamay de Touraine, Anjou rouge, Saumur-Champigny, Chinon und Bourgueil; Vins de pays; Pinot noir aus dem Elsass und dem Jura

Italien: Bardolino; Valpolicella; Dolcetto; Barbera; Rote aus Südtirol und dem Trentiner Land

Ungarn: Kékfrankos

Deutschland: Limberger

Spanien und Portugal: junge, zeitgemäße Rote

Neue Welt:
- die preiswertesten roten Verschnitte
- Bonarda und Barbera aus Argentinien
- Cinsaut aus Südafrika
- Ruby Cabernet aus Kalifornien und Australien
- Tarrango aus Australien

Leichte, erfrischende Rotweine haben weiterhin ihren Platz. Sie sind auch ohne Essen süffig, sollten in der Regel eher kühl serviert werden und müssen nicht ein Jahr im Keller liegen. Die Pinots noirs aus dem Elsass und dem Jura sind ein Beispiel dafür.

Beaujolais-Villages und die dazu gehörigen Crus, wie zum Beispiel Fleurie, bilden die erwachseneren Versionen dieses Stils. Die Loire hat ihre Pinots noirs aus Sancerre und Menetou-Salon, die Gamays und Cabernets francs stammen aus der Touraine und Anjou-Saumur (ausgenommen jedoch der teuerste Chinon, Bourgueil und Saumur-Champigny). Viele Vins de pays entsprechen diesem Stil, wenn auch Vin de pays d'Oc, besonders Cabernet Sauvignon und Syrah, eher zu den großen Weinen zu zählen ist. Aus dem Weg gehen sollten Sie allen hochpreisigen, ambitionierten Vins de pays und allen, die als eichenfassgereift (oder *elevé en fûts de chêne*) deklariert sind.

In Italien gibt es leichte Rotweine im Norden: Bardolino, einfacher Valpolicella, Dolcetto, schlichter Barbera und viele Rote aus Südtirol oder dem Trentiner Land (Merlot, Lagrein, Kalterersee und andere). Viele der preiswerten Weine aus Spanien und Portugal sind leicht, frisch und ohne Holzaromen – obwohl dies nicht gerade der Tradition der Iberischen Halbinsel entspricht. Ungarn hat Kékfrankos zu bieten.

Leichter Rotwein gehört nicht unbedingt zum Stilrepertoire der Neuen Welt. Die billigsten Roten aus Argentinien, Chile, Südafrika, Australien und Kalifornien – manchmal mit Angabe der Rebsorte, manchmal als unspezifizierte Verschnitte – sind für den baldigen Verbrauch bestimmt.

Kräftig, körperreich

Aromatische Rote, aber keine Schwergewichte, meist ohne übermäßigen Eichenton: Dazu gehören viele französische Rote und andere Klassiker.

Jedes bedeutende Erzeugerland liefert Weine dieser Kategorie, die zahlreiche Weine und ein breites Aromenspektrum umfasst.

Von den französischen Weinen sind die meisten roten Bordeaux und Burgunder in diesem Stil gehalten, wenn auch der billigste Bordeaux eines mäßigen Jahrgangs leicht und krautig sein kann. Dasselbe gilt für ähnliche Stile aus südwestlichen Appellationen wie Bergerac, Buzet und Côtes de Saint-Mont. Einige der teuren, ambitionierten Weine aus dem mediterranen Raum sind mächtig und würzig, aber die meisten Alltagsweine aus Cahors, Corbières, Fitou, Minervois, Côtes du Ventoux, Côtes du Lubéron und weitere gehören zu dieser Gruppe.

In Italien gibt es eine Reihe von Weinen, die in die Kategorie gehören, darunter viele durchschnittliche Chiantis (ausgenommen die als Riserva etikettierten und der teurere Chianti Classico), Barbera d'Asti und Montepulciano d'Abruzzo. Von den spanischen Weinen erfüllen Rioja, Valdepeñas, Somontano und Navarra diese Kriterien.

In wärmeren Klimaten, in Kalifornien und Australien, erbringen Cabernet Sauvignon und Merlot, die beiden Hauptreben für roten Bordeaux, in der Regel reifere, schwerere Weine mit intensiveren Eichenaromen. Neuseeländische Cabernets Sauvignon und Merlots, unter kühleren klimatischen Bedingungen gewachsen, sind vom Gewicht her einem guten Bordeaux-Jahrgang ähnlicher. Dasselbe gilt für die preiswerteren Cabernets Sauvignon und Merlots aus Chile sowie für die meisten Gewächse aus Osteuropa.

Es ist relativ schwierig, aus Pinot noir, der roten Burgundertraube, einen wirklich großen Wein zu bereiten – noch dazu einen erfolgreichen. Die meisten Pinots noirs gehören deshalb in diese Kategorie, auch wenn sie 13,5 oder 14 Prozent Alkohol und eindeutigere Eichentöne als klassischer Burgunder haben.

Weine und Trauben

Frankreich: Bordeaux, Buzet; Burgunder; Fitou, Minervois, Côtes du Lubéron

Italien: Chianti; Barbera d'Asti, Montepulciano d'Abruzzo

Spanien: Rioja; Valdepeñas; Navarra; Somontano

Neue Welt: Pinots noirs

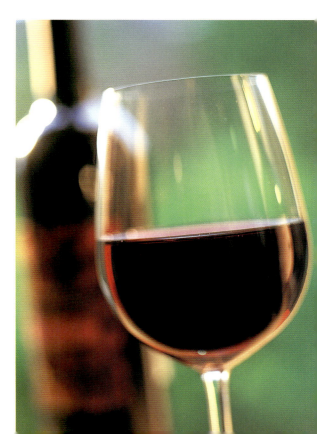

Schwer, mächtig, oft würzig

Große, oft würzige und fast immer eichenfassgereifte Rotweine mit vollmundigen Aromen und ebensolcher Konsistenz.

Weine und Trauben

Neue Welt:
- Australischer Shiraz, Grenache und Mourvèdre
- Kalifornischer Zinfandel, Syrah und Merlot
- Chilenischer Cabernet Sauvignon
- Argentinischer Malbec
- Südafrik. Pinotage

Frankreich: Weine von der Rhône wie Châteauneuf-du-Pape und Cornas; Languedoc-Roussillon (Corbières, St-Chinian und Collioure); Bandol; Madiran

Italien: Primitivo; Barolo und Barbaresco; Brunello di Montalcino; Amarone di Valpolicella

Spanien: Ribera del Duero; Toro; Prioraro; Jumilla; Garnacha und Monastrell

Portugal: Alentejo

Diese Kategorie ist im Laufe der letzten Jahre enorm angewachsen, was das Erstarken der Neuen Welt widerspiegelt sowie veränderten geschmacklichen Vorlieben und Weinbereitungsmethoden Rechnung trägt. Bevor Cabernet Sauvignon aus Kalifornien und Shiraz aus Australien ihren großen Auftritt hatten, beschränkte sich die Liste großer, straffer Rotweine auf Châteauneuf-du-Pape, Hermitage, Cornas, Bandol, Barolo, Brunello di Montalcino und Amarone di Valpolicella.

Heute tummelt sich eine Vielzahl anderer Weine auf diesem Feld, die alle einen noch mächtigeren Alkoholgehalt aufweisen. Während die Grenze für normale Tafelweine (also Weine, die nicht mit Branntwein verstärkt wurden) früher bei 13,5 Prozent lag, sind heute 14 Prozent die Regel. Sorten wie Grenache, Primitivo und Zinfandel erzielen regelmäßig sogar noch höhere Werte.

Der hohe Alkoholgehalt und die »süßen«, reifen Aromen resultieren zu großen Teilen schlicht daraus, dass man die Trauben heute viel länger am Stock belässt, als die Winzer das früher jemals gewagt hätten. Da vollreife, zuckerreiche Trauben weniger Säure und weichere Tannine haben, geraten die daraus bereiteten Weine auch wesentlich vollmundiger.

Manche Rebsorten haben ohnehin schon einen würzig-süßen Charakter, unter ihnen Shiraz, Grenache, Primitivo, Zinfandel, Malbec (besonders in Argentinien), Carmenère und Pinotage. Die Eichenfässer, worin die meisten dieser Weine ausgebaut werden, tun ein Übriges. Sie setzen ebenfalls würzige, süße Aromen frei und verhelfen den Weinen zu einer weicheren, reicheren Konsistenz.

Körperreiche, würzige Weine vertragen pikante Speisen, weshalb sie gut zu modernen, vielfältig gewürzten Gerichten, zur Mittelmeerküche und zu Gegrilltem passen. Die traditionelleren, tanninreichen europäischen Weine sollten Sie für Wild und Braten aufbewahren.

Stilarten

Entscheidend ist der hohe Alkoholgehalt. Obwohl Alkohol fast geschmacklos ist, trägt er zum **weichen, süß–würzigen** Charakter dieser Weine bei.

Süßweine

Von süß und dennoch delikat bis üppig und opulent. Weine, die man zum Nachtisch trinkt, an Stelle eines Nachtisches oder zur Abwechslung auch zum Käse.

Weine und Trauben

Frankreich: Sauternes, Barsac, Monbazillac und andere aus Bordeaux und von der Dordogne; Loire-Weine wie Coteaux du Layon (darunter Bonnezeaux und Quarts-de-Chaume) und Vouvray Moelleux; Sélection de Grains Nobles von Gewürztraminer, Pinot gris und Riesling aus dem Elsass; Jurançon Moelleux; Vin de Paille aus dem Jura; Muscat de Beaumes-de-Venise, Muscat de Rivesaltes und andere Muscatweine

Deutschland: Beerenauslese, Trockenbeerenauslese und Eiswein

Österreich: Beerenauslese, Trockenbeerenauslese, Ausbruch, Schilfwein und Eiswein

Ungarn: Tokaji aszú und Tokaji aszú eszencia

Italien: Recioto di Soave

Australien, Neuseeland und Kalifornien: aus edelfaulen Trauben gekelterte Sémillons und Rieslinge

Kanada: Eiswein

Feine Süßweine werden fast immer aus edelfaulen Trauben gewonnen, also solchen, die ein Pilz (Botrytis) einschrumpfen ließ, so dass sie große Mengen an Zucker, Glyzerin, Säure und Fruchtaromen enthalten. Manchmal, wie bei Sauternes und anderen Weinen auf der Basis von Sémillon, sind sie von öliger Konsistenz. Sauternes ist der Inbegriff für diesen Stil, aber es gibt noch andere bedeutende Vertreter: berühmte Loire-Weine wie Bonnezeaux und Quarts-de-Chaume; Sélection de Grains Nobles aus dem Elsass; die Dessertweine aus Deutschland und Österreich; Tokajer; aus edelfaulen Trauben gekelterte Sémillons und Rieslinge aus der Neuen Welt.

Die meisten der anderen großen Süßweine werden aus getrockneten Trauben bereitet. Sie sind ebenso süß und hocharomatisch, aber ohne den ölig-üppigen Charakter, der für Weine aus edelfaulen Trauben so typisch ist. Beim Jurançon im Südwesten Frankreichs lässt man die Trauben am Rebstock eintrocknen. Im Fall des italienischen Recioto de Soave, des Vin de Paille aus dem Jura und dem österreichischem Schilfwein werden die Trauben nach der Lese auf Strohmatten getrocknet.

Eine andere Methode, die Aromen und den Zuckergehalt zu konzentrieren, besteht darin, die Trauben erst im Winter in gefrorenem Zustand zu lesen und zu keltern. Dabei bleibt das gefrorene Wasser der Trauben in der Kelter zurück. So erhält man einen hochkonzentrierten Saft. Eiswein wird in Deutschland und Kanada bereitet.

Bedeutende Süßweine sind auch die Vins doux naturels aus Südfrankreich, bei welchen es sich eigentlich um verstärkte Weine handelt, denen Traubensaft zugefügt wird. Typische Dessertweine sind die aus Muscat gekelterten. Der traubige Muscat de Beaumes-de-Venise mit den typischen Malzzuckeraromen ist wahrscheinlich der beste dieser Weine.

Stilarten

Trocken, gespritet

Trockene, intensiv duftende Weine, unter Hinzugabe von Alkohol verstärkt (oder gespritet), gehören zu den größten Aperitifs der Welt.

Weine und Trauben

Spanien: Sherry Fino, Manzanilla, echter trockener Amontillado, Oloroso und Palo Cortado; heller, trockener Montilla

Frankreich: Vin Jaune aus dem Jura

Ungarn: trockener Tokaji Szamorodni

Portugal: trockener weißer Port

Australien und Südafrika: trockene Weine im Sherrystil

Madeira: Sercial und Verdelho

Heller, trockener Fino Sherry aus Jerez im Süden Spaniens ist der bekannteste unter den trockenen, gespriteten Weinen, in Spanien selbst jedoch ist Manzanilla viel populärer. Beide haben ein intensives Hefebouquet, aber Manzanilla, der aus am Meer gelegenen Bodegas stammt, ist ein wenig leichter, salziger und lebendiger. Die dunkleren, nussigeren Amontillado- und Oloroso-Sherrys sind ebenfalls von Natur aus trocken. Für den Export werden sie jedoch in der Regel nachgesüßt. Es lohnt sich aber, die Weine in der unverfälschten und trockenen Stilart zu probieren. Auch Palo Cortado, ein seltenerer, nussiger Stil, ist immer trocken.

Der nördlich von Malaga erzeugte Montilla, ein Angehöriger der immer kleiner werdenden Gruppe trockener, Sherry-ähnlicher Weine, erreicht selten die Qualität guten Sherrys. Frankreich hat seinen Vin Jaune aus dem Jura zu bieten, Ungarn seinen trockenen Szamorodni. Australien und Südafrika produzieren einige sehr gute Weine im Sherrystil für den heimischen Markt. Weißer Portwein ist selten trocken, die Bouquetfülle von trockenem Sherry hat er nie.

Der andere bedeutende Wein dieser Kategorie ist Madeira. Er wird in zwei Stilarten angeboten: Sercial, der Wein mit dem intensivsten Bouquet überhaupt; und Verdelho, der ein wenig weicher und fruchtiger ist, oft mit einem Hauch Aprikose. Billige trockene Madeiras sind nicht als Sercial oder Verdelho (jeweils die Bezeichnung für die Rebsorte) ausgezeichnet und schmecken vergleichsweise einfach.

24 Stilarten

Dunkel, süß, gespritet

Die After-Dinner-Brigade – alkoholstarke, süße, dunkelfarbige Weine, die erst nach Jahren im Keller ihr Bestes geben. Port gibt den Ton an.

Port ist genau jene Rarität: ein roter Süßwein. Und außer Mavrodaphne aus Griechenland gibt es nur wenige in diesem Stil. Der feinste Portwein ist Vintage Port, der bis zur Trinkreife mindestens zehn Jahre liegen muss. Single Quinta Port folgt gleich darauf. Late bottled Vintage (LBV) kostet meist nur halb so viel wie ein Single Quinta, ist weniger vollmundig und komplex und nicht zum Lagern geeignet; eine Ausnahme ist Traditional LBV, der eher wie Vintage Port ist. Rubys sind jünger und einfacher als LBVs.

Tawny Port ist in einem ganz anderen Stil gehalten. Nach langer Fasslagerung nimmt er eine gelbbraune (tawny) Farbe an, wird vom Geschmack her sanft und nussartig. Er sollte leicht gekühlt serviert werden. Aber Vorsicht: Billige Tawnys sind nur kurz gelagerte Verschnitte von Ruby Port mit weißem Port. Echter Tawny trägt immer eine Altersangabe auf dem Etikett, z. B. 10-Year-Old oder 20-Year-Old.

Australien wie Südafrika produzieren zwar Weine im Portstil, aber keiner davon ist mit echtem Port vergleichbar. Australien hat dagegen auch eigene gespritete Weine: herrlich üppige, süße, geschmeidige, braune Weine, die eher wie Plumpudding schmecken. Sie werden »Liqueur Muscats« bzw. »Liqueur Tokays« genannt.

Wie bei Portwein gibt es auch beim Madeira billige, gewöhnliche Stile. Echte süße Madeiras sind der Bual und der noch süßere Malmsey. Süß oder weniger süß, in jedem Fall haben sie den charakteristischen Säureton in der Nase. Die süßen Marsalas aus Italien können komplex und rosinenartig sein, aber nur wenn sie das Niveau eines Marsala Superiore Garibaldi Dolce haben. In Spanien gibt es sirup- und rosinenartige Pedro Ximénez (PX) Sherrys, einige außergewöhnliche, süße, sehr alte und üppige (auf spanisch muy viejo dulce) Oloroso Sherrys. Málaga haben nur noch wenige im Programm.

Weine und Trauben

Portugal: Port Vintage, Single Quinta, LBV und Traditional LBV, Tawny

Australien: Liqueur Muscats und Tokays

Madeira: Bual, Malmsey

Italien: Marsala Superiore Garibaldi Dolce

Spanien: Pedro Ximénez und Oloroso Sherry; Málaga

Tannin –
pro und contra

Tannin oder Gerbstoff ist jene Substanz, die in bitterem, kaltem Tee vorkommt und das Zahnfleisch so unangenehm pelzig werden lässt. Weine, vor allem junge, zum Reifen bestimmte Rotweine, enthalten ebenfalls viel Tannin. Tatsächlich sind Tannine sogar unerlässlich für einen Rotwein, der einige Jahre im Keller liegen soll. Das bedeutet aber auch, dass einige der teuersten Rotweine – Bordeaux, Barolo, Hermitage – in ihrer Jugend abstoßend streng, trocken und bitter schmecken.

Auf Grund des wärmeren Klimas enthalten die Weine der Neuen Welt generell weniger Tannine als die Weine der Alten Welt, weshalb europäische Weinmacher heute darauf achten, den Tanningehalt in ihren Weinen ebenfalls niedrig zu halten. Das hat zur Folge, dass Rotweine zunehmend beliebter werden. Der Tanningehalt hängt auch von der Rebsorte ab. Da Tannin in den Schalen, Stielen und Kernen enthalten ist, sind dickschalige Sorten wie Cabernet Sauvignon, Syrah, Tannat und Nebbiolo tanninreicher als solche mit dünnen Schalen wie etwa Pinot noir. Auch Weißwein enthält Tannin, allerdings meist in kaum wahrnehmbarer Konzentration.

Alt
oder jung

Heute kaufen, morgen trinken oder, wenn es auch schwer fällt, am kommenden Wochenende. Wir trinken heutzutage erheblich jüngere Weine als die Generationen vor uns, zum Teil weil heute die wenigsten Weintrinker einen Keller mit den entsprechenden Lagerbedingungen haben, zum Teil weil das Gros der Weine heute zum mehr oder weniger baldigen Verbrauch bestimmt ist. Die Weine von heute sind weicher, tanninärmer und viel fruchtiger als ihre Vorfahren. Viele haben die mollige Konsistenz und die verführerisch-süßen Vanille- und Toastaromen neuer Eiche. Das hat zur Folge, dass alte Weine einen ungewohnten Gaumen schockieren können. Die primären Aromen werden ersetzt durch ein komplexeres, ineinander verwobenes Gefüge – Duftsträußchen, Trockenobst oder Kompott, weiche Zedernaromen, Kaffee- und Röstaromen, Leder, Lakritze, Unterholz, Trüffel. Diese Weine sind zu Beginn gewöhnungsbedürftig, doch Sie werden am Ende reich belohnt.

Die Vielzahl von Rebsorten, abgestimmt auf die unterschiedlichsten Böden und Mikroklimate, erbringt eine erstaunliche Vielfalt höchst unterschiedlicher Weine.

Reb-sorten

Chardonnay

Berühmt, beliebt, eine Traube für jeden Geschmack. Aber nicht nur die Verbraucher lieben ihn: Er erfreut auch Erzeuger und Weinmacher.

Die Erzeuger lieben Chardonnay, da er sehr anpassungsfähig ist. Wie sonst kaum eine Rebsorte gedeiht er in den unterschiedlichsten Klimaten und Böden, ist gegen Krankheiten weitgehend resistent und erbringt reiche Erträge. Sofern für Frostschutz gesorgt ist, begnügt er sich auch mit den kühlen Randzonen wie in Chablis, dem nördlichsten Außenposten Burgunds. In der Champagne ist er sogar die einzige weiße Traube. Aber Chardonnay ist ebenso in den warmen Regionen der Neuen Welt zu Hause wie dem Napa Valley, dem Barossa Valley und Mendoza.

Die Weinmacher lieben Chardonnay für seine Vielseitigkeit. Während bei Trauben wie Riesling oder Sauvignon blanc der Stil des Weins im Wesentlichen festgelegt ist, verhält sich Chardonnay wie Wachs in den Händen des Weinmachers. Trotz der Vollmundigkeit und der Kraft der Weine haben die Trauben selbst kein sehr ausgeprägtes Eigenaroma. Und so kann der Weinmacher sein Produkt an den Erfordernissen des Marktes oder an eigenen Vorstellungen ausrichten.

Was macht Chardonnay so reizvoll? In einem Wort: der Trinkgenuss. Andere Weine können einen geübten Gaumen erfordern, Chardonnay trinkt sich fast immer leicht. Besonders trifft das auf die modernen, fruchtbetonten Stile der Neuen Welt zu. Selbst ein guter, vor seiner Zeit geöffneter Burgunder, verübelt einem das selten: Es ist lediglich schade um einen möglicherweise großen Wein.

Soweit er überhaupt existiert, ist der durchschnittliche Neue-Welt-Chardonnay vollmundig, reif, fruchtig und weich. Der hohe Alkoholgehalt lässt den Wein rund und süß wirken; geringe Säure verhindert, dass er beißend oder gar aggressiv ist. Die Fruchtaromen reichen von Zitrone und Apfel in kühleren Klimaten über Melone und Pfirsich bis hin zu Ananas und tropischen Früchten. Bei Burgundern zeigt die Frucht mehr Zurückhaltung und macht Platz für pikante Nussaromen.

Es liegt nahe, Chardonnay mit Eiche zu verfeinern. Vergärung in neuen oder fast neuen Fässern verleiht dem jungen Wein toastartige Vanillearomen. Lagerung in Eiche führt zu komplexeren Aromen und kräftigerer Konsistenz. Beides schlägt sich auch im Preis nieder. Um einem Alltags-Chardonnay zu Eichenaromen zu verhelfen, werden Eichenspäne oder Eichenbretter verwendet. Es gibt noch andere Möglichkeiten, das Aroma nachträglich zu beeinflussen. Durch eine zweite, die so genannte malolaktische Gärung, wird der Wein weicher und runder. Lässt man ihn vor der Abfüllung auf dem Hefesatz reifen, erhält der Wein eine nussig-hefige Dimension und kräftigere Konsistenz. Welche Methode man auch immer anwendet – Chardonnay macht alles mit.

AROMEN

BUTTER Ein Aroma, das von der Traube und von bestimmten Weinbereitungstechniken herrührt.

PFIRSICH Eines der vielen Fruchtaromen, die in Chardonnay vorkommen; entscheidend ist das Klima.

WALNUSS Charakteristisch für weißen Burgunder und kalifornischen Spitzen-Chardonnay.

TOAST Toastaromen rühren von neuer Eiche her. Die Intensität kann variieren.

Optimal fürs Wachstum sind Kreideböden.

Die Reben schlagen früh aus und wachsen gut.

Ein gutes Säuregleichgewicht und von Natur aus relativ viel Alkohol

Für Champagner mit Pinot noir verschnitten

WO — Burgund, einschließlich Chablis, ist die Hochburg dieser Traube, unabhängig davon, ob ihr Ursprung in dem Dorf Chardonnay liegt. Seit den 60er-Jahren des 20. Jahrhunderts hat sie sich in alle Weinländer der Welt verbreitet.

STILE — Körperreiche, trockene Weißweine, unabhängig von Qualität und Preis oft mit Eichentönen; bei Chardonnays aus der Neuen Welt dominieren Frucht und Eiche; weißer Burgunder ist pikanter, Chablis mineralischer. Chardonnays aus Südtirol und Friaul sind leichter, rassiger und blumiger.

WANN & WOZU — Weißer Spitzenburgunder kann 10 Jahre oder mehr liegen, aber das Gros sollte innerhalb von vier Jahren getrunken werden (je niedriger der Preis, desto kürzer die Lagerzeit). Passt auf Grund der Stilvielfalt zu vielen Speisen: Der Vollmundigste wird sogar mit einem Steak fertig; die meisten passen zu magerem Fisch, vermeiden Sie Essig.

AUCH BEKANNT ALS — MORILLON und FEINBURGUNDER in Österreich

AROMEN

STACHELBEERE Charakteristisches Fruchtaroma; in Neuseeland auch tropische Fruchtaromen.

GRAS Nach frisch gemähtem Gras duften sie alle, besonders aber die französischen.

JOHANNISBEERLAUB Frische Aromen der schwarzen Johannisbeere, besonders in den Weinen von der Loire.

FEUERSTEIN Rauchige Noten sind typisch für manche Weine aus Sancerre und Pouilly-Fumé.

Sauvignon blanc

Haben Sie den Duft von Stachelbeere in der Nase, von gemähtem Gras, Johannisbeerblüten oder Brennnesseln, dann trinken Sie gerade Sauvignon blanc.

Wenn Sie Spargel entdecken, Katzenurin oder grüne Bohnen, deuten die Zeichen abermals auf Sauvignon blanc hin, obschon Sie es in diesem Fall nicht mit einem Spitzenwein zu tun haben. Sauvignon blanc ist unverkennbar wie sonst kaum eine weiße Traube. Er ist bekannt für seine eindringlich frischen, »grünen« Aromen, besonders aber für seine belebende Säure. Ist diese Säure nicht vorhanden, was in wärmeren Klimaten unvermeidlich ist, fehlt der typische Reiz.

Lange Zeit wurde Sauvignon blanc auf Grund seiner Vorliebe für kühle Zonen in der Neuen Welt kaum angebaut, was den Maßstäbe setzenden Erzeugern in Pouilly-Fumé und Sancerre gerade Recht war. Aber gegen Ende der 80er-Jahre trat Sauvignon blanc aus dem neuseeländischen Marlborough auf den Plan. Diese Weine waren fruchtiger als jene von der Loire, ihnen fehlte der rauchige Feuersteincharakter, aber sie waren von besonders anregender Klarheit und Intensität. Neuseeland hatte damit einen eigenen Stil kreiert, einen Stil, der die Originale von der Loire bisweilen in den Schatten stellte. Sauvignon blanc aus Marlborough ist immer noch eine Klasse für sich, gute Weine dieser Sorte werden aber auch mehr und mehr in Südafrika und in der Casablanca-Region in Chile erzeugt.

Einer der Gründe, warum sich die Aromen von Sauvignon blanc ihre Reinheit bewahren, ist der, dass Sauvignon blanc im Gegensatz zu Chardonnay selten mit Eiche zu kombinieren ist. Die wichtigste Ausnahme ist Bordeaux, wo Weißweine der Spitzenklasse aus Graves und Pessac-Léognan in Fässern aus neuer Eiche vergoren und ausgebaut werden. Auch kalifornischer Fumé blanc reift in Eiche, nur findet dieser Stil im Ausland wenig Zuspruch. Die meisten der weißen Bordeaux sind Verschnitte aus Sémillon und Sauvignon blanc. Von dieser Varietät abgesehen eignet sich Sauvignon blanc nicht gut für Verschnitte.

Ein weiterer Grund, warum Sauvignon blanc sich treu bleibt: Man gibt ihm selten eine Chance zur Veränderung. Ein Großteil der Weine wird innerhalb von zwei oder drei Jahren getrunken, weil diese Sorte keine interessante Entwicklung durchläuft. Sauvignons blancs zerfallen meist nach drei Jahren: Sie verlieren ihre Säure und Frische, ohne dass sie dem Verlust etwas entgegensetzen könnten. Wenige mit sehr intensiven und konzentrierten Aromen bleiben an die zehn Jahre im Rennen, was aber nicht bedeutet, dass sie in dieser Zeit auch besser werden.

Im Weinlaub versteckte Trauben ergeben »grüne« oder »grasige« Weine.

Ergibt rassige, leichte, fruchtbetonte Weine

Trauben, die der Sonne ausgesetzt sind, ergeben zitronenfrische, zuweilen ins Rötliche changierende Weine.

In Bordeaux-Verschnitten mit Sémillon liefert er die Säure.

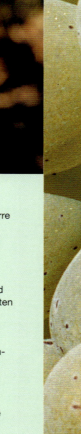

WO	Zwei Schwerpunkte: die Loire, besonders Sancerre und Pouilly-Fumé; Marlborough in Neuseeland. Von Bedeutung auch in Bordeaux und Bergerac; Rueda in Spanien; Steiermark; Chile, besonders Casablanca; Südafrika; Kalifornien.
STILE	Rassig, trocken, belebend; mit reifer Frucht und mehr Alkohol in Neuseeland als an der Loire. Selten eichenfassgereift, außer kalifornische Weine und teure Sémillon-Verschnitte aus Bordeaux.
WANN & WOZU	Jung zu trinken, außer eichenfassgereifte Spitzenbordeaux. Passt zu Fisch, Gemüsegerichten und leicht gewürzten Fleischgerichten. Auch als erfrischender und delikater Aperitif zu genießen.
NICHT DASSELBE WIE	SAUVIGNONASSE oder SAUVIGNON VERT, eine minderwertige Sorte, die in Chile manchmal als Sauvignon blanc ausgegeben wird; SAVAGNIN, eine Sorte aus dem Jura.

AROMEN

APFEL Deutscher Riesling hat dieses anregende, frische Aroma.

LIMETTE Das Aroma von Limettenlikör ist typisch für das Clare und Eden Valley in Australien.

HONIG Süße Rieslinge, besonders deutsche, haben reife Honigaromen.

PETROL Deutsche Rieslinge entwickeln mit dem Alter Anklänge an Petroleum.

Riesling

Riesling ist so aus der Mode gekommen wie Chardonnay in Mode ist. Dabei steht außer Frage, dass er zu den edelsten Rebsorten der Welt gehört.

Riesling ist beim Standort nicht so anpassungsfähig wie Chardonnay, liefert aber in einem für ihn passenden kühlen Klima wie dem deutschen außergewöhnlich intensive und dennoch wunderbar leichte, elegante, fruchtige Weine. Auf Grund ihrer ausgeprägten Säure können diese Weine viele Jahre alt werden, ohne etwas von ihrer Frische einzubüßen. Das Spektrum reicht von der zeitgemäßen, ausgesprochen trockenen Variante bis hin zur süßesten Trockenbeerenauslese.

Auch in Bezug auf den Alkoholgehalt ist Riesling vielfältig wie sonst keine Rebsorte. Die klassischen halbsüßen deutschen Stile (u. a. Kabinett, Spätlese, Auslese) haben oft nur acht Prozent Alkohol oder weniger, während die neuen trockenen Weine bis zu 12 Prozent haben können. Trockene Rieslinge aus dem Elsass oder aus Österreich haben ungefähr 12 Prozent, während so mancher trockene australische Riesling 14 Prozent erreichen kann. Der australische Durchschnitt liegt jedoch tiefer, besonders in den besten Rieslinglagen, dem Eden und dem Clare Valley.

Auch im Keller ist Riesling nicht so gefügig. Eiche mag er gar nicht und braucht sie auch nicht; die Weine haben genügend Eigenaroma, Struktur und Balance. Vielmehr zerstört Eiche die für Riesling typische Geschlossenheit.

Die Hauptaromen deutscher Rieslinge reichen von floralen Noten, grünen Äpfeln und Schiefer (besonders an der Mosel) über reifere Fruchtaromen (Pfirsich, Aprikose) und Gewürztöne in der Pfalz bis hin zu einem mineralischen, von Zitrone unterlegten Charakter im Rheingau. Die süßen Varianten haben oft Honigaromen; reifer deutscher Riesling entwickelt diesen bezeichnenden Petrolduft. Elsässische Rieslinge haben gerne einen stahligen-mineralischen Charakter. Rieslinge aus Australien duften nach Limetten und werden mit zunehmendem Alter auch ohne Eiche toastartig. Australien und Neuseeland erzeugen ebenso gute Dessertweine von edelfaulen Trauben. Kalifornien produziert süße Rieslinge von spät gelesenen Trauben, Kanada erzeugt hochkonzentrierte Eisweine.

Wenn Riesling nun so fabelhaft ist – warum hat er dann an Gunst verloren? Es gibt natürlich einige dürftige Riesling-Weine. Der Schaden entstand jedoch hauptsächlich durch Weine, die fälschlicherweise mit Riesling in Zusammenhang gebracht werden oder sich als Riesling ausgeben. Ebenso haben manche billige, süße Weine aus Osteuropa, die sich heute *laski rizling* oder *olaszrizling* nennen, früher jedoch als Riesling bezeichnet wurden, mit dem Original nichts zu tun.

Die Trauben können Temperaturen bis zu −15 °C trotzen.

In Deutschland die häufigste Sorte

Sonne und Edelfäule sorgen für üppige Rieslinge mit Honignoten und wunderbarer Säure.

Einige neuere Rieslinge werden völlig trocken ausgebaut.

WO Überall in Deutschland, hauptsächlich in den Gebieten Mosel-Saar-Ruwer, Nahe, Rheingau, Rheinhessen, Pfalz; Elsass; Österreich, besonders Wachau; Australien, besonders Clare und Eden Valley.

STILE In Deutschland sind alle Variationen vorhanden, von knochentrocken bis ultrasüß, von leicht bis körperreich. Andernorts hauptsächlich trocken oder halbsüß; es gibt einige gute Süßweine in Australien, Eisweine in Kanada.

WANN & WOZU Preiswerter Riesling sollte jung getrunken werden, aber andere, insbesondere deutsche, können entweder jung getrunken oder viele Jahre gelagert werden. Hervorragend als Aperitif, kann Riesling zu vielen Speisen gereicht werden, die andere Weine erdrücken würden, z.B. chinesische Gerichte, kalter Braten, Hummer, Oliven, Kapern, Senf.

NICHT DASSELBE WIE Alle Sorten von RIZLING

AROMEN

MINZE Eine markante Note in einigen Weinen aus Südaustralien und dem Staat Washington.

SCHWARZE JOHANNISBEERE Bei jungen Weinen fast immer vorhanden, in Bordeaux jedoch dezenter als in der Neuen Welt.

BLEISTIFTHOLZ Die klassische Signatur von Weinen aus dem Médoc und Graves in Bordeaux.

SCHOKOLADE Ein Hinweis auf gute Qualität, besonders bei Weinen der Neuen Welt.

Cabernet Sauvignon

Was Chardonnay für die weißen Sorten ist, das ist Cabernet Sauvignon für die roten: erfolgreich, anpassungsfähig, weit verbreitet und anhaltend populär.

In den 60er-Jahren war Cabernet Sauvignon der Favorit unter den Pionieren des Weinbaus der Neuen Welt. Seit dieser Zeit hat er in fast allen Weinländern Fuß gefasst und gilt heute als die bekannteste und am weitesten verbreitete rote Traube. Seine Heimat aber ist zweifelsohne Bordeaux. Sein Ruhm gründet sich auf die Crus classés der Gebiete Médoc und Graves und auf die feinen langlebigen Weine von Châteaux wie Lafite, Latour und Margaux.

Seine weite Verbreitung lässt darauf schließen, dass Cabernet Sauvignon eine anpassungsfähige Sorte ist, wenn er auch, wie Chardonnay, nicht alles verzeiht. Da er zu den späten Sorten gehört, reifen die Trauben in kühlen Klimaten nicht ganz aus. Die Weine sind dann körperarm, »grün« und krautig. An der Loire kommt er selten vor, noch seltener in Deutschland. In Neuseeland ist er pflegeintensiv. Zu warme Klimate bewirken marmeladeartige, schlichte Aromen.

Charakteristisch für Cabernet Sauvignon ist, dass er sich treu bleibt, wenn die Bedingungen stimmen. Das heißt nicht, dass es keine regionalen Unterschiede gäbe, im Gegenteil. Ein wichtiger Punkt sind die Aromen, allen voran die von schwarzer Johannisbeere, die in wärmeren Regionen oft den Charakter süßerer, dunkler Früchte annehmen. Ein Bordeaux aus Pauillac mit seinen Aromen von Zeder, Zigarrenkiste und Bleistiftholz ist gänzlich anders als ein Cabernet Sauvignon aus Coonawarra in Australien, der nach Cassis und Nelken schmeckt; Weine aus Langhorne Creek oder Washington wiederum können Minze-oder Eukalyptustöne aufweisen. In kühleren Klimaten dominieren Peperoni, in wärmeren Gebieten Schokolade, Nelke oder Lakritz.

Auch die Struktur des Weins, die Art, wie er sich im Mund anfühlt, kann variieren. Cabernet-Sauvignon-Beeren sind klein, dickschalig, dunkel, bläulich. Sie ergeben tiefrote Weine. Auf Grund des hohen Anteils von Kernen und Schalen in der Maische sind die Weine sehr tanninreich und langlebig. Kräftige Aromen und Tannine als Rückgrat erlauben einen Ausbau in Eichenfässern; so bilden die Aromen neuer Eiche – Vanille, Toast, Gewürze, Schokolade, Kokosnuss – oft einen Teil des Weinprofils.

Auch der Verschnitt ist wichtig. Cabernet Sauvignon wird oft mit weicheren, saftigeren Sorten verschnitten, in Bordeaux besonders Merlot und Cabernet franc.

Kleine Beeren erbringen tiefrote Weine.

Die Trauben reifen spät.

Körperreiche Weine mit intensiven Aromen von schwarzer Johannisbeere

Auf Grund des hohen Tanningehalts erlangen teurere Weine ihre Trinkreife erst spät.

WO — Ursprünglich in Bordeaux beheimatet, erbringt er heute akzeptable Weine in Australien, Kalifornien, Chile, Argentinien, Südafrika, Neuseeland, in der französischen Appellation Vin de pays d'Oc, im US-Staat Washington und in der Toskana.

STILE — Trockene, körperreiche Rote, oft von Eiche beeinflusst; in der Jugend oft harte Tannine. Alle Qualitätsstufen mit den entsprechenden Preisen, von niedrigen bis zu den höchsten der Welt (Bordeaux, Kalifornien).

WANN & WOZU — Beträchtliches Alterungspotenzial – die besten Bordeaux können acht bis 20 Jahre liegen; billige Weine jedoch sollte man nicht lagern. Die meisten Cabernets Sauvignons aus der Neuen Welt kommen trinkreif in den Handel, die teureren entwickeln sich im Laufe von vier bis acht Jahren. In der Regel ein Wein zum Essen, besonders zu dunklem Fleisch.

Pinot noir

Keine Traube hat Erzeugern und Weinmachern mehr Kopfzerbrechen bereitet, dennoch halten sie an dieser unberechenbaren und empfindlichen Sorte fest.

AROMEN

HIMBEERE ist für komplexen Burgunder ebenso typisch wie für preiswerten, fruchtigen Pinot noir aus der Neuen Welt.

WALDERDBEERE Ein betörender Hauch davon findet sich in manchen feinen Burgundern und Pinots noirs.

ROSE ODER VEILCHEN Ein flüchtiger, blumiger Duft, wie er für Spitzenburgunder typisch ist.

TRÜFFEL Reifer Burgunder entwickelt ein volles, von Trüffel- und Wildtönen geprägtes Bouquet.

An Pinor noir haben sich schon Winzer in den entlegensten Winkeln der Welt versucht, ist er doch die rote Burgundertraube – die Traube hinter Romanée-Conti, Chambertin, Clos de Vougeot und allen anderen großen Roten von der Côte d'Or. Aber während Chardonnay, die Traube hinter den großen weißen Burgundern, fast überall wächst, ist Pinot noir pingelig. Klima, Bodenbeschaffenheit, Schnitt, der Umgang mit den Trauben nach der Lese, alles will bedacht sein.

Aus Pinot noir lassen sich durchaus Weine von tiefem Rot und spürbarem Tanningehalt gewinnen, gemeinhin jedoch erbringt er relativ helle Rotweine mit eher wenig Tannin und Säure. Französische Eiche wird zu Recht eingesetzt, weniger gut wird er mit den robusteren, würzigeren Aromen amerikanischer Eiche fertig. In einem zu kühlen Klima – vielleicht einem schlechten Jahr in Burgund oder im Elsass – geraten die Weine dünn und blass. In einem zu warmen Klima, darunter viele Regionen der Neuen Welt, werden die Weine marmeladeartig. Wenn jedoch alles passt, dann belohnt Pinot noir die Mühe mit verführerischsten Aromen und seidigster Konsistenz. Dann mischen sich Himbeere, Erdbeere, Kirsche mit Rose, Veilchen, Weihrauch und Anklänge an orientalische Gewürze. Zuweilen macht bei Burgunder die süße Fruchtigkeit mit der Zeit Platz für reichere, pikantere Trüffel- und Wildaromen – ein *goût de terroir* (oder Standortgeschmack), wie er in der Neuen Welt so gut wie nie vorkommt.

Einige der feinsten roten Burgunder von der Côte de Nuits brauchen Jahre, bis sie ihren Gipfelpunkt erreichen, und halten dann dieses Niveau erfreulicherweise für lange Zeit, während die meisten Pinots noirs gleich nach der Abfüllung mehr oder weniger trinkreif sind und nicht annähernd so lange halten wie ein Cabernet Sauvignon vergleichbarer Qualität.

Zu den Gebieten der Neuen Welt, die Pinot noir erfolgreich anbauen, gehören Oregon, kühlere Regionen in Kalifornien (wie Carneros, das Russian River Valley und Santa Maria) und Neuseeland (Martinborough, Marlborough und Central Otago). Australien erzeugt Pinot noir in den kühleren Zonen des Staates Victoria (z. B. Yarra) und in Tasmanien, ein Großteil der Ernte wird jedoch für Schaumwein verwendet. Südafrika und Chile haben erste Versuche gestartet.

Die europäischen Länder, die ernsthaft mit Pinot noir arbeiten, sind neben Frankreich Deutschland (wo er Spätburgunder genannt wird) und Österreich (dort Blauburgunder genannt). Auch in Osteuropa hat Pinot noir Fuß gefasst, worüber man sich aber in Burgund keine schlaflosen Nächte zu machen braucht.

Die dünnschalige und zu Fäulnis neigende Sorte gilt als schwierig.

Die Weine sind meist tanninarm.

Die weichen Trauben reifen früher als Cabernet Sauvignon.

Wird zu Rotwein, aber auch (ohne die Schalen) zu Champagner verarbeitet

WO — Burgund, Burgund und nochmals Burgund; die Burgunder sollten aber ein Auge darauf haben, was neuerdings in Kalifornien, Oregon, Neuseeland und Australien zustande gebracht wird.

STILE — Mittelschwere, oft nicht sehr farbintensive Rote von verführerischem Duft, süßer Frucht und seidiger Konsistenz. Billigweine sind selten lohnenswert. Die sehr hohen Preise für Pinots noirs werden zu Recht verlangt.

WANN & WOZU — Die meisten Pinots noirs sollten jung getrunken werden; Alterungspotenzial haben nur die feinsten Burgunder. Kann für sich getrunken werden, aber auch zum Essen – passt zu Wild und fast allen Fleischsorten, der beste Rotwein zu Fisch.

AUCH BEKANNT ALS — SPÄTBURGUNDER (Deutschland und Österreich), BLAUBURGUNDER (Österreich und Schweiz), PINOT NERO (Italien), BURGUND MARE (Rumänien).

Syrah/Shiraz

Lange Zeit war es egal, ob man Syrah oder Shiraz sagte: Die Traube fand ohnehin kaum Beachtung. Seit etwa zehn Jahren hat sich das geändert.

AROMEN

BEEREN In Australien überwiegt Brombeere, an der Rhône schwarze Johannisbeere sowie Himbeere (mit Kräutertönen).

SCHWARZER PFEFFER Besonders auffällig an der nördlichen Rhône und in Australien – in den kühleren Weinbergen in Victoria.

GEWÜRZ Wärmere Klimate bringen Shiraz mit würzigen Aromen hervor, oft verstärkt durch Eichenfasslagerung.

SCHOKOLADE Üppige Schokoladearomen sind charakteristisch für wärmere Regionen in Australien.

Farbintensive, körperreiche und würzige Weine sind heutzutage gefragt. Syrah/Shiraz wurde dabei zum König unter den roten Sorten. Im Mittelmeerraum wie in der Neuen Welt werden Neuanpflanzungen vorgenommen; alte Syrah-Bestände, die ein Schattendasein führten, als Cabernet Sauvignon noch alleine den Ton angab, kommen zu neuen Ehren. Die Heimat des Syrah ist die nördliche Rhône. Hier erbringt er schwere, dunkle, tanninreiche und langlebige Weine, die im Hermitage, Cornas und dem duftigeren Côte Rôtie ihre beeindruckendste Verkörperung finden. Die ausgedehntesten und ältesten Syrah-Anpflanzungen finden sich jedoch im australischen Barossa Valley. Dort liefern riesige Bestände knorriger Buschreben, zum Teil über 130 Jahre alt, geringe, dafür aber hochkonzentrierte Erträge, die ganz anders geartete Rotweine als jene von der Rhône ergeben.

In der nördlichen Rhône sind die Beerenfruchtaromen wie schwarze Johannisbeere, Himbeere und Brombeere dicht, tintig und kräuterartiger, der Säuregehalt höher. Die würzige Komponente wird durch einen Anklang von frisch gemahlenem schwarzen Pfeffer dominiert. Oft vermitteln die Weine einen Hauch von Rauch, Teer oder verbranntem Gummi (was angenehmer ist, als es klingt). Mit den Jahren entwickeln sie komplexere, wildartige, manchmal lederartige Aromen.

Die Shiraz-Weine von alten Reben aus dem Barossa Valley verfügen über eine reifere und vollere Frucht, mit üppig-schokoladigem Charakter und manchmal einem Hauch von Minze. Die würzige Komponente, durch Eichenfassreifung noch verstärkt, ist süßer und exotischer. Die Weine sind intensiv und insgesamt saftiger, die besten, wie der berühmte Penfolds Grange, können viele Jahre alt werden. Das Hunter Valley ist eine weitere warme Region in Australien, wo Shiraz seit langem heimisch ist. Weiter im Süden, im kühleren Victoria, erbringt Shiraz deutlich pfeffrige Weine, die jenen von der nördlichen Rhône ähnlicher sind.

Syrah/Shiraz erbringt nicht nur teure Spitzenweine. In Australien, wo er heute wieder die erste Position unter den roten Trauben einnimmt, ist er die Grundlage für Unmengen von weichen, würzigen, brombeerartigen Alltagsweinen. Sehr erfolgreich sind auch die Verschnitte mit Cabernet Sauvignon (eine Idee, die in der Provence kopiert wurde) sowie die körperreichen, würzigen roten Schaumweine.

In ganz Südfrankreich, besonders aber im Languedoc, wurde in den letzten Jahren zur Verbesserung der Standards Syrah gepflanzt. Er ist heute Bestandteil traditioneller Rotweine wie Corbières, aber auch vieler Vins de pays mit der Bezeichnung Syrah oder sogar Shiraz auf dem Etikett.

Typisch: der würzige, rauchige, pfeffrige Duft

Ergibt tanninreiche Weine, die gut altern

Soll aus dem persischen Shiraz an die Rhône gekommen sein

Intensiv farbig, schwerer Duft

WO	An der Rhône vorwiegend der nördliche Teil; Australien, hauptsächlich aber im Barossa Valley; Südfrankreich, überwiegend Languedoc; in fast allen Regionen mit ausreichend warmem Klima.
STILE	Körperreiche, würzige Rotweine: groß, kraftvoll und tanninreich an der nördlichen Rhône, fetter und reifer in Australien. Ergibt auch einfachere, preiswertere, fruchtige Weine; in Australien gut geeignet für Verschnitte mit Cabernet Sauvignon.
WANN & WOZU	Die besten Rhône-Weine müssen lange lagern, aber Crozes-Hermitage und St-Joseph können nach ein paar Jahren getrunken werden. Billigere Weine sollten nicht aufbewahrt werden. Kombinieren Sie mächtige Weine mit mächtigen Speisen – Wild, Pfannengerichte, Wurst, Käse.
NICHT DASSELBE WIE	PETITE SIRAH, die in Kalifornien und Mexiko vorkommt.

AUCH BEKANNT ALS
- ALVARINHO in Portugal

AUCH BEKANNT ALS
- PINEAU an der Loire
- STEEN in Südafrika

Albariño

Spanien hat nicht viele weiße Sorten von Rang, weshalb der aromatische Albariño aus Galicien umso bedeutender ist – in den letzten Jahren auch gefragter und teurer.

Albariño ergibt Weine von schöner Säure, hohem Alkoholgehalt und saftiger, aber trockener Pfirsichfrucht. In vielerlei Hinsicht ist er wie eine stahligere Version von Viognier, jedoch mit dem Vorteil intensiverer Säure, weshalb er der bessere Begleiter zum Essen, insbesondere Meeresfrüchte, ist. Albariño verträgt Eiche, wird aber selten darin ausgebaut. Die Weine werden meist jung getrunken, obwohl sie gut altern. Am bedeutendsten ist er in Rías Baixas, weshalb die Weine dieser Region auf ihren Etiketten auch die Rebsorte als wichtigste Angabe tragen. Angebaut und geschätzt wird er in der Vinho-verde-Region im äußersten Nordwesten Portugals.

Chenin blanc

Dies ist eine Traube mit einem ungewöhnlich breiten Repertoire – sie erbringt Stillweine in jedem Stil von knochentrocken bis herrlich süß, Schaumweine und einige der langlebigsten Weißweine überhaupt.

Dennoch ist Chenin blanc unter den wichtigsten Sorten Frankreichs noch immer wenig populär, weil Chenin blanc bei falscher Handhabung einen unglaublich scheußlichen sauren Wein ergeben kann. Sein natürlicher Säuregehalt ist enorm hoch. Aus seiner Heimat Anjou-Touraine im Loiretal kommen noch immer so manche billige, fade Tropfen, aber die Region erzeugt auch Spitzenqualität: rassige Weine mit blumigen Aromen, unterlegt mit Aprikose und Apfel, Marzipan, Stroh und Honig; Variationen zwischen *sec*, *demi-sec* und *moelleux* (trocken, halbtrocken und süß). Üppig süße, durch Edelfäule verfeinerte Weine kommen von den Coteaux du Layon. In der Neuen Welt, besonders in Südafrika und Kalifornien, wird Chenin blanc für die massenhafte Produktion billiger, einfacher Weine eingesetzt, dagegen haben sich einige Erzeuger am Kap auf ertragsarme Bestände alter Reben besonnen, um daraus beeindruckende, eichenfassgereifte, trockene Weißweine zu gewinnen.

Weiße Trauben

Colombard

Niemand würde Colombard zu den charaktervollsten Rebsorten zählen, aber gerade deshalb konnte er in den Regionen Cognac und Armagnac so erfolgreich eingesetzt werden.

Körperarme Weine mit bescheidenen Aromen eignen sich ideal zum Destillieren. Erst als der Markt für Armagnac in den 80er-Jahren des 20. Jahrhunderts zusammenbrach, kamen die dortigen Erzeuger auf die Idee, es mit der Herstellung von Tafelwein zu versuchen. Moderne Weinbereitungsmethoden halfen ihnen, leichte, frische, fruchtige Weine hervorzubringen – und Vin de pays des Côtes de Gascogne wurde zu einer der größten Erfolgsstorys. Colombard wird in großem Stil auch im heißen Central Valley in Kalifornien und in Südafrika angebaut. In Australien wird Colombard hauptsächlich verschnitten.

AUCH BEKANNT ALS:
- TRAMINER in Europa

Gewürztraminer

Nicht nur der auffallende Rosaton der Trauben macht diese Sorte zu einer besonders leicht erkennbaren. Auch die daraus gewonnenen Weine, besonders jene aus dem Elsass, sind in ihrer Art typisch wie sonst kaum ein Wein.

Gewürztraminer ist goldgelb im Glas, körperreich und säurearm und von leicht öliger Konsistenz, sein Markenzeichen aber ist der typische Duft: ein exotisches Gemisch aus Litschi, Rosenblättern, Duftsträußchen und manchmal Ingwer. Bei den süßen Varianten, von spät gelesenen (*vendange tardive*) oder von edelfaulen Trauben (*sélection de grains nobles*), kommt als weitere Aromakomponente noch Honig hinzu. Gewürztraminer wird auch in Deutschland, Österreich, Südtirol, in der Schweiz und in Osteuropa angebaut, ist aber nirgendwo so vollmundig und eindringlich wie im Elsass. Die Anbaugebiete der Neuen Welt sind fast alle zu warm für diese Sorte, obschon Neuseeland, Washington, Oregon und Chile beweisen, dass sie auch in kühleren Klimaten durchaus lohnenswerte Ergebnisse bringt.

Grüner Veltliner

Er wird zwar auch in Ungarn und Tschechien angebaut, ist aber doch eine österreichische Spezialität und dort die am häufigsten angebaute Traube.

Ein Großteil des österreichischen Grünen Veltliners wurde und wird noch immer in billigen Heurigen ausgeschenkt. Aber im Laufe der letzten zehn Jahre hat die Traube eine Neubewertung erfahren, wobei sich die Weine aus der Wachau, dem Kremstal und dem Kamptal als die feinsten und langlebigsten erwiesen haben. Von der Struktur gleicht der Wein einem Riesling, unterschiedlich jedoch sind die Aromen – charakteristische Töne von weißem Pfeffer in Verbindung mit weißem Pfirsich vor einem kräuterwürzig-mineralischen Hintergrund.

Marsanne

Als die wichtigste Sorte für weißen Hermitage und andere Weißweine von der nördlichen Rhône wie zum Beispiel St-Joseph hatte Marsanne an der jüngsten Popularitätswelle der Rhône-Trauben Teil und wird heute in fast allen weißen Appellationen im Languedoc, unter anderem auch für sortenreine Vins de pays, angebaut.

Mit seinem Körperreichtum, der angenehmen Säure und der Affinität zu Eiche hat Marsanne indirekt von der Beliebtheit des Chardonnay profitiert. Die Aromen erinnern oft an Jasmin, Haselnüsse und Kräuter, aber sein Charakter beruht viel mehr auf Körper und Vollmundigkeit. Während Marsanne in Kalifornien relativ neu ist und dort von den Rhône Rangers (die Winzer, die Rhône-Trauben anbauen) übernommen wurde, schätzt man die Traube im Staat Victoria in Australien schon seit längerer Zeit für ihre typisch vollmundigen, eichenfassgereiften Weißweine mit Zitrusaromen und Anklängen an tropische Frucht. Eine Spezialität ist Marsanne auch im Schweizer Wallis.

AUCH BEKANNT ALS
- ERMITAGE BLANC in der Schweiz

Muscat

AUCH BEKANNT ALS
- FRONTIGAN
- MOSCATO
- MUSKATELLER
- MOSCATEL
- MUSCADEL (nicht Muscadelle)
- ZIBIBBO

und viele andere

Die einzige Rebsorte, die auch in vergorenem Zustand unverkennbar nach frischen Trauben duften kann, ist Muscat.

Leichte, süße, moussierende Muscatweine – Clairette de Die Tradition; Asti und andere italienische Moscatos – schmecken oftmals einfach nach süßen, saftigen Trauben, während trockene Muscatweine auch Rosenaromen haben können. Dessertweine von Muscat wie Muscat de Beaumes-de-Venise und andere Vins doux naturels aus Frankreich duften oft verlockend nach Orange und Gewürzen. Es gibt mehrere Muscat-Sorten: Die feinste ist Muscat blanc à petits grains. Davon existieren auch Varianten mit rosafarbenen, roten und dunkleren Beeren: In Australien, wo die Traube hinter den konzentrierten, üppigen, rosinenartigen »Liqueurs Muscat« aus Rutherglen steht, wird sie »Brown Muscat« genannt. In Europa findet sich Petits grains im gesamten Mittelmeerraum, muss sich dort aber die Beliebtheit mit Muscat of Alexandria, der zweitbesten Unterart, teilen. Auf Platz drei folgt der im Elsass verbreitete Muscat ottonel.

Pinot blanc

AUCH BEKANNT ALS
- WEISSBURGUNDER in Deutschland und Österreich
- PINOT BIANCO in Italien

In Burgund, woher er stammt, kommt er nur noch vereinzelt vor. Seine Basis in Frankreich ist heute das Elsass, wo er weiche, runde Weine mit Parfüm von Äpfeln, Talkumpuder und einem Hauch von Gewürzen ergibt.

In der Pfalz, in Baden und im Osten Deutschlands ist Pinot blanc als Weißburgunder bekannt. Die Weine, oftmals in Eiche ausgebaut und als Begleiter zum Essen gedacht, sind in einem trockeneren, fetteren Stil als dem klassischen deutschen gehalten. In Italien und weiten Teilen Osteuropas erbringt er eher einfache, frische Weißweine, während Österreich bemerkenswerte trockene und edelfaule, süße Weine produziert.

Rebsorten 45

Pinot gris/grigio

Wie Pinot blanc stammt Pinot gris ursprünglich aus Burgund und kommt noch heute dort vor. Pinot gris muss sich den Platz in den Weinbergen mit Pinot noir teilen.

Das ist gar nicht so abwegig, wie es klingt: Pinot gris ist eine Mutation von Pinot noir und, im Vergleich zu Pinot blanc, die charaktervollere Sorte (wenigstens in Frankreich). Im Elsass erbringt Pinot gris reiche, parfümierte Weine mit nussigen, rauchigen, würzigen, manchmal honigartigen Aromen; es gibt trockene, süße und edelfaule, ultrasüße Varianten. Mit Pinot grigio vertrauten Weinfreunden wird dieser Stil jedoch weitgehend unbekannt sein. Italienischer Pinot grigio – jener aus Collio ausgenommen – ist fast immer frisch, ziemlich leicht und neutral. Pinot gris wird auch häufig in Osteuropa, Österreich und Deutschland angebaut; in Kalifornien, Australien und Neuseeland gewinnt er zunehmend an Boden, nachdem er in Oregon auf große Zustimmung gestoßen ist.

AUCH BEKANNT ALS
- RULÄNDER und GRAUBURGUNDER in Deutschland
- PINOT BEUROT in Burgund
- MALVOISIE an der Loire und in der Schweiz

Sémillon

Überschattet von Sauvignon blanc in Bordeaux und von Chardonnay in Kalifornien, steht Sémillon selten im Rampenlicht, obwohl er in beiden Regionen eine bedeutende Traube ist.

Trockener Sémillon ist gern breit und fett, mit geringer Säure und einem Charakter von Lanolin – ideal, um in Bordeaux mit dem intensiven Aroma von Sauvignon blanc eine Verbindung einzugehen, sei es als Verschnitt für den Massenmarkt oder als langlebiger, fassvergorener weißer Graves. Für Dessertweine aus Bordeaux – Sauternes und andere – ist Sémillon zweifelsohne die Traube, da er, Morgennebel und Nachmittagssonne vorausgesetzt, zur Bildung von Edelfäule neigt. Australien erzeugt einige wenige edelfaule Sémillons – überzeugend, wenn auch etwas schwerer als Sauternes. Die meisten Sémillons down under aber sind trocken. Der Barossa-Stil ist weich und eichenhaltig mit üppigen Zitrone-Frischkäse-Aromen. Traditioneller Sémillon aus dem Hunter Valley, ohne Eichenaroma, hat seinen eigenen Stil: leicht, scharf, knochentrocken; solange er jung ist insgesamt ziemlich reizlos, im Alter jedoch zitronig, toast- und honigartig. Im kühleren Westaustralien, in Neuseeland und Washington ist er von intensiverer Frucht und grasig.

Viognier

Viognier ist en vogue wie keine andere Traube, insgesamt aber schwer zu handhaben. Sie hat sich im Weinberg als tückisch erwiesen und kann dies im Keller ebenso sein.

So ist es keine Überraschung, dass er bis in die 80er-Jahre außerhalb seiner angestammten Region, einem kleinen, steilen, terrassierten Areal in Condrieu an der nördlichen Rhône, kaum vorkam. Ebenso wenig überraschend ist der hohe Preis. Es gibt heute einige preiswertere Viogniers, besonders aus dem Languedoc, wo in den 90er-Jahren viel Viognier gepflanzt wurde, und zunehmend auch aus Australien und Argentinien. Diese Weine haben zwar das typische Pfirsich- und Aprikosenparfüm, ihnen fehlt jedoch die Üppigkeit des Originals. Condrieu und die besten Viogniers aus Kalifornien und Australien sind alkoholstark, überreich parfümiert mit Freesien, Moschus, Pfirsich, Aprikose und Ingwer und sind von fetter, sahniger Konsistenz.

Gouais blanc

Dieser Name wird Ihnen noch auf keinem Etikett begegnet sein und mit großer Sicherheit werden Sie auch nie einen daraus gewonnenen Wein trinken.

Was Ihnen aber – möglicherweise schon oft – über die Lippen geflossen ist, sind die Weine, die von den Nachfahren dieser obskuren und niederen Sorte gewonnen werden. Eine in den späten 90er-Jahren in Kalifornien durchgeführte DNA-Analyse brachte das Wein-Establishment ins Wanken: Es stellte sich heraus, dass der hellschalige, saure Gouais, der im Mittelalter im Nordosten Frankreichs recht häufig war, sich mit einem Mitglied der noblen Pinot-Familie gekreuzt hatte. Das Ergebnis waren 16 neue Rebsorten, unter ihnen Gamay (in Beaujolais), Melon (Muscadet) und keine geringere als Chardonnay, die Edelsorte für weißen Burgunder, viele Champagner und renommierte Neue-Welt-Weine.

Rebsorten 47

Andere Weiße

Von oben nach unten:
Aligoté
Chasselas
Macabeo
Müller-Thurgau

Aligoté Zweifelsohne die zweite weiße Traube Burgunds, sowohl rang- wie auch mengenmäßig. Sie liefert einfachere, herbere, weniger langlebige Weine als Chardonnay. Die besten kommen aus dem Dorf Bouzeron. Sie sind üblicherweise die Basis für die Bereitung von Kir. Auch in Osteuropa verbreitet.

Assyrtiko Eine von mehreren in Griechenland heimischen Trauben, die oftmals hochwertige Weine mit pikanter Säure liefern. Aromen von Zitrusfrüchten, Kräutern, Gewürzen und Aprikosen. Ursprünglich aus Santorin stammend.

Catarratto Die in Italien am zweithäufigsten angebaute weiße Traube, nur auf Sizilien beschränkt. Traditionsgemäß für Marsala, immer öfter auch für Tafelweine verwendet, manchmal mit Chardonnay verschnitten, der die frischen Grapefruit-Aromen ergänzt.

Chasselas Eine eher neutrale Tafeltraube, die in der Schweiz einige lebhafte, lohnenswerte Weine liefert. Dort ist sie die weitaus wichtigste Sorte (im Wallis als Fendant bekannt). Die Ergebnisse im Elsass, in Savoyen und Deutschland (dort als Gutedel bekannt) sind weniger beeindruckend.

Clairette Eine säurearme, südfranzösische Traube, die volle, aber oft pappige Weine ergibt. Sie müssen mit anderen, knackigeren Sorten verschnitten oder zu Vermouth weiterverarbeitet werden. Die Haupttraube für den moussierenden Clairette de Die ist nicht Clairette, sondern Muscat.

Cortese Die Traube hinter Gavi, Italiens modischem Weißwein aus dem Piemont. Bestenfalls rassig und fruchtig, ein guter Begleiter zu den Fischgerichten der Ligurischen Küste, oft aber einfach nur übertrieben en vogue und übertrauert.

Fernão pires Die am häufigsten angebaute Traube Portugals ergibt mittelschwere Weine mit leicht stechender Würzigkeit. Bedeutend in der Region Ribatejo und, als Maria Gomes, in Barraida.

Furmint Eine hochwertige Traube und wichtigster Bestandteil für Ungarns große, edelsüße Tokajer sowie für mächtige, trockene Weine. Ist auch in der Slowakei, in Slowenien und Österreich verbreitet.

Gros plant Eine noch säurereichere, neutralere Version der Melon-Traube und wie diese im Pays Nantais am Unterlauf der Loire verbreitet. Die Sorte ist auch Basis für Brandy und heißt dann meist Folle blanche.

Irsai Oliver Eine ungarische Tafeltraube und relativ neue Kreuzung, die mehr und mehr zu knackigen, leichten bis mittelschweren Weinen verarbeitet wird, deren traubiger Muscatduft auffällt.

Kerner Die erfolgreichste und jüngste der zahlreichen deutschen Kreuzungen, besonders populär in der Pfalz und in Rheinhessen. Früh reifend (das Ziel der meisten dieser Züchtungen), frisch, blumig und Riesling ähnlicher als die meisten anderen Neuzüchtungen.

Macabeo Eine wichtige spanische Sorte, die dezent nach Kräutern und Blumen duftet und im gesamten Norden des Landes verbreitet ist, auch in Rioja (dort als Viura bekannt) sowie Katalonien, wo er einen der Hauptbestandteile von Cava bildet.

Malvasia Die Traube für süßen Madeira im Malmsey-Stil. Mit diesem Namen wurde im Laufe der Jahre eine verwirrende Vielzahl von Weinen und Rebsorten bezeichnet. Besonders wichtig, in vielen Inkarnationen, in ganz Italien. Malvoisie in Frankreich und der Schweiz ist meist Pinot gris.

Manseng, Gros & Petit

Geschwistersorten mit intensiver, spritziger Frucht (Mandarine, Nektarine, Quitte), die in Südwestfrankreich trockenen und süßen Jurançon ergeben und in der Gascogne am Pacherenc du Vic-Bilh beteiligt sind. Gros Manseng wird mehr für die pfiffigen, trockenen Weine verwendet, der kleinbeerigere Petit eher für die feinen Süßweine.

Melon de Bourgogne

Wie der Name schon sagt, liegt der Ursprung in Burgund. Wird heute nur in Muscadet angebaut. Eine neutrale, säurereiche Traube, die mit dem vom Atlantik beeinflussten Wetter gut fertig wird, sonst aber eher unbeliebt ist.

Müller-Thurgau

Eine ertragreiche deutsche Riesling-Kreuzung, der Charakter und Qualität von Riesling fast gänzlich fehlt. Oft Hauptbestandteil von Billigweinen aus Deutschland und Osteuropa. Liefert bessere Resultate in der Schweiz, in Italien und Neuseeland, auch in England von Bedeutung.

Muscadelle

Die dritte weiße Traube im Bordelais und in Bergerac, wird vor allem für Süßweine verwendet. In Australien setzt man dieselbe Traube unter dem Namen Tokay für die süßen, üppigen, braunen »liqueur tokays« (gespritete Dessertweine) ein.

Palomino

Die Traube hinter fast allen Sherrys, deren Name aber bis vor kurzem kaum auf einem Etikett auftauchte. In Südfrankreich erscheint sie gelegentlich als Listán.

Pedro Ximénez

Diese Traube, oft nur PX genannt, ist verantwortlich für die sirupartigen, braunen Weine, die zum Süßen mancher Sherrys verwendet werden, für die üppigen, rosinensüßen, gespriteten Weine aus Málaga und für den ähnlich pappigen, reinen PX aus Jerez. Er liefert auch die Sherry-ähnlichen Weine aus Montilla.

Picpoul

Eine alte Sorte aus dem Languedoc, die ihre erfrischende Säure trotz warmem Klima behält. Die besten Weine sind die vollen, trockenen, zitronenartigen Weißen aus der Region Coteaux du Languedoc Picpoul de Pinet.

Prosecco

Die Traube, die in den Bergen von Treviso, nördlich von Venedig, zur Bereitung des gleichnamigen Weins angebaut wird. Es gibt die zwei Versionen Still- und Schaumweine, aber die weichen, nicht ganz trockenen, nach Mandeln duftenden Schaumweine überwiegen.

Roussanne

Feiner, aromatischer und kräuterwürziger als Marsanne, ihre Partnerin in den Verschnitten von der nördlichen Rhône, jedoch schwieriger im Anbau und deshalb weniger verbreitet. Kommt auch in weißem Châteauneuf-du-Pape vor, in Savoyen und in zunehmendem Maß im Languedoc.

Roussette

Eine hochwertige Traube, die in den Bergen von Savoyen frische, duftige, saftige Weine erbringt. Dort auch als Altesse bekannt. Möglicherweise dieselbe Sorte wie Furmint.

Scheurebe

Eine der erfolgreichsten der vielen deutschen Kreuzungen; sie liefert trockene, aber auch süße Weine mit charakteristischen Grapefruit-Aromen und oft einem Hauch von Gewürzen, besonders in der Pfalz. Unter dem Namen Sämling 88 erbringt sie in Österreich sehr gute Süßweine.

Seyval blanc

Eine Hybride und aus diesem Grund vom Wein-Establishment scheel angesehen. Diese Sorte kann im kühlen Klima Englands, Kanadas oder des Staates New York fruchtige Weine ergeben.

Silvaner

Im Elsass und in Österreich Sylvaner geschrieben, weit verbreitet in Deutschland und ganz Mitteleuropa. Die früh reifende Sorte mit viel Säure wird oft als eine Art Arbeitstier eingesetzt, kann aber eine feine, mineralische Qualität erlangen, besonders in Franken.

Tocai friuliano

Eine Sorte, die in Friaul im Nordosten Italiens bemerkenswert frische, duftige, blumige Weine liefert. Eine Verbindung zum elsässischen Tokay-Pinot gris besteht nicht, manche Fachleute jedoch stellen eine Beziehung zu Furmint in Tokaji (Ungarn) her. Wieder andere meinen, es handele sich um die gewöhnliche Sauvignonasse-Traube aus Chile.

Torrontes

Eine Traube aus Galicien in Nordostspanien, heute eher eine argentinische Spezialität. Die Weine sind aromatisch und entschieden Muscat-ähnlich, oft körperreich, alkoholstark und dennoch erfrischend.

Trebbiano/Ugni blanc

Die aus dieser Traube in Italien und Frankreich gekelterten Weine sind so dünn und langweilig, dass ihr Name auf den Etiketten selten erwähnt wird. Warum dann in diesem Buch? Es ist die in beiden Ländern häufigste Traube: Ein Großteil davon wird verschnitten.

Verdejo

Eine von Spaniens wenigen hochwertigen, alterungswürdigen Trauben. Verdejo ist die aromatisch-grüne, manchmal nussige Spezialität der Region Rueda, wo er oft mit Sauvignon blanc verschnitten wird.

Verdelho

Am bekanntesten als der liebliche, typisch lebhafte Madeira-Stil, tritt aber immer häufiger als körperreicher australischer Wein mit einem Geschmack von Limetten-Marmelade auf. Möglicherweise dieselbe Sorte wie der delikate, aber seltene Godello aus Galicien.

Verdicchio

Berühmt für Verdicchio dei Castelli di Jesi, einen frischen, leicht parfümierten trockenen Wein von den Marken in Italien, der in einer eigenwilligen amphorenförmigen Flasche angeboten wird.

Vermentino

Eine aromatische Traube, die auf Sardinien und Korsika, in Ligurien und Languedoc-Roussillon lebhafte Weine erbringt.

Vernaccia

Ein Name, den in Italien mehrere Rebsorten tragen. Der Wein, den jeder kennt, ist der nussige Vernaccia di San Gimignano, der interessanteste Weißwein der Toskana.

Welschriesling

Ob er nun Welschriesling, Olasz Rizling, Laski Rizling oder Riesling italico genannt wird: Diese Traube aus Mittel- und Osteuropa sowie Norditalien hat mit dem hochwertigeren deutschen Riesling nichts zu tun. Er ergibt zuweilen leichte, halbwegs aromatische Weine, ist aber besser in den edelsüßen Weinen Österreichs.

Rebsorten 49

Barbera

In Italien ist Barbera die zweithäufigste Traube, aber da sie hinter keinem der großen und berühmten Rotweine steht, hat sie nicht den Rang eines Sangiovese oder Nebbiolo.

Bestimmend für Barbera ist ihr (für einen Rotwein) hoher Säuregehalt in Verbindung mit niedrigen Tanninwerten. Dies verleiht ihr herbe Fruchtaromen von Kirsche und Damaszenerpflaume, insbesondere in ihrer Heimat Piemont. Dort hat die Traube neben Nebbiolo immer die zweite Geige gespielt, aber viele Erzeuger in den Regionen Barbera d'Alba und Barbera d'Asti nehmen sie heute zunehmend ernster, indem sie ihr das Scharfkantige nehmen und ihr durch Lagerung im Eichenfass mehr Tiefe verleihen. Im Central Valley in Kalifornien wird Barbera in großem Stil für Alltagsweine kultiviert. Zunehmend lohnende Weine kommen von großen Anpflanzungen in Argentinien.

AUCH BEKANNT ALS

- BOUCHET in St-Emilion
- BRETON an der Loire
- MENCÍA in Galicien, im Nordwesten Spaniens (Mencía ist verwirrenderweise auch der Name einer weiteren leichten, roten Sorte in Spanien)

Cabernet franc

Die dritte rote Bordeaux-Traube ist eine leichtere, tanninärmere Unterart von Cabernet Sauvignon, mit Beerenaromen, die etwas von der von Johannisbeerblättern und Pfefferschoten geprägten Frische haben, wie sie für Cabernet Sauvignon aus kühleren Klimaten typisch ist.

Da er früher und, unter kühleren Bedingungen, auch besser reift als sein berühmter Vetter, spielt Cabernet franc am rechten Ufer der Gironde eine besonders wichtige Rolle, insbesondere in St-Emilion. Für das Château Cheval-Blanc und andere illustre Häuser ist er die wichtigste Sorte. Weiterhin gründet sein Ruhm darauf, die Traube hinter den besten Roten der mittleren Loire zu sein, die Appellationen Bourgueil, Chinon und Saumur-Champigny mit eingeschlossen. Ebenfalls von Bedeutung ist die Traube im Nordosten Italiens, im Friaul, wo sie mittelschwere, weiche Weine erbringt.

Rote Trauben

Gamay

Diese Traube ist berühmt für einen besonderen Wein: den Beaujolais. Keine andere Region macht Gamay mit derselben frischen Intensität und dem lebendigen, saftigen Erdbeerfrucht-Aroma wie sie in den Granithügeln des Beaujolais erreicht werden.

Im Mâconnais, das unmittelbar nördlich an das Beaujolais anschließt, ist Gamay die Traube neben einem Großteil (ziemlich dumpfer) roter Mâcons und einfachem Bourgogne rouge. Er taucht auch im Bourgogne Passe-Tout-Grains auf, einem Verschnitt mit Pinot noir, der dem Dôle aus der Schweiz ähnelt. Im Loiretal und angrenzenden Regionen ergibt er Weine wie Gamay de Touraine, Coteaux du Giennois und Côte Roannaise. Die in Osteuropa und Kalifornien als Gamay etikettierten Weine sind meist von Blaufränkisch bzw. Pinot noir gekeltert.

Grenache

Noch bis vor wenigen Jahren war der Name der weltweit am häufigsten angebauten Traube nur selten auf Etiketten zu lesen. Grenache kannte man nur als die wichtigste der 13 Rebsorten, die für Châteauneuf-du-Pape zugelassen sind.

Richtig beliebt wurde Grenache erst in den letzten fünf Jahren, als körperreiche Rotweine mit würziger, reifer Frucht in Mode kamen. Nicht dass jeder Grenache – Garnacha in Spanien, wo er noch bedeutender ist als in Südfrankreich – diesen Charakter oder die typischen Aromen von Himbeere und weißem Pfeffer hätte. Junge und nicht genügend ausgedünnte Rebstöcke erbringen alkoholstarke, aber blasse Weine. Sowohl Australien als auch Kalifornien bauen Grenache zur Erzeugung alkoholreicher Massenweine an. Besonders in Australien werden heute alte Reben zur Erzeugung fruchtiger, charaktervoller Rotweine abgezweigt. Grenache ist auch gut für Rosé bzw. Rosado geeignet.

AUCH BEKANNT ALS
- CANNONAU in Sardinien

Unten: reifender Cabernet franc

AUCH BEKANNT ALS
• AUXERROIS und COT in Cahors

Malbec

Malbec wird gegenwärtig von einer Erfolgswelle getragen, zumindest in seiner Wahlheimat Argentinien.

In Argentinien und, in viel kleinerem Umfang, auch in Chile erbringt Malbec volle, reiche, fruchtige, würzige Rote mit Aromen von Brombeeren und Maulbeeren. In seiner Heimat Cahors in Südwestfrankreich ist er bekannter für härtere, schlankere Weine, mit trockenen Tanninen, mehr Säure, einem mineralischen Charakter und dezenter Brombeerfrucht. In geringen Mengen findet Malbec noch Verwendung für Bordeaux und andere Rote aus dem Südwesten Frankreichs. Einige kalifornische Weinmacher bauen ihn in ihre Meritage-Weine (Bordeaux-Verschnitte) ein. Erst seit kurzem verwenden Erzeuger in Hawkes Bay in Neuseeland Malbec – mit großem Erfolg – für ihre Verschnittweine.

Merlot

Fruchtsaft für Erwachsene oder Cabernet Sauvignon auf die leichte Art: Nicht ganz ernst gemeint, aber dennoch treffen diese Beschreibungen den Nagel auf den Kopf.

Merlot ähnelt Cabernet Sauvignon weitgehend, ist aber weicher, saftiger, nicht so streng. Wie Cabernet Sauvignon verträgt er Eiche gut, hat jedoch weniger Tannin und Säure. In die Aromen von schwarzer Johannisbeere mischt sich Pflaume. Merlot kommt in Bordeaux häufiger vor als Cabernet Sauvignon und überwiegt in allen einfachen Weinen (Premières Côtes, Côtes de Bourg u. a.), ebenso auch in St-Emilion und Pomerol. Dabei wurde er ursprünglich als Zweitbesetzung angesehen – ein nützlicher, früher reifender Verschnittpartner. Berühmte und rare Pomerols wie Château Pétrus und Le Pin schärften sein Profil in den 90er-Jahren, überall in der Neuen Welt gab es eine Welle von Neuanpflanzungen – ganz besonders in Kalifornien. Dort erbringt er Weine aller Qualitätsstufen, von einfach und marmeladeartig bis überaus opulent und teuer.

Unten links:
Merlot-Rebstock
Unten rechts:
Merlot-Trauben

AUCH BEKANNT ALS
- MONASTRELL in Spanien
- MATARO in Kalifornien und Australien

Mourvèdre
In Spanien Monastrell genannt, war und ist Mourvèdre dort eine der wichtigsten spanischen Sorten, während in Frankreich oder andernorts noch bis vor kurzem wenig über ihn gesprochen wurde.

Wenn überhaupt war Mourvèdre als Hauptbestandteil des langlebigen, aber ziemlich obskuren provenzalischen Rotweins Bandol bekannt, sowie als Nebensorte für einige andere südfranzösische Verschnittweine. Das änderte sich sehr schnell, als er in Languedoc-Roussillon als eine von mehreren »Aufbesserungssorten« empfohlen wurde. Dort schätzte man ihn für seine fest strukturierten Weine mit ihren konzentrierten, an Wild und Leder erinnernden Aromen schwarzer Früchte. Als Mataro führte er in Kalifornien und Australien lange ein Schattendasein, aber mit dem jüngsten Erfolg der Rhône-Trauben und anderer Sorten aus Südfrankreich kam auch Mataro, nun als heiß begehrter Mourvèdre, zu neuen Ehren.

AUCH BEKANNT ALS
- SPANNA in Piemont
- CHIAVENNASCA im Valtellina (Lombardei)

Nebbiolo
Nebbiolo, eine der bodenständigsten Trauben überhaupt, hat sein Zuhause in einer relativ kleinen, hügeligen und nebligen Ecke des Piemont im Nordwesten Italiens.

Dort ist er der Star vor allem für Barolo und Barbaresco – beides erhabene Rotweine, mit einem Höchstmaß an Tannin und Säure, die ihre komplexen Aromen von Teer und Trüffeln, Rosen und Veilchen, Pflaumen und Schokolade erst nach Jahren frei geben. Nebbiolo wurde sowohl nach Nord- und Südamerika als auch nach Australien verpflanzt, jedoch ohne großen Erfolg. Aber die Hartnäckigkeit, mit der in Kalifornien und Australien an italienischen Sorten festgehalten wird, lässt doch auf interessante Nebbiolo-Weine hoffen.

Rebsorten 53

Pinotage

Pinotage ist Südafrikas eigene rote Sorte, eine Kreuzung zwischen Pinot noir und dem minderen südfranzösischen Cinsaut. Aber mit seinen Eltern hat Pinotage nichts gemein.

Von den Erzeugern noch bis vor kurzem ziemlich nachlässig behandelt, hat Pinotage keinen charakteristischen Stil entwickelt. Die Weine variieren zwischen leicht und saftig, mit typischen Kaugummi-Banane-Aromen sowie tannin- und eichenhaltiger, pflaumenwürziger Frucht. Mit seinem eigenwilligen Geschmack ist Pinotage keine Sorte, die in anderen Ländern Fuß fassen wird, in Südafrika stellt er jedoch so etwas wie die Antwort auf australischen Shiraz, kalifornischen Zinfandel und argentinischen Malbec dar.

Sangiovese

Diese in Italien am weitesten verbreitete Traube bildet das Rückgrat aller großen Rotweine aus der Toskana – Chianti, Brunello di Montalcino, Vino Nobile di Montepulciano und Carmignano – wie auch des weniger bekannten Morellino di Scansano und des Parrina.

Sangiovese, eine von Natur aus spät reifende Traube, enthält relativ viel Tannin und Säure, eine Frucht von Pflaume und Kirsche, kräuter- und tabakwürzige Akzente sowie leicht wild- bis lederartige Aromen. Da es so viele Klone gibt, variieren die Weine zwischen leicht und einfach (das Gros von Sangiovese di Romagna) bis hin zu den hochrangigen, kernigen Roten aus der Toskana. Die Traube prägt auch andere Regionen wie etwa Umbrien, dort am besten in Torgiano, und die Marken (Rosso Piceno). In der Neuen Welt ergibt sie meist weichere, geschmeidigere Weine als in der Toskana. Besonders Kalifornien produziert guten, wenn auch teuren Sangiovese. In Argentinien werden die Weine zunehmend charaktervoller; das Interesse in Australien ist immens.

AUCH BEKANNT ALS
- SANGIOVETO, BRUNELLO, MORELLINO, und PRUGNOLO GENTILE in der Toscana
- NIELLUCCIO auf Korsika

Unten links:
Pinotage-Trauben
Unten rechts:
Sangiovese-Trauben

Tempranillo

Quantitativ rangiert Tempranillo nicht unter den bedeutendsten Sorten Spaniens, qualitativ dagegen schon.

Obschon meist verschnitten, bildet Tempranillo doch das Rückgrat für Rioja und Ribera del Duero. Er kommt in ganz Nord- und Zentralspanien vor, darunter den Regionen Navarra, Penedès, Costers del Segre, Somontano, Valdepeñas und La Mancha. Die dickschalige Traube sorgt für Farbintensität, die Aromen (Gewürze, Tabak und Erdbeere) bleiben gut erhalten. Dennoch ist es schwierig, den Geschmack der meisten Weine auf Tempranillo-Basis von dem der amerikanischen Eiche, in der sie fast immer heranreifen, zu unterscheiden. Besonders Vanille, Gewürze, Toast, sogar Kokosnuss – also Aromen, die gemeinhin mit Rioja in Zusammenhang gebracht werden – verweisen auf einen Ausbau in Eichefässern. Unter den Namen Aragonez und Tinta Roriz wird Tempranillo in Portugal – in der Region Douro – für Port und feine Tafelweine eingesetzt. In Argentinien ergibt er weiche, gut trinkbare Rote.

AUCH BEKANNT ALS
- TINTO FINO, CENIBEL, ULL DE LLEBRE, TINTO DEL PAÍS und TINTA DE TORO in Spanien
- ARAGONEZ and TINTA RORIZ in Portugal

Zinfandel/Primitivo

Erst durch eine DNA-Analyse bestätigte sich in den letzten zehn Jahren, was Experten bereits geahnt hatten: Kaliforniens Zinfandel und Primitivo aus Apulien sind ein und dieselbe Traube.

Das erwies sich als folgenreich für Primitivo, der in seiner Heimat zwar nicht wegzudenken, aber außerhalb Apuliens bis dato kaum bekannt war. Da Reben sich an Umweltbedingungen anpassen, haben Zinfandel und Primitivo ihre eigene Persönlichkeit entwickelt. Beide sind hocharomatisch und alkoholstark (oft 15 Prozent und mehr), verfügen über eine bemerkenswert süße, würzige Frucht; Zinfandel jedoch ist noch süßer, mit reifen Himbeeraromen, die manchmal an Brombeergelee und Port erinnern. Primitivo ist meist erdiger, die Aromen mehr in Richtung Pflaume und Kirsche tendierend. Beide werden ihrer Natur entsprechend zu großen, trockenen Rotweinen verarbeitet, Zinfandel auch zu Rósé.

Rebsorten 55

Von oben nach unten:
Blaufränkisch
Carmenère
Petit Verdot
Pinot meunier

Andere Rote

Agiorgitiko Eine bedeutende griechische Sorte, auch als St. George bekannt, die hinter dem samtig-fruchtigen Nemea steht, aber auch oft mit anderen Trauben, darunter Cabernet Sauvignon, verschnitten wird.

Aglianico Diese edle italienische Traube griechischen Ursprungs hat eine Vorliebe für die vulkanischen Böden Süditaliens. Die feinsten Weine sind der Aglianico del Vulture aus Basilicata und der Taurasi aus Kampanien – dichte, langlebige Rote mit voller, würziger Frucht.

Baga Die dickschalige, kleinbeerige portugiesische Traube erbringt in Bairrada dunkle, tanninreiche, adstringierende Rotweine mit schönen Beerenaromen. Sie ist, so unwahrscheinlich das klingt, ein Bestandteil von Mateus Rosé, und wird auch in den Regionen Dão und Ribatejo angebaut.

Blaufränkisch In Mittel- und Osteuropa kultiviert – als Blauer Limberger in Deutschland, als Kékfrankos in Ungarn – erbringt der fruchtig-pfeffrige Blaufränkisch besonders gute, eichenfassgereifte Rote im Burgenland in Österreich. Dort wird er auch erfolgreich mit Cabernet Sauvignon und Pinot noir verschnitten.

Bonarda Ursprünglich eine in Norditalien beheimatete und in Oltrepò Pavese noch immer häufig angebaute Sorte. In Argentinien ist sie die häufigste Traube und wird hauptsächlich für saftige, leichte Rote, darunter auch Verschnitte, verwendet.

Brunello Diese Unterart von Sangiovese steht hinter dem tanninreichen, langlebigen Brunello di Montalcino aus der südlichen Toskana sowie hinter einer leichteren, jüngeren Version davon, dem Rosso di Montalcino.

Carignan Diese am häufigsten angebaute Sorte Frankreichs wird selten auf Etiketten erwähnt. Sehr alte Reben im Languedoc bringen oftmals aromatische Weine hervor, typisch aber ist sein adstringierender Charakter. In anderen Ländern verschwindet Carignan meist in Verschnitten. Zu Recht berühmt ist die Sorte für den reichen, geschmeidigen Carignano del Sulcis aus Sardinien und gelegentlich für den Carignane in Kalifornien.

Carmenère Seit die Traube in Bordeaux vor einem Jahrhundert aufgegeben wurde, galt sie als so gut wie ausgestorben. Ein überraschendes Comeback gelang ihr jüngst in Chile – um 1990 zeigte sich, dass ein Großteil dessen, was dort für Merlot gehalten wurde, eigentlich Carmenère ist. Die Weine sind dunkler, voller und reifer als Merlot, mit deutlicheren Gewürz- und Kaffeearomen.

Castelão/Periquita Im Süden Portugals gehört diese Sorte zu den beliebtesten überhaupt und erbringt, unter einer verwirrenden Vielzahl von Pseudonymen, gut strukturierte Weine mit reifer, süßer Frucht. Sie können jung getrunken werden, entwickeln sich aber eigentlich mit der Zeit, so dass es sich lohnt, sie zu lagern.

Cinsaut Dies ist das Arbeitspferd unter den Sorten im Languedoc, in der Provence, an der südlichen Rhône und auf Korsika, wo er hauptsächlich für Verschnitte verwendet wird, um mit seinem weichen Charakter strengere Sorten aufzuwerten. Als Rosé wird er sortenrein abgefüllt.

Corvina Eine der vielen feinen roten Trauben Italiens, deren Name selten auf Etiketten erscheint. Corvina ist die Hauptsorte für Valpolicella, insbesondere für den wuchtigen Amarone, sowie für die Roten und Rosés (auch als Chiaretto bekannt) der DOC Bardolino.

56 Rebsorten

Dolcetto
Eine der führenden Sorten im Piemont, die mit ihrer geringen Säure mit der säurereichen Barbera kontrastiert und auch eher getrunken werden kann als der tanninreiche Nebbiolo. Die besten, lebendig, mit Kirsch- und Mandelaromen, kommen aus Dolcetto d'Alba und di Dogliani.

Dornfelder
Intensive Farbe, süße Frucht und schöne Säure machen ihn zu Deutschlands erfolgreichster roten Kreuzung: Besonders gelungene Weine kommen aus Rheinhessen und der Pfalz.

Kadarka
Als Basis für die eigenwilligen, körperreichen Stierblut-Weine war dies früher die wichtigste rote Sorte Ungarns. Ihr Stern ist jedoch zu Gunsten widerstandsfähigerer Sorten wie Kékfrankos gesunken.

Lambrusco
In der Emilia Romagna in vielen Unterarten angebaute Traube, hinter der mehr steckt, als die massenhaft erzeugten, lieblichen, perlenden Rot- und Weißweine vermuten lassen. Im traditionellen, nicht industriellen Stil bereitete Weine sind rassig und erfrischend.

Mavrodaphne
Eine griechische Traube, insbesondere bekannt für einen gespriteten (verstärkten), portähnlichen Süßwein, den Mavrodaphne aus Patras.

Mavrud
Eine anerkannte bulgarische Sorte, die volle, durchaus tanninstarke Weine erbringt. Die in Eichenfässern gereiften Weine aus Assenovgrad altern gut.

Montepulciano
Diese in Mittelitalien weit verbreitete Traube ergibt körperreiche, robuste, geschmeidige Rote, darunter den Montepulciano d'Abruzzo und den Rosso Cònero.

Negroamaro
Die weit verbreitete »schwarz-bittere« Traube Süditaliens. Dort bildet sie das Rückgrat von Roten wie Salice Salentino, Brindisi, Copertino und Squinzano – alles mächtige Weine mit Aromen von Damaszenerpflaume, dunkler Schokolade und gerösteten Kastanien.

Nero d'avola
(auch Calabrese) Die häufigste und beste Traube Siziliens erbringt schwere, aromatische Weine.

Petite Sirah
In Mexiko und Südamerika ist die Traube die Basis starker und tanninreicher Rotweine, in Kalifornien wird sie oft mit leichterem Zinfandel verschnitten. Ihre Herkunft liegt noch im Dunkeln, da mehr als eine Sorte im Spiel zu sein scheint.

Petit Verdot
Traditionelle Bordeaux-Sorte, reift spät, wird aber von Spitzen-Châteaux im Médoc zunehmend geschätzt. Cabernet-Verschnitten verleiht er Farbintensität, Duft und Würze. Ähnlich wird er in Kalifornien eingesetzt; in Spanien erbringt er heute beeindruckende sortenreine Weine.

Pinot meunier
Auch schlicht Meunier genannt. Die Sorte aus der Champagne mit dem geringsten Ansehen, obwohl am häufigsten angebaut. Er findet deshalb unter Schaumwein-Erzeugern anderer Regionen wenig Beachtung. Champagner verleiht er eine einfache, frische Fruchtigkeit.

Ruby Cabernet
Eine kalifornische Kreuzung zwischen Carignan und Cabernet Sauvignon, die einfache, oft marmeladeartige Weine ergibt. Mit ähnlichen Resultaten wird sie auch in Südafrika und Australien kultiviert.

St. Laurent
Eine österreichische Spezialität (aus Frankreich), die bei hingebungsvoller Pflege Weine erbringt, die Pinot noir nahe kommen, wenn sie auch schneller altern. Billigere Varianten sind ausdrucksloser.

Saperavi
Eine robuste, säurereiche russische Traube, die in Georgien, der Ukraine, in Moldavien und anderen GUS-Staaten entsprechend langlebige Weine erbringt. Geeignet für Verschnitte mit Cabernet Sauvignon.

Tannat
Eine kräftige, tanninreiche Sorte aus Südwestfrankreich, die dem Madiran seinen besonderen Charakter verleiht, aber auch in den Roten aus Tursan, Irouléguy und den Côtes de Saint-Mont auftaucht. In Uruguay ist Tannat die Grundlage für weiche Rotweine mit Himbeer- und Brombeeraromen.

Tarrango
Australiens Antwort auf Beaujolais: eine Kreuzung der 60er-Jahre zwischen Sultana und der portugiesischen Touriga nacional. Diese Traube erbringt tanninarme, saftige, leichte Rotweine, aber besonders eingeschlagen haben die Weine nicht.

Teroldego
Eine unverwechselbare, hochwertige Traube, nur im Trentino. Teroldego Rotaliano ist ein überaus fruchtiger, beerenwürziger Wein, dem ein Hauch Bittermandel zu entsprechendem Gleichgewicht verhilft.

Touriga nacional
In Portugal die Spitzentraube für Port – dunkel, aromatisch, mit genügend Frucht und Tanninen. In den Regionen Douro (der Portwein-Region) und Dão wie auch in Australien wird sie zunehmend für feine, alterungswürdige Tischweine eingesetzt.

Zweigelt
In Österreich ist Zweigelt, eine Kreuzung zwischen Blaufränkisch (knackige Frucht) und St. Laurent (Fülle), die am häufigsten angebaute Traube.

Unten: Touriga nacional

Rebsorten 57

Alltagsweine zu genießen, ist eine Sache – Spitzenweine mit feinsten Aromen zu würdigen, eine andere. Beides lernen Sie im folgenden Kapitel.

Wein verkosten

Maximaler Weingenuss

Muss man wirklich erklären, wie man Wein kostet? Greift man nicht einfach zum Glas, nimmt einen Schluck und genießt, im Idealfall, den Geschmack?

Ja und nein. Ein Glas Wein einfach so zu trinken oder es gar hinunterzukippen, bedeutet nicht, dass Sie besonders viel davon schmecken – was auch in Ordnung ist, wenn Sie lediglich etwas Kühles trinken wollen oder eine Literflasche billigen Tafelwein vor sich haben. Keine auch noch so penible Verkostung wird einen trivialen Wein in ein aufregendes Geschmackserlebnis verwandeln. Wenn Sie aber Wein besonders schätzen und der Meinung sind, Wein werte ein Essen entscheidend auf – wenn Sie dieses Buch lesen, sind Sie das sicher –, dann stimmen wir überein, dass Wein ein Getränk wie kein anderes ist. Wein ist durchweg komplexer in seinem Aroma und seinem Verhalten, und in den besten Weinen steckt das Vermögen, die Herkunft genau widerzuspiegeln und sich im Laufe der Zeit zu entwickeln und zu verbessern.

Man sollte Wein kosten und nicht nur trinken. Das heißt nicht unbedingt, wie ein professioneller Verkoster das Gesicht zu verziehen, zu schlürfen und sich

BETRACHTEN Halten Sie Ihr Glas gegen einen hellen Hintergrund. Die Farbe kann Aufschluss über Rebsorte, Herkunft und Alter des Weins geben.

SCHWENKEN Beim Schwenken können Sie Körper und Konsistenz einschätzen. Sie sehen, ob er dünn oder dickflüssig ist und ob sich Tränen bilden.

RIECHEN Inhalieren Sie den Duft des frisch belüfteten Weins tief, mit der Nase nahe am Glas. Versuchen Sie, die Aromen zu bestimmen.

umfangreiche Notizen zu machen. Es kommt darauf an, einen Mittelweg zu finden zwischen der akribischen Vorgehensweise des Profis und gedankenlosem Hinterkippen. Das ist für jeden möglich. Sammeln Sie Erfahrung (je mehr, desto besser) und prägen Sie sich Geruchs- und Geschmackseindrücke ein. Sie werden schnell feststellen, dass schriftliche Notizen, besonders wenn Sie mehr als einen Wein gleichzeitig verkosten, den Lernprozess deutlich beschleunigen (siehe S. 72).

PRAKTISCHE VORAUSSETZUNGEN FÜR EINE VERKOSTUNG

Für eine Verkostung in geselliger Runde benötigen Sie einen geruchsneutralen, hellen Raum und das entsprechende »Handwerkszeug«. Sorgen Sie zunächst für saubere, geruchsfreie Gläser: pro Person mindestens ein mittelgroßes, tulpenförmiges Weinglas (mehr zum Thema Glas siehe S. 158). Wenn Sie ein Glas für mehrere Weine benutzen, spülen Sie das Glas vor jedem neuen Wein aus: Schwenken Sie ein wenig von dem neuen Wein im Glas herum, und gießen Sie ihn dann aus. Ist der neue Wein sehr teuer, können Sie auch einen billigeren zu diesem Zweck verwenden, aber achten Sie darauf, dass er den feinen Wein nicht überwältigt – oder verwenden Sie gleich etwas Wasser.

Sie benötigen irgendeinen hellen Hintergrund, z.B. ein Blatt Papier oder ein weißes Tuch, um den Wein dagegen zu betrachten; einen Eimer, Krüge oder das Spülbecken in erreichbarer Nähe für jene, die ausspucken möchten; Wasser sowie Brot oder Kräcker zur Neutralisierung ermüdeter Gaumen; Papier und Stifte für die ganz Eifrigen; einen Weinkühler für Weißweine und Schaumweine; Alufolie zum Einwickeln der Flaschen, falls Sie eine Blindverkostung planen.

Vergessen Sie nicht, dass eine Weinverkostung eine nicht ganz saubere Angelegenheit ist. So gezielt eingießen und ausspucken, dass kein Tropfen daneben geht, kann niemand. Tragen Sie also nichts, was durch einen Weinfleck ruiniert wäre. Im Fall einer größeren Katastrophe gilt: Weißwein neutralisiert Rotwein bis zu einem gewissen Grad; Salz saugt auf, solange Sie es nicht einreiben.

Störende Einflüsse

Sie können die Qualität eines Weins nicht einschätzen, wenn folgende Faktoren ins Spiel kommen:

- Kochgerüche, Parfüm, Aftershave, Tabakrauch und andere starke Gerüche
- Zahnpasta, Kaugummi, Schokolade, Chili, Curry, Knoblauch und andere im Mund vebliebene starke Geschmackseindrücke
- Eine Verkostung im Freien bietet sich nur scheinbar an. Zwar verlieren sich störende Gerüche von Parfüm oder Nikotin, aber leider auch die Aromen der Weine. Ablenken können auch im Freien auftretende natürliche Gerüche.

KOSTEN Nehmen Sie einen großen Schluck, und konzentrieren Sie sich auf das Gefühl im Mund und auf der Zunge. Bestimmen Sie die Aromen.

SPÜLEN Lassen Sie den Wein über Ihre Geschmacksknospen auf Ihrer Zunge gleiten. Ziehen Sie Luft ein, um die Aromen in den Rachenraum zu befördern.

AUSSPUCKEN Steht das Verkosten über dem Genuss, dann brauchen Sie einen klaren Kopf. Spucken Sie den Wein deshalb nach dem Probieren aus.

1 **TIEFER BLICK**
Gießen Sie eine kleine Menge Wein in ein Glas – nicht mehr als ein Drittel voll – und dieselbe Menge in ein weiteres Glas, falls Sie zwei Weine vergleichen möchten. Blicken Sie von oben auf den Wein, um zu sehen, ob er klar, dunkel oder hell ist oder vielleicht kleine Bläschen enthält.

Je nachdem, wie gut oder schlecht Sie den Stielansatz Ihres Glases durch den Wein hindurch erkennen, können Sie die Farbintensität des Weins einschätzen.

Den Wein betrachten

Der äußere Eindruck kann viel oder wenig sagen, lohnenswert ist ein kurzer Blick aber immer. Selbst wenn er Ihnen nichts verrät, wissen Sie wenigstens, ob sich zum Beispiel Korkreste in Ihrem Glas befinden (absolut harmlos, aber störend im Mund).

KLAR ODER NICHT

Ein Wein sollte klar sein, keinesfalls trübe oder milchig. Glücklicherweise kommen trübe, fehlerhafte Weine heute kaum mehr in den Handel. Eine kurze Geruchs- und Geschmacksprobe sollte schnell zeigen, ob etwas nicht stimmt. Ein trüber Eindruck ist viel eher auf Ablagerungen von Farbstoffen, Tannin und Weinstein zurückzuführen, die durch die Bewegung der Flasche aufgewirbelt wurden, was bei Rotwein häufiger vorkommt als bei Weißwein.

Mit dem Trend, auf aufwändige Filtermethoden oder auf Filtrierung überhaupt zu verzichten, begegnen wir heute auch jüngeren Weinen mit Ablagerungen. Geschmack und Konsistenz können verunreinigt sein; wenn Sie also Ablagerungen in einer Flasche vermuten, gießen Sie vorsichtig und keinesfalls bis zum letzten Rest ein (behalten Sie mindestens zwei Zentimeter in der Flasche zurück). In manchen Fällen gibt das Etikett Auskunft darüber, ob der Wein gefiltert wurde oder nicht.

Bei Weißweinen finden Sie häufiger farblose Kristalle auf dem Grund des Glases, oder, meist direkt unterhalb der Oberfläche des Weines, winzige Bläschen. Bei den Kristallen handelt es sich um harmlosen Weinstein. Wie im Fall der Ablagerungen zeigt das nur, dass der Wein nicht übertrieben behandelt wurde. Die Bläschen, ebenso harmlos und typisch für jungen Wein, sind Kohlendioxid. Sie verursachen ein leichtes, erfrischendes Prickeln im Mund. Rote und weiße Weine, die im Begriff sind, sauer zu werden, zeigen ebenfalls Bläschen. Ihr eindeutiger Essiggeruch verrät sie sofort.

DIE FARBE

Die Farbe eines Weins liefert erste Hinweise zu Alter, Herkunft, Rebsorte, Art der Behandlung im Keller und, im umfassenderen Sinn, zu Qualität. Weißweine geben meist weniger von sich preis als Rotweine, dennoch variieren sie von beinahe farblos, manchmal mit einer minimalen Grünfärbung (ein junger Mosel Kabinett zum Beispiel), bis hin zu tiefgold oder noch dunkler. Weißweine dunkeln mit der Zeit nach, werden eventuell sogar braun. Dann haben sie jedoch meist, mit der Ausnahme von Sherry oder Madeira, ihre beste Zeit lange hinter sich.

Entscheidend ist die Herkunft. Je kühler das Klima im Anbauland, umso blasser sind die Weine und umso höher ist der Säuregrad. Diese Weine dunkeln auch nicht so schnell nach – weshalb ein Riesling von der Mosel wasserklar ist. Umgekehrt gilt: Je wärmer das Klima,

② **SCHRÄGLAGE** Um den Farbton und die Farbintensität des Weins einzuschätzen und um zu sehen, wie weit die Farbe sich zum Glasrand hin aufhellt, halten Sie das Glas an Stiel oder Fuß (so, dass Ihre Hände weder die Farbe verdunkeln noch den Wein unnötig aufwärmen). Halten Sie das Glas gegen einen hellen Hintergrund, neigen Sie es bis zu einem Winkel von 45°, und blicken Sie durch den Wein hindurch.

③ **SCHWENKEN** Ehe Sie am Wein schnuppern, schwenken Sie ihn kräftig im Glas herum, und beobachten Sie, wie er an der Innenwand festhält und dann herunterrinnt. Es empfiehlt sich, beim ersten Versuch nicht gleich mit Rotwein zu arbeiten. Ein Probedurchlauf mit einem Glas Wasser über dem Spülbecken könnte nicht schaden. Versuchen Sie als Rechtshänder das Glas entgegen dem Uhrzeigersinn zu schwenken und umgekehrt.

umso intensiver der Gelbton und umso niedriger der Säuregrad. Diese Weine altern schnell. Es gibt aber Ausnahmen. Edelfaule Trauben ergeben tiefere Farben. Auch ein Sauternes wird in einem guten Jahrgang dunkler ausfallen als ein gleichwertiger weißer Bordeaux.

Gärung und Reifung in Eichenfässern können Weißweine ebenfalls dunkler färben. Eichenfassvergorene Weißweine werden jedoch oft auf dem Hefesatz ausgebaut, in diesem Fall verhindert die Hefe das Nachdunkeln. Mehr sagt die Farbe bei Rotweinen aus. Dunkeln Weißweine nach, werden Rotweine mit der Zeit blasser, die Farbpigmente schlagen sich im Bodensatz nieder. Wie Weißweine bekommen sie auch zunehmend einen Braunstich. Das bedeutet, dass das tiefe Purpurrot der Jugend nach und nach in ein Rubin-, Granat- und Ziegelrot, schließlich in ein Goldbraun übergeht. Je reifer der Wein, umso deutlicher ist die Farbabstufung vom Mittelpunkt, dem dunkelsten Teil, bis zum Rand des Glases (ein schräg gehaltenes Glas zeigt das am besten). Bei einem alten Wein kann der äußerste Rand fast farblos sein. Auch verlieren Rotweine, die lange im Holzfass gelagert wurden, mehr Farbe als in der Flasche gereifte Weine. Noch bis vor kurzem waren traditionelle eichenfassgereifte spanische Rotweine wie Rioja Reserva oder Gran Reserva meist ziemlich blass, während heute der Trend zu tieffarbigeren Riojas geht. Tawny Port ist das Paradebeispiel für einen durch Fasslagerung aufgehellten Wein. Die anderen Portstile, weitgehend in der Flasche gereift, sind dunkler.

Wie für Weißweine gilt auch für Rotweine: Je wärmer das Klima, umso dunkler die Farbe (deshalb das Tintige so vieler Rotweine aus der Neuen Welt). Die Färbung hängt daneben auch mit der Rebsorte und den Methoden der

Wein verkosten 63

Nach einem Schwenk rinnt ein körperreicher, zähflüssiger Wein langsam an der Innenwand herunter und bildet dabei »Tränen«.

Weinbereitung und Lagerung zusammen. Die Pigmente sitzen in den Schalen (bei den meisten Trauben sind Fruchtfleisch und Saft farblos), weshalb dickschaligere Sorten wie Cabernet Sauvignon, Syrah, Mourvèdre, Barbera und Baga dunklere Weine liefern, während Sorten mit dünneren Schalen wie Pinot noir blassere Weine liefern. Die Weinmacher können jedoch die Farbintensität ihrer Rotweine manipulieren, indem sie die Schalen länger im frisch vergorenen Wein belassen oder indem sie Presswein hinzufügen – dunkler, tanninreicher Wein, der durch das Auspressen der Schalen gewonnen wurde (siehe S. 130). Farbintensive Rote liegen derzeit voll im Trend.

DIE VISKOSITÄT

Jenes erste Schwenken des Glases sagt Ihnen noch nicht viel über den Inhalt, aber Wein, der sichtbar zäh an der Innenwand des Glases herunterrinnt und dabei »Tränen« bildet, ist höchstwahrscheinlich sehr süß oder sehr alkoholreich. Wein, der sich beim Zurückfließen an der Glaswand nicht zieht, sondern abbricht, ist entweder ziemlich alt oder sehr körperarm und trocken. Möglicherweise wird das aber auch durch Spülmittelreste oder Fussel erzeugt, die die Oberflächenspannung aufbrechen. In diesem Fall sollten Sie den Abschnitt über Gläser zu Rate ziehen (siehe S. 158).

Am Wein riechen

Sie können mehr von einem Wein erfahren, indem Sie daran riechen, statt ihn nur zu betrachten oder auch zu schmecken. Aber richtiges Riechen erfordert Übung.

Durch intensives Schnuppern springt Ihnen vielleicht so manches in die Nase, z. B. Stachelbeere oder schwarze Johannisbeere. Vielleicht fällt Ihnen zunächst auch gar nichts auf. Stattdessen haben Sie selbst nach einem zweiten Schwenken den Eindruck, der Wein schmecke nur nach, na ja, Wein, nicht einmal nach Trauben. Tatsächlich schmecken nur sehr wenige Weine nach frischen Trauben (die meisten von ihnen, wenn sie aus Muscat gekeltert sind).

① INHALIEREN Setzen Sie Ihre Nase direkt ans Glas, und atmen Sie dabei tief ein. Schnuppern Sie eventuell ein zweites Mal, nicht öfter, besonders wenn Sie mehrere Weine verkosten möchten. Nase und Gaumen ermüden schnell.

AROMEN ERKENNEN

Geruchseindrücke zu identifizieren, ist Übungssache. Bewahren Sie also die Ruhe. Einige Weine sind zweifelsohne leichter zu erkennen als andere. So kann man zum Beispiel die überschwänglichen Aromen von Litschis, Gesichtscreme und türkischem Honig des Gewürztraminers kaum »überriechen«. Auch moderne, junge Weine, manche mit Eichenaromen, viele aus nur einer Sorte (Cabernet Sauvignon oder Sauvignon blanc), sind in der Regel recht zugängig. Kühlere Klimate produzieren meist dezentere Aromen, während Alter Weinen ab einer gewissen Qualität komplexere Aromen verleiht.

Ziehen Sie die vorgeschlagene Grobkategorisierung zu den Aromatypen zu Rate (siehe S. 66). Sie hilft Ihnen, einzelne Aromen des Weins in Ihrem Glas zu erkennen. Die Liste ist nicht offiziell oder definitiv, Sie können also Kategorien streichen oder eigene hinzufügen. Die Checkliste zu Aromen und Geschmacksrichtungen auf den Seiten 70–71 nennt darüber hinaus die Weine, die mit den jeweiligen Aromen gemeinhin in Verbindung gebracht werden. Wenn Sie z. B. Pfeffer, Minze oder Zitrone schmecken, können Sie feststellen, welche Weine oder Rebsorten dafür in Frage kommen.

Vertrauen Sie vor allem darauf, was Ihre Sinne Ihnen mitteilen, wenn Sie über Ihren Wein grübeln. Begehen Sie nicht den Fehler, alle möglichen Aromen zu zitieren, nur weil Sie meinen, diese sollten vorhanden sein. Wenn ein weißer Mâcon Sie an ein Schaffell erinnert, mit einem Hauch Frischkäse, ist es viel sinnvoller, sich diesen Eindruck zu merken, als sich selbst einzureden, er würde nach Äpfeln, Walnüssen, gebuttertem Toast und einer Spur Honig schmecken. Sie sollten aber auch keine Angst davor haben, anmaßend zu wirken. Weine können tatsächlich nach grünem Pfeffer duften, nach Rosen, Himbeeren, Birnen, Bananen, gemähtem Gras und einer Menge anderer Obst- und Gemüsesorten bzw. Substanzen –

nicht jedoch alle auf einmal! –, da sie dieselben chemischen Verbindungen wie Trauben aufweisen. Methoxypyrazine etwa ergeben das Aroma von grünem Pfeffer, das bei Cabernet Sauvignon oft auffällt, oder von Stachelbeere und eingemachtem Spargel, die in manchen Sauvignons blancs vorkommen.

URSPRUNG DER AROMEN

Einzelne Aromen zu erkennen, ist befriedigend und sinnvoll, aber nur ein Aspekt bei der Verkostung. Es geht nicht darum, Weine nach regelrechten Eigenschaftslisten zu beschreiben, sondern zu erkennen, wie die Aromen aufeinander bezogen sind. Es geht auch darum, sich ein Bild über den Stil eines Weins, seinen Charakter (Alter inbegriffen) und seine Qualität zu machen. Auf diese Weise werden Sie nicht nur herausfinden, was Sie mögen, sondern auch warum, und, ganz besonders, was Sie sonst noch mögen könnten.

Düfte und Aromen haben grundsätzlich dreierlei Herkunft. Die so genannten Primäraromen, oft intensiv fruchtig, blumig oder vegetabil, stammen von der Traube selbst. Die Sekundäraromen rühren vom Prozess der Weinbereitung her. Butter- oder Sahnearomen zum Beispiel sind typisch für Weißweine, die die malolaktische Gärung durchlaufen haben (siehe S. 128); Aromen von Vanille, Hobelspänen und Toast stehen mit der Verwendung neuer Eiche bei der Gärung und/oder Reifung in Zusammenhang. Bei vielen Weinen ist es mit diesen beiden Stadien schon getan. Sie werden für den baldigen Verbrauch produziert, an eine Weiterentwicklung ist nicht gedacht.

ÄLTERE WEINE

Die dritte Gruppe von Aromen, oftmals die am schwierigsten zu identifizierende, umfasst die komplexen, sanften Aromen, die sich entwickeln, wenn ein hochwertiger Wein in der Flasche reift. Dabei treten an die Stelle der lebhaften, anfänglich vorhandenen Fruchtaromen allmählich ineinander verwobene Schichten tieferer Aromen. Ein derartiger Wein duftet nicht so strahlend frisch wie ein junger Wein, sollte aber immer noch einen Eindruck von Reinheit vermitteln, ohne schalen, abgestandenen Unterton.

Bei Weißweinen umfasst die Palette der auf Flaschenalter zurückzuführenden Aromen Honig (bei trockenen wie bei süßen Weinen), Toast (selbst bei Weinen ohne Eiche-Einfluss wie Champagner und Sémillon aus dem Hunter Valley), geröstete Nüsse und Petrol (bei Riesling, besonders deutschem). Bei Rotweinen wird die Frucht sanfter, irgendwie auch süßer und herbstlicher, manchmal mit Anklängen an Trockenobst; oft kommen pikante, wildartig-ledrige Düfte zum Vorschein. In diesem Stadium beginnen professionelle Verkoster, vom »Bouquet« eines Weins zu sprechen.

Diese Altersaromen können recht eindringlich sein, vielleicht sogar abstoßend. Dann sind Sie auf einen Weinstil gestoßen, der Ihnen nicht zusagt. Manche Weinfreunde finden z. B. den Petrol- oder Kerosingeruch von feinem alten Riesling unattraktiv oder überraschend. Manche alten Rotweine, besonders rote Bordeaux, weisen zuweilen einen leichten Pilzgeruch auf. Keiner dieser Gerüche sollte dominieren. Als Teile eines facettenreichen Bouquets können sie verführerisch-pikante

Wein verkosten 65

Aromatypen

- **frisches Obst** (ausgesprochen fruchtig, hervorstechende Obstsorten, z.B. Litschi oder Himbeere?)
- **Trockenobst** (Rosinen oder Dörrpflaumen?)
- **floral** (Rosen?)
- **vegetabil** (grüner Pfeffer, Gras?)
- **mineralisch** (Feuerstein, nasser Stein?)
- **animalisch** (Leder, Wild?)
- **buttrig** (Butter, Sahne?)
- **würzig** (schwarzer oder weißer Pfeffer?)
- **nussig** (Walnüsse, Mandeln?)
- **Eiche** (Vanille, Toast?)
- **Honig** (trocken oder süß?)

Noten beitragen. Unerwartete Duftnoten sind trotzdem nicht nur auf alte Weine beschränkt. Sowohl Sauvignon blanc wie auch Müller-Thurgau können ein Aroma zeigen, das oft mit dem von Katzenurin verglichen worden ist. Wenn Sie ein Aroma stutzig macht, aber nicht auf einen eindeutig schlechten Wein zurückzuführen ist (siehe »Weinfehler« S. 73), dann denken Sie einfach an schrecklich übel riechende, aber dennoch delikate Käsesorten.

DUFTINTENSITÄT

Erst nachdem Sie eine ungefähre Vorstellung davon haben, wonach ein Wein duftet, ob er jung wirkt, alt oder irgendetwas dazwischen, machen Sie sich Gedanken über die Intensität der Aromen. Sind sie eindringlich, überschwänglich, fein, dezent oder so gut wie gar nicht vorhanden? Ist die Nase sehr gedämpft, gibt es drei Möglichkeiten: Der Wein stammt von einer wenig aromatischen Sorte wie dem Melon de Bourgogne bei Muscadet; es handelt sich um einen billigen, gewöhnlichen Wein, der von verwässerten Trauben ertragsintensiver Reben stammt; Sie haben es mit einem noch nicht trinkreifen feinen Wein zu tun, der gerade eine dumpfe Phase durchläuft. Manchmal können Sie einen derartigen Wein wieder erwecken, indem Sie die Hand über das Glas halten und dieses kräftig schütteln. Oft aber braucht der Wein einfach mehr Zeit in der Flasche, vielleicht ein paar Monate, vielleicht sogar ein paar Jahre.

Den Wein schmecken

Ihre Geschmacksknospen verraten Ihnen weniger über Wein als Ihr Geruchssinn. Dennoch fügt ein erster Schluck neue Eindrücke hinzu und modifiziert die bereits gewonnenen.

Sie können einen Wein nicht richtig kosten, wenn Sie Ihren Geruchssinn nicht einsetzen: Testen Sie das, indem Sie sich die Nase zuhalten. Das heißt nicht, dass Ihr Mund für Sinneseindrücke gänzlich unempfänglich ist.

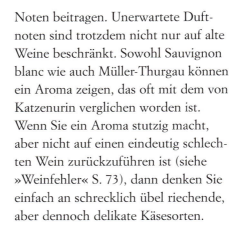

EIN SCHLUCK NUR Sobald Sie sich mit Augen und Nase ausreichend informiert haben, nehmen Sie einen großzügigen Schluck, aber nur so viel, wie Sie im Mund behalten können, ohne gleich hinunterzuschlucken. Konzentrieren Sie sich auf den Geschmackseindruck.

Die Geschmacksknospen spielen eine entscheidende Rolle dabei, das Gewicht und die Konsistenz des Weins zu »fühlen« und wichtige, nicht flüchtige Aromen aufzuspüren.

Um Ihre Geschmacksknospen in Aktion treten zu lassen, müssen Sie einen guten Schluck nehmen und den Wein anschließend im Mund hin- und herbewegen. Danach können Sie ihn entweder hinunterschlucken oder ausspucken. Professionelle Verkoster öffnen leicht den Mund und ziehen etwas Luft ein. Dadurch wird der Wein belüftet, und die flüchtigen Komponenten

66 Wein verkosten

② KAUEN SIE DEN WEIN
Bewegen Sie den Wein im Mund, besonders über die Zunge hinweg, auf der die Geschmacksknospen sitzen. Manche Verkoster schlürfen auch, um die Aromen in den Rachenraum zu befördern.

werden in den für Geschmackseindrücke hochempfindlichen Rachenraum befördert. Aber Vorsicht: Probieren Sie das nicht auf einer Party oder einem Geschäftsessen aus. Wenn Sie den Wein gekostet und »gefühlt«, geschluckt oder ausgespuckt haben, achten Sie darauf, wie viele und welche geschmacklichen Aspekte anhalten. Länge, Abgang oder Nachgeschmack sind wichtige Qualitätshinweise. Je länger und angenehmer, umso feiner der Wein. Zählen Sie einfach die Sekunden.

NICHT-FLÜCHTIGE AROMEN
Ihre ersten Eindrücke vom Geschmack des Weins werden wahrscheinlich vieles von dem bestätigen, was Sie schon über den Duft erfahren haben, da dieselben Aromen in den Rachenraum aufgestiegen sind. Aber Sie haben möglicherweise den Eindruck, dass die relative Intensität der einzelnen Aromen sich geändert hat. In dieser Phase kommt es hauptsächlich darauf an zu überprüfen, ob sich die verschiedenen Komponenten des Weins im Gleichgewicht befinden.

Die Geschmacksknospen sind nur für vier nicht-flüchtige Aromen empfänglich: süß, salzig, bitter und sauer. Dabei ist jeder Geschmacksrichtung ein bestimmter Bereich der Zunge zugeordnet: Süß schmecken Sie an der Zungenspitze, salzig an den vorderen Seitenbereichen; die Seiten sind auf sauer spezialisiert, der hintere Bereich auf bitter (Tannine in Rotweinen sind manchmal bitter).

DER SÄUREGEHALT
Versuchen Sie als Anfänger zunächst herauszufinden, ob der Wein eher sauer oder eher süß schmeckt und ob diese beiden Eindrücke zu einem Gleichgewicht finden, was gerade bei Süßweinen wichtig ist. Wenn sie nicht genügend Säure haben, können sie unangenehm pappig schmecken. Trockene Weine können geringe Mengen an Restzucker enthalten (Traubenzucker, der nicht in Alkohol umgewandelt worden ist). Auch reife Fruchtaromen, Alkohol und Glyzerin (das bei der Gärung entsteht) können einen Eindruck von Süße hervorrufen. Denken Sie daran, dass wärmere Klimate reifere Fruchtaromen sowie größere Alkohol- und Glyzerinmengen zur Folge haben, so dass trockene Neue-Welt-Weine »süßer« wirken können als vergleichbare Weine aus der Alten Welt. Weine mit mehr Alkohol und Glyzerin sind auch körperreicher, mit weicherer, manchmal sogar leicht öliger Konsistenz. Der Säuregehalt der Weine, der in kühleren Klimaten entsprechend höher ist, sorgt für die so dringend nötige Frische und einen gewissen Biss. Wird jedoch die Säure nicht durch Frucht und Alkohol ausgeglichen, schmecken die Weine einfach sauer. In Australien mit seinem warmen Klima wird den meisten Weißweinen Säure hinzugefügt, was ihnen bestens bekommt. Aber die Weinmacher greifen zuweilen auch daneben.

LANGLEBIGKEIT
Säure trägt auch wesentlich zur Langlebigkeit eines Weins bei. Ein junger, zum Lagern bestimmter Weißwein wird zunächst relativ viel Säure benötigen, wobei diese mit der Zeit dann milder wird. Eichenfassvergorene Weine (Chardonnays, Burgunder von der Côte d'Or) mit ihrem Extra an Aromen und ihrer vollmundigen Konsistenz wirken nicht so eindeutig »sauer« wie Weine ohne Eiche. Deutsche und österreichische Rieslinge, Savennières, Sémillon aus dem Hunter Valley und griechische, aus einheimischen Sorten bereitete Weißweine können, solange sie jung sind, manchmal unglaublich sauer schmecken. Einzuschätzen, ob ein zum Lagern bestimmter Wein das richtige Säuregleichgewicht hat, ist nicht einfach; entscheidend ist auch, dass genügend Frucht vorhanden ist. Diese sollte dann noch spürbar sein, wenn der Wein seine Trinkreife erreicht hat. Das genau abzuzirkeln, ist größtenteils eine Sache der Erfahrung.

TANNIN
Auch für Rotweine ist Säure wichtig, weitaus wichtiger jedoch, besonders für Weine, die länger liegen sollen, ist der Tanningehalt. Tannine sind jene in abgestandenem schwarzen Tee enthaltenen

Wein verkosten 67

Substanzen, die sich über Zahnfleisch und Zähne legen. Bei sehr jungen, hochwertigen Rotweinen wirken die Tannine oft unangenehm streng, sie werden aber mit zunehmender Reife des Weins weicher. Beim Kosten eines Weins sollten Sie darauf achten, ob die Tannine zu hart und streng erscheinen, oder ob Sie darunter eine ausreichende Schicht reifer Fruchtaromen entdecken können, die den Tanninen Paroli bieten.

Heutzutage werden alle Weine der Welt aus reiferen Trauben bereitet, mit reiferen Tanninen, was sie fruchtiger und schneller trinkreif macht. Daneben gibt es aber auch einen Trend hin zu immer größeren, konzentrierteren Rotweinen. Das hat leider zur Folge, dass die Weinmacher in dem Bestreben, das Optimum an Aromen aus ihren roten Trauben herauszuholen, auch nur allzu oft zu viele Tannine herausholen. Und solange wir keine Kontrolle über das Wetter haben, wird es immer schlechte Jahrgänge geben, mit harten, unreif schmeckenden Tanninen, weil die Trauben nicht ausreifen konnten.

Das Gegenteil tanninbetonter Rotweine sind seidige, weiche Weine (Glyzerin verleiht Weichheit). So verführerisch das klingt, aber ein Wein kann auch zu weich sein, mit zu wenig Tanninen und/oder Säure. Derartige Weine sind ausdruckslos und ohne Rückgrat. Alterungspotenzial haben sie natürlich ebenfalls nicht.

EICHE

Aus dem Gleichgewicht kann ein Wein darüber hinaus durch zu viel Eiche kommen. Eichenaromen können Sie schon im Duft wahrnehmen, noch deutlicher aber zeigen sie sich im Geschmack. Bei umsichtigem Gebrauch kann die richtige Eichenart – neue oder fast neue Fässer, französische oder feinste amerikanische Eiche – sowohl Rot- wie auch Weißweinen komplexere Aromen und eine vollmundigere Konsistenz verleihen. Die erzeugten Vanille- und Toastaromen haben etwas Verführerisches, weshalb heute zum Teil billigere Methoden (Eichenspäne, in Edelstahltanks gelegte Eichenbretter) angewandt werden, um preiswertere Weinen mit Eichenaromen auszustatten. Das ist in Ordnung, solange Sie am Ende ein Glas Wein in der Hand haben und nicht ein Glas flüssiger Eiche mit Weinaromen. Genauso oft werden teure Fässer von unerfahrenen oder schlecht ausgebildeten Weinmachern falsch eingesetzt. Verfügt ein Wein nicht über ausreichend Frucht, Säure und Tannine, dann wird die Eiche im Geschmack dominieren, solange der Wein jung ist, und sie wird immer noch dominieren, wenn die Frucht und andere Aromen verblasst sind.

KÖRPER

Nachdem Sie nun über Aromen und die Textur von Wein und deren Zusammenspiel genügend erfahren haben,

Eiche darf nur sehr kontrolliert eingesetzt werden, damit sie die anderen Aromen nicht dominiert.

sollten Sie ein Gespür für das Gewicht von Wein bekommen: Ob er körperarm ist, körperreich oder irgendetwas dazwischen. Eine maßgebliche Rolle für das Gewicht eines Weins spielt der Alkoholgehalt. Alkohol schmeckt leicht süß und hat, in hoher Konzentration, einen leicht brandigen Nachgeschmack. Er sollte das Gleichgewicht eines Weins nie stören. Ein Wein mit zu viel Alkohol schmeckt schwer und brandig, ihm fehlen die erfrischenden Qualitäten.

GLEICHGEWICHT

Gleichgewicht ist ein entscheidendes Qualitätskriterium – je größer die Harmonie zwischen Restsüße, Säure, Tanninen und Alkohol, umso größer der Wein. Dabei darf die Frage des Stils nicht außer Acht gelassen werden. Ein Sancerre sollte sehr viel Säure haben, ein Condrieu oder jeder andere Viognier-Wein dagegen eher wenig. Viognier entwickelt seinen sortentypischen Charakter nur, wenn die Trauben sehr reif und die Säurewerte entsprechend niedrig sind. Roter Burgunder sollte weniger Tannine enthalten als ein vergleichbarer Bordeaux.

ABGANG

Nachdem Sie den Schluck Wein entweder ausgespuckt oder hinuntergeschluckt haben, konzentrieren Sie sich schließlich auf den im Mund verbliebenen Geschmack. Ist er sauber, angenehm, ausgewogen und hält er an? Verblasst er innerhalb weniger Sekunden, haben Sie es mit einem einfachen Alltagswein zu tun. Hält der Geschmack aber ca. 30 Sekunden oder länger an, haben Sie möglicherweise einen großen Wein gekostet.

Weinbeschreibungen

Profi-Verkoster haben ihre eigene Sprache, um Wein zu beschreiben. Versuchen Sie mit diesen Begriffen Ihren Erfahrungen bei der Verkostung Ausdruck zu verleihen.

adstringierend hinterlässt ein pelzig-trockenes Gefühl, wie ein Zusammenziehen

aggressiv auffallend tannin- oder säure-betont; nicht unbedingt negativ, wenn der Wein noch nicht trinkreif ist

aromatisch intensive fruchtige und/oder blumige Aromen bei einem jungen Wein

brandig zu alkohollastig, in der Folge mangelndes Gleichgewicht

dumpf wie verschlossen, meist nur eine Phase im Leben eines Weins

dünn zu wenig Körper und Aroma

entwickelt hat seine Reife erreicht

Extrakt alle nicht-flüchtigen Inhaltsstoffe eines Weins: Tannin, Farbe, Zucker, Glyzerin

fest richtig abgestimmte Säure- und Tanninwerte

fett körperreich, auch: ungenügende Säure

feurig alkohol- und körperreiche Rotweine

Finesse hochwertig, edel, perfektes Gleichgewicht

firnig mit einem deutlichen Alterston

flach mangelnde Säure und Frische

fleischig vollmundig mit üppigen Aromen

flüchtig Säure trägt zur Fruchtigkeit bei, zu viel bedeutet aber einen Essigstich

geschmeidig rund, weich, nicht zu tannin- oder säurebetont, trinkreif

griffig eine gesunde Tanninstruktur, die die Frucht in einem Wein unterstützt

grün jung, säurereich, roh, zu jung

hart zu viel Säure oder Tannin oder beides

hohl ein Wein, der den Geschmack ver-missen lässt, den die Nase versprochen hat

hölzern zu lange im Holzfass gelagert

knackig frisch, von schöner Säure

Kochgeschmack Fruchtaromen, die mangels Frische wie gekocht wirken (zu reife Trauben/zu hohe Gärtemperaturen)

konzentriert vollgepackt mit Aromen und Substanz; das Gegenteil von wässrig

körperreich hocharomatisch, Steigerung von fleischig

kurz Wein ohne besonders guten Abgang

lang anhaltende Aromen

mager zu wenig Frucht

neutral ein Wein, der in puncto Aroma oder Geschmack wenig zu bieten hat

ölig hoher Glyzeringehalt, vor allem bei Gewürztraminer oder Viognier sowie bei Weinen aus edelfaulen Sémillon-Trauben wie Sauternes

pappig zu wenig Säure, das Gegenteil von knackig

perlend kleine Kohlendioxidbläschen erzeugen ein Prickeln auf der Zunge

rassig ausgeprägt fruchtige Säure in Verbindung mit Eleganz und Harmonie

rau zu viel Tannin

reich eine ausgeglichene Fülle an Frucht und Tiefe am Gaumen und beim Abgang

rund keine harten Kanten, trinkfertig

samtig ähnlich wie seidig, aber reicher

schwer körperreich, alkoholstark, jedoch keine Finesse

seidig feine, weiche Konsistenz

spröde hart und unnachgiebig, vielleicht weil der Wein zu jung ist

stahlig trockene Weine mit ausgeprägter Fruchtsäure wie bei Chablis

Struktur Gleichgewicht und Intensität der Grundkomponenten (Säure, Tannin, Alkohol, Farbe), die die Frucht unterstützen; Weine mit guter Struktur altern gut

unausgewogen zu viel Tannin und Farbe in Rotwein

verschlossen wenig Aroma und Geschmack, meist noch nicht trinkreif

vollmundig ein Wein mit üppigen Aromen und guter Konsistenz, die den ganzen Mund zu füllen scheinen

weich nicht zu tannin- oder säurehaltig

würzig betont fruchtig, aromatisch; besonders bei pikanten Aromen

Wein verkosten 69

Geschmack & Aroma

Bei einer Blindverkostung identifizierte Aromen können eine ungefähre Idee von der Herkunft des Weins vermitteln.

Apfel viele Weiße, z. B. deutscher Riesling; Chardonnay aus kühlen Regionen; aus Mauzac gekelterte Weine, v. a. Gaillac

Aprikose Viognier-Weine wie Condrieu; edelsüße Weine, besonders jene von der Loire

Banane junge, preisgünstige Weißweine: südafrikanischer Pinotage; Beaujolais Nouveau

Birne junge, schlanke, eher neutrale Weiße; Beaujolais Nouveau

Biskuit Jahrgangs-Champagner und andere gute, reife Champagner; wenige Spitzen-Schaumweine anderer Herkunft

Blumen deutscher Riesling und Kerner

Brombeere Cahors; Madiran; argentinischer Malbec; Zinfandel; Mourvèdre

Brot (frisch gebacken) Champagner

Butter Weißweine, welche die malolaktische Gärung durchlaufen haben, insbesondere Chardonnay, einschließlich Burgunder

Eiche Beaujolais Nouveau; pinotage

Erdbeere Beaujolais; roter Rioja; roter Burgunder

Erde/Kies/Stein besonders rote Graves; einige eher rustikale Rote

Eukalyptus Cabernet Sauvignon aus der Neuen Welt

Feuerstein Pouilly-Fumé, Sancerre und vielleicht Chablis

Gesichtscreme Gewürztraminer

Gewürze viele körperreiche, eichenfassgereifte Rote, besonders Shiraz, Zinfandel, Primitivo sowie Rote von der Rhône; Gewürztraminer

Grapefruit Scheurebe; Catarratto aus Sizilien

Gras Sauvignon blanc

Hefe (für Brot) Champagner

Himbeere roter Burgunder und andere Pinots noirs; Rote von der Rhône; Beaujolais

Honig weiße Süßweine, besonders edelfaule; reife, trockene Weiße, darunter Burgunder; Pinot gris aus dem Elsass

Johannisbeere Cabernet Sauvignon, auch der junge Claret; weniger ausgeprägt bei Cabernet franc und Merlot

Johannisbeerblätter Sauvignon blanc; junger Cabernet Sauvignon aus kühlen Regionen (Neuseeland); Cabernet franc/Loire

Kaffeebohnen diverse in Eiche ausgebaute Rotweine, meist eher hochwertige Weine, darunter Burgunder und chilenischer Carmenère

Kastanie (geröstet) Rote aus Süditalien

70 Wein verkosten

Katzenurin Müller-Thurgau; französischer Sauvignon blanc

Kaugummi Beaujolais Nouveau; Pinotage

Kirsche viele italienische Rotweine; roter Burgunder

Kräuter Sauvignon blanc

Lakritze junge, tanninbetonte Rotweine

Lanolin Sauternes und andere edelfaule Sémillons; trockener Sémillon aus dem Barossa Valley

Leder kräftige Rote, besonders auf Basis von Syrah sowie Bandol

Limette austral. Riesling, Verdelho

Litschi Gewürztraminer

Mandel viele italienische Weißweine wie Soave und Prosecco, aber auch Valpolicella

Melone Chardonnay aus der Neuen Welt

Mineralien Pouilly-Fumé; Riesling; Chablis

Minze Cabernet Sauvignon aus der Neuen Welt, besonders aus Australien und Washington; Shiraz aus Südaustralien

Nelken Cabernet Sauvignon

Nüsse (Walnuss, Haselnuss, Cashew) weißer Burgunder; reifer Champagner; andere Chardonnays, insbesondere eichenfassgereifte

Oliven Weine auf Cabernet-Sauvignon-Basis

Orange viele Süßweine, einschließlich gespritete

Petroleum reifer deutscher und österreichischer Riesling

Pfeffer (grüne Pfefferschoten) Cabernet franc und Sauvignon aus kühlen Regionen

Pfeffer (schwarz, gemahlen) Grenache; viele Rote aus dem Languedoc; Côtes du Rhône; Shiraz

Pfeffer (weiß, gemahlen) Grüner Veltliner aus Österreich

Pfirsich viele Weißweine, besonders Viognier und Chardonnay

Pflaume viele Rotweine

Quitte aus Chenin blanc gekelterte Weiße von der Loire, trocken wie süß

Rauch in Eiche gereifte Syrah-Weine; elsässischer Pinot gris; Pouilly-Fumé

Rose elsäss. Muscat; Burgunder; Barolo

Rosinen gespritete Süßweine

Sahne (Aromen und Konsistenz) guter Champagner; mancher Chardonnay, einschließlich Burgunder

Schokolade viele schwere und mittelschwere, eichenfassgereifte Rote

Spargel Sauvignon blanc, insbesondere jene aus der Neuen Welt

Stachelbeere Sauvignon blanc

Stein (nass) Chablis

Tabak/Tabakblätter Rotweine, v.a. Chianti und andere Sangiovese-Weine sowie rote Bordeaux

Teer Barolo; Rote von der nördl. Rhône

Toast alle in neuer Eiche ausgebauten Weine; reifer Champagner; reifer Sémillon

Trauben Muscat; selten argentinischer Torrontes und ungarischer Irsai Oliver

Türkischer Honig Gewürztraminer

Vanille alle Weißen oder Roten, die in neuer (v.a. amerikanischer) Eiche gereift sind

Wild Rotweine, besonders reife Weine von der nördlichen Rhône, Burgunder, Shiraz und Ribera del Duero

Zedernholz/Zigarrenkiste roter Bordeaux; andere hochwertige Rote auf Cabernet-Sauvignon-Basis (aus Washington, Westaustralien und Neuseeland)

Zitrone sehr viele junge Weißweine

Nach dem Kosten

Ich weiß, es fällt schwer, guten Wein auszuspucken. Sie kommen jedoch nicht darum herum, wenn Sie viele Weine kosten möchten.

Die gierigen Schluckspechte bei ausgedehnten Verkostungen sind immer an ihren rosigen Wangen und dem zufriedenen Lächeln zu erkennen. Es sind jene, die am nächsten Morgen erwachen und sich an keinen Wein mehr erinnern können. Auszuspucken bedeutet nicht, dass Sie gar nichts schlucken – ein wenig Wein rinnt immer die Kehle hinab. Sie bewahren sich damit aber einen klaren Kopf. Wenn Sie sich nicht trauen (Sie wären keine Ausnahme), üben Sie das Ausspucken zu Hause mit Wasser. Und denken Sie daran: Krawatten, Schals, Halsketten und offenes, langes Haar sind ein Hindernis. Vermeiden Sie unbedingt helle Kleidung.

NOTIZEN

Sich Notizen zu machen, ist das normalste von der Welt. Es gibt keinen Grund, darin etwas Affektiertes oder Angeberisches zu sehen. Schon der gesunde Menschenverstand rät dazu, besonders wenn Sie mehrere Weine verkosten. Notizen unterstützen den Lernprozess. Wenn es sich nicht um eine Blindverkostung handelt, achten Sie, noch bevor es losgeht, darauf, dass Sie sich die wichtigsten Daten des Weins notiert haben. Nichts ist schlimmer, als eine verführerisch klingende Verkostungsnotiz zu lesen, nur um dann festzustellen, dass Sie den Namen des Weins nicht kennen. Etiketten sind ein Kapitel für sich: Einige enthalten alle wesentlichen Informationen in klarer Form, andere sind wie ein Buch mit sieben Siegeln (siehe S. 142–147). Achten Sie zunächst auf Herkunftsangabe, Jahrgang, Rebsorte(n), Stil wie *sec* oder *blanc de noirs*, Lage, Erzeuger- oder Gutsname oder die Bezeichnung für eine Sonderabfüllung, Cuvée oder Verschnitt.

Vergessen Sie nicht anzugeben, wo und wann die Verkostung stattgefunden hat; wo, wann und zu welchem Preis Sie den Wein gekauft haben. Halten Sie einfach fest, was Ihnen beim Durchgehen der einzelnen Schritte auffällt. Beschreiben Sie Ihren Eindruck auf Grundlage der Farbe (Farbton und Tiefe), die Aromen und deren Intensität (von der Traube herrührend, der Weinbereitung, der Reifung); Restzuckergehalt, Säure und Tannine; Gleichgewicht; Abgang; schließlich Ihren Gesamteindruck hinsichtlich Stil, Qualität, Alter und Alterungspotenzial.

Diskutieren Sie mit Ihren Mitverkostern, aber achten Sie darauf, dass Ihr persönlicher Eindruck für Sie nicht in den Hintergrund rückt.

BENOTUNG

Weine zu benoten, ist ein heikles Thema, besonders seit der einflussreiche amerikanische Weinkritiker Robert Parker Bewertungen anhand einer Hundert-Punkte-Skala in seiner Zeitschrift »The Wine Advocat« veröffentlicht. Damit kann über Wohl und Wehe eines Weins, Erzeugers oder Jahrgangs entschieden werden. Kritisiert wird an seinem System vor allem, dass es dazu verleitet, Weine nur nach Punkten zu kaufen, statt auch die Beschreibung des betreffenden Weins zu lesen, denn nur daraus geht hervor, ob einem der Wein auch zusagt.

Soll man also nun benoten oder nicht? Tun Sie es, wenn Sie meinen, dass es Ihnen bei einer Verkostung oder einer Weinmesse den Überblick erleichtert. Aber verwenden Sie die Punkte nicht als Alternative zu Ihren Beschreibungen, und wählen Sie ein System, dass Ihnen wirklich hilft, z.B. eins aus fünf, zehn oder 20 Punkten. Ich selbst favorisiere 20 Punkte. Wenn es nur um einen Kurzüberblick geht, benutze ich ein Drei-Sterne-System. Oft mache ich nur kurze Notizen.

Weinfehler

Dank enormer Fortschritte der Kellertechnik sind fehlerhafte Weine heute eher selten. Insbesondere trübe, muffig riechende, bakteriell verunreinigte Weine kommen kaum mehr vor.

KORKTON

Zugenommen jedoch hat mit der gesteigerten Korknachfrage die Häufigkeit korkiger Weine. Trotz erheblicher Anstrengungen der in Portugal ansässigen Korkindustrie, ist korkiger Wein noch immer ein wahres Schreckgespenst. Verantwortlich dafür ist eine TCA (Trichloranisol) genannte chemische Verbindung, die selbst in geringster Konzentration dem Wein einen modrig muffigen Geschmack verleiht. Diese Note verstärkt sich bei Luftkontakt, so dass ein beim Öffnen nur leicht korkiger Wein kurze Zeit später noch schlimmer schmeckt. Im Restaurant sollten Sie korkigen Wein immer zurückgehen lassen.

FLÜCHTIGE SÄURE UND OXIDATION

Ein Wein, der nach Essig schmeckt, enthält ganz sicher einen zu hohen Anteil flüchtiger Säure (von Essigbakterien produzierte Essigsäure). Ein ähnliches Problem haben Weißweine, die deutlich nach Birnenbonbons, Banane oder Nagellackentferner schmecken.

Sie sind nicht gesundheitsschädlich, trinken jedoch möchte man sie nicht. Dasselbe gilt für Weißweine, die nach Sherry schmecken. Diese sind oxidiert (oder maderisiert) – anders ausgedrückt: überaltert. Oxidierte Rotweine haben oft einen unappetitlich schalen Geruch, manchmal auch einen stechenden Essigton.

SCHWEFEL

Die dritte Gruppe von Weinfehlern ist auf Schwefel zurückzuführen. Schwefeldioxid ist das wichtigste Konservierungs- und Desinfektionsmittel bei der Weinbereitung. Bei zu hoher Dosis dämpft Schwefeldioxid die Aromen, verleiht dem Wein einen scharfen, schwefeligen Geruch und verursacht ein brennendes Gefühl in Nase und Kehle. Überdosierung war früher ein größeres Problem als heute, kommt aber immer noch vor, besonders bei deutschen Weinen und französischen Dessertweinen. Vor allem Asthmatikern ist zur Vorsicht zu raten. Viel stärker ist der Geruch nach Gummi und faulen Eiern, wie er bei Schwefelwasserstoff vorkommt. Abhilfe schafft eine Kupfermünze – entweder im Glas oder im Dekantiergefäß. Sie nützt aber wenig, wenn der Schwefel bereits Mercaptane ausgebildet hat, Verbindungen, die noch geruchsintensiver sind und an gekochten Kohl, Abwasser oder verbranntes Gummi erinnern. Ein leichter, unmittelbar nach dem Öffnen der Flasche vorhandener Schwefelgeruch verschwindet dagegen meist schnell.

Kleinere Übel

- **Kristalle** ähnlich wie Zucker: harmloser Weinstein

- **Korkbrösel** im Glas: mangelnde Fachkunde beim Servieren, keinesfalls aber ein korkiger Wein

- **Winzige Bläschen** in einem weißen Stillwein, ohne Essigton: Kohlendioxid, das zu erfrischendem Moussieren beiträgt

- **Trüber Rotwein** insbesondere der Flaschenrest: harmlose, aber manchmal bitter oder modrig schmeckende Ablagerungen; abermals mangelnde Fachkunde beim Servieren

- **Böckser**: seltener auch Stinkton genannt; eine Bezeichnung für wenig verlockende Gerüche, etwa nach faulen Eiern, die unmittelbar nach dem Öffnen der Flasche auftreten, sich aber schnell verlieren

Wein verkosten 73

Nehmen Sie Ihre Vorliebe für bestimmte Weinstile als Sprungbrett, um wunderbare Weine aus der ganzen Welt kennen zu lernen.

Die Welt der Weine

Französische Weiße

Der Genuss stilbildender Weißweine aus Frankreich ist für viele ein Anreiz, weitere Weißweine Europas wie der Neuen Welt zu entdecken.

Mögen Sie elsässischen Gewürztraminer probieren Sie:

Keine andere Rebsorte verfügt über dieses intensive, exotische Parfüm von Gewürztraminer, und in keiner Region ist er so zu Hause wie im Elsass. Es lohnt sich aber, die eine oder andere Flasche aus Neuseeland, Chile, Südtirol sowie aus den US-Staaten Oregon und Washington zu kosten.

Schlicht als Traminer bezeichnete Weine aus Mittel- und Osteuropa können sich selten mit diesen Gewürztraminern messen. Eine bessere Alternative ist elsässischer Pinot gris, oft als Tokay-Pinot gris etikettiert. Sie können auch auf andere hocharomatische Trauben wie Muscat ausweichen. Diese werden zwar meist zu Süßwein verarbeitet, nicht jedoch im Elsass oder Gebieten wie die Appellation Vins de pays d'Oc im Languedoc-Roussillon. Eine weitere Alternative ist die derzeit gefragte Viognier-Traube. Lange Zeit fast ausschließlich für den teuren Condrieu reserviert, verbreitete sie sich in den letzten zehn Jahren sehr schnell, besonders nach Kalifornien, Australien und in das Languedoc. Der Muscat ähnliche Torrontes aus Argentinien verdient ebenso Beachtung.

- Gewürztraminer aus Südtirol und der Neuen Welt
- Tokay-Pinot gris aus dem Elsass
- trockene Muscats aus dem Elsass und Vins de Pays d'Oc
- Condrieu und Viognier-Weine aus Kalifornien, Australien und dem Languedoc
- Torrontes aus Argentinien

76 Die Welt der Weine

Mögen Sie
Bordeaux & Entre-Deux-Mers,
probieren Sie:

Es gibt zwei Arten trockener weißer Bordeaux-Weine: preiswerte Weine, meist ohne Eiche und – bei entsprechender Qualität – frisch und grasig; oder teure, eichenfassgereifte, zum Altern bestimmte Weine aus den Regionen Graves und Pessac-Léognan.

Ein guter Ersatz für die preiswerten Weine sind die Weißen aus der Dordogne und den südwestlichen Regionen (Bergerac sec, Côtes de Saint-Mont, Vin de pays des Côtes de Gascogne), trockene Weiße von der Loire (Anjou blanc sec), elsässischer Silvaner sowie preiswerte chilenische und südafrikanische Sauvignons blancs. Alternativen für die teuren Weine sind rar, da wenige Regionen eichenfassgereifte Sémillon- und Sauvignon-blanc-Verschnitte produzieren (es gibt ein paar Erzeuger in der Dordogne). Fumé blanc, der kalifornische Sauvignon-blanc-Stil mit Eiche, ist nicht sehr ähnlich. Einzig reifer Sémillon aus dem Hunter Valley, wenn auch ohne Eiche, würde einen Graves-Fan vielleicht befriedigen.

- Weiße aus der Dordogne und Südwestfrankreich
- trockene Weiße von der Loire
- Silvaner aus dem Elsass
- preiswerte Sauvignons blancs aus Chile und Südafrika
- reifen Sémillon aus dem Hunter Valley

Mögen Sie
Burgunder,
probieren Sie:

Wenn Sie weißen Burgunder, Bourgogne oder Mâcon blanc mögen, steigen Sie mit einem Mâcon plus aufgeführtem Ortsnamen (Mâcon-Davayé), einem Pouilly-Fuissé, Viré-Clessé oder St-Véran die Qualitätsleiter um eine Stufe nach oben.

Eine weitere Stufe nach oben wäre dann ein Rully, Montagny oder Mercurey (alle von der Côte Chalonnaise). Bei Weinen, die als Chardonnay etikettiert sind, stehen Frucht und Eiche oft im Vordergrund, nicht jedoch bei Vin de pays de l'Ardèche und Limoux. Vin de pays d'Oc, Chardonnays aus Südafrika und Apulien liegen meist genau zwischen einem Burgunder und dem deutlichen Stil der Neuen Welt.
   Zum Kennenlernen des pikanten, nussigen und doch honigartigen Charakters der großen Klassiker von der Côte d'Or – Meursault, Puligny-Montrachet, Chassagne-Montrachet und andere – bieten sich eine Vielzahl teurer Chardonnays an. Einige der überzeugendsten kommen aus Kalifornien, besonders aus Carneros und von der South Central Coast (Edna, Santa Maria, Ynez Valleys). Aber es gibt auch welche aus Oregon und New York, den Regionen Yarra Valley und Margaret River in Australien, aus Neuseeland, Südafrika und selbst aus Österreich. Ein Anhaltspunkt ist der Preis, jedenfalls was Ehrgeiz und Absicht betrifft.

- Pouilly-Fuissé, St-Véran und die Appellationen der Côte Chalonnaise
- Chardonnays: Vin de pays de l'Ardèche, Limoux, Vin de pays d'Oc
- Chardonnay aus Apulien
- Chardonnay aus Südafrika
- Chardonnay aus Kalifornien, Oregon und New York
- Chardonnay aus Australien (Yarra Valley und Margaret River) sowie Neuseeland
- Chardonnay aus Österreich

Die Welt der Weine 77

Mögen Sie Chablis,

Chablis ist ein Teil von Burgund, sein nördlicher Außenposten. Seine mineralischen, stahligen Weine aber sind ganz anders als Burgunder und jeder andere Wein.

Deshalb müssen Chablis-Fans auf fettere, fruchtigere Chardonnays oder solche mit mehr Eiche ausweichen. Oder sie versuchen andere feste, trockene Weißweine. In Betracht kommen als eichenfrei etikettierte Chardonnays aus Australien oder Chardonnays aus dem neuseeländischen Marlborough. Alternativen sind Bourgogne Aligoté (die andere weiße Traube Burgunds); die mineralischen Rieslinge aus dem Elsass; Pouilly-Fumé, Sancerre und Savennières (alle drei von der Loire); Verdicchio dei Castelli di Jesi; Grüner Veltliner aus Österreich (insbesondere aus der Wachau, dem Kamptal und dem Kremstal) und spanischer Albariño.

probieren Sie:

- Chardonnays ohne Eiche aus Australien und Neuseeland
- Bourgogne Aligoté, Rieslinge aus dem Elsass, Pouilly-Fumé, Sancerre und Savennières
- Verdicchio dei Castelli di Jesi
- Grüner Veltliner und Albariños

Mögen Sie Champagner,

Nur die besten Schaumweine aus Kalifornien, Australien und Neuseeland kommen einem Champagner in Qualität und Stil nahe. Sie sind auch in der Lage, einen Eindruck von dessen sahnig-biskuitartiger Komplexität zu vermitteln. Die meisten werden von bekannten Champagnerhäusern oder mit deren Beteiligung erzeugt.

Viele Spitzenschaumweine der Neuen Welt liegen im Preis knapp unter Champagner; der Jahrgang ist nur in manchen Fällen angegeben, immer dagegen, ob es sich um einen Verschnitt aus Pinot noir und Chardonnay oder um einen sortenreinen Chardonnay handelt. Es gibt auch Unmengen einfacherer, süßerer Schaumweine aus diesen Ländern, noch mehr aber aus Frankreich (darunter Saumur, Blanquette de Limoux, Crémant de Bourgogne). Spanien hat mit seinen Cava genannten Schaumweinen immensen Erfolg.

probieren Sie:

- trockene Schaumweine aus Kalifornien, Australien oder Neuseeland aus Chardonnay und Pinot noir
- Saumur, Blanquette de Limoux, Crémant de Bourgogne
- Cava aus Spanien

Die Welt der Weine

Mögen Sie Muscadet,

Mit seinen knackigen, trockenen, eher dezenten Aromen ist Muscadet das genaue Gegenteil des in der Neuen Welt gepflegten Stils. Kein anderer Wein wird von derselben Rebsorte gekeltert, so dass die möglichen Alternativen rar sind.

Eine Alternative ist der scharfe, in der Nachbarschaft zu Muscadet erzeugte Gros plant – wenn auch nur für Kenner. Hinsichtlich Gewicht und Frische ist Sauvignon de Touraine mit Muscadet vergleichbar, hier überwiegen die eher grasigen Aromen von Sauvignon blanc. Weißweine aus Norditalien, Soave oder Pinot grigio, sind ähnlich trocken und zurückhaltend in puncto Aromen, aber meist weicher. In Frage kommen noch Vin de pays des Côtes de Gascogne, echter, trockener Vinho verde, Bourgogne Aligoté und halbtrockene Weine aus Deutschland.

probieren Sie:

- Gros plant, Sauvignon de Touraine, Chablis, Bourgogne Aligoté, Vin de pays des Côtes de Gascogne

- Weißweine aus Norditalien (Soave, Pinot grigio), trockenen Vinho verde, halbtrockene Weine aus Deutschland

Mögen Sie Muscat de Beaumes-de-Venise,

Die französischen Alternativen zu diesem extra süßen, traubigen, jungen Wein von der Rhône sind die ähnlich zubereiteten Vins doux naturels aus dem Languedoc, darunter Muscat de Rivesaltes, Muscat de St-Jean-de-Minervois und Muscat de Frontignan.

Sie müssen aber nicht in Frankreich bleiben: Spanien hat seine Moscatels, besonders gut der preiswerte Moscatel de Valencia; Griechenland bietet Samos; Italien den seltenen Moscato Passito di Pantelleria, der aus sonnengetrockneten Trauben bereitet wird; Kalifornien hat seinen passend benannten Orange Muscat; Südafrika produziert heute wieder kleine Mengen des traditionsreichen Constantia. Daneben gibt es lange gelagerte Muscatweine mit tieferen, komplexeren Aromen – die so genannten Liqueur Muscats aus Australien (größtenteils aus Rutherglen) und den Moscatel de Setúbal aus Portugal. Keine Traube erbringt Süßweine, in denen die Essenz der Traube so erhalten ist wie in Muscat-Weinen, die pappig-süßen, bräunlichen Pedro-Ximénez-Weine sind nur für Weinfreunde mit einer ausgeprägten Vorliebe für Süßes. Leichter und knackiger sind süße Riesling-Weine, österreichische z.B. aus edelfaulen Trauben.

probieren Sie:

- Vins doux naturels aus dem Languedoc

- Moscatel und PX-Weine aus Spanien, Moscatel de Setúbel aus Portugal

- Samos aus Griechenland

- Moscato Passito di Pantelleria aus Italien

- Orange Muscat aus Kalifornien

- Constantia aus Südafrika

- Liqueur Muscats aus Australien

- Riesling-Dessertweine von edelfaulen Trauben

Die Welt der Weine 79

Mögen Sie Sancerre & Pouilly-Fumé, probieren Sie:

Diese frischen, grasigen Weine von der Loire mit dem charakteristischen Duft von Feuerstein waren lange die einzigen bekannteren Sauvignons blancs.

Heute gibt es Alternativen aus fast allen Ländern der Neuen Welt. Sie sind meist fruchtiger als die Originale von der Loire. Der in Neuseeland, Chile und Südafrika gepflegte Stil hat mehr Biss als der in Kalifornien und Australien verbreitete. Zu den französischen Alternativen gehören der Menetou-Salon, Quincy, Reuilly und Savennières von der Loire sowie Sauvignon-blanc-Weine aus der Touraine, dem Haut-Poitou, aus Bordeaux und Bergerac. Von Frankreich abgesehen, können Sie zurückgreifen auf Sauvignons blancs aus Ungarn und Norditalien, Rueda aus Spanien sowie auf Grünen Veltliner, Sauvignon blanc und Riesling aus Österreich.

- Sauvignons blancs aus Neuseeland, Chile, Südafrika, Kalifornien, Australien
- andere französische Sauvignons blancs (z. B. Loire)
- Sauvignons blancs aus Ungarn und Norditalien, Rueda aus Spanien
- Grüner Veltliner aus Österreich

Mögen Sie Sauternes, probieren Sie:

Ein Sauternes sollte opulent, süß und honigartig sein, niemals jedoch pappig. Preiswerter sind die Weine aus dem benachbarten Ste-Croix-du-Mont, Cadillac und Loupiac sowie aus den etwas weiter entfernten, in der Dordogne gelegenen Regionen, deren Zentrum Monbazillac darstellt.

Überzeugende Weine im Sauternes-Stil kommen auch aus der Neuen Welt, insbesondere aus Australien. Auf dem Etikett sind sie in der Regel als edelsüßer Sémillon ausgewiesen. Edelsüße Rieslinge aus der Neuen Welt sind weniger opulent, lohnen aber das Kennenlernen.

Von den Weinen anderer europäischer Länder kommen die österreichischen Süßweine, obschon aus anderen Sorten gekeltert, den französischen in Gewicht und Stil am nächsten. Deutsche Süßweine sind wesentlich schlanker, dafür außergewöhnlich aromatisch. Wieder anders sind der Tokaji aszú und eszencia aus Ungarn – süß und einzigartig duftend.

- Ste-Croix-du-Mont, Cadillac, Loupiac, Montbazillac
- edelfaule Sémillons und Rieslinge aus der Neuen Welt
- Dessertweine aus Österreich und Deutschland; Ungarns Tokaji aszú und eszencia

Die Welt der Weine

Andere Weiße

Vielleicht bevorzugten Sie bisher hauptsächlich Weißweine aus Italien, Deutschland und der Neuen Welt.

Mögen Sie Chardonnay aus Australien, probieren Sie:

Australischer Chardonnay ist körperreich, mit den reifen Aromen tropischer Früchte und den Vanilletönen neuer Eiche.

Der Stil ist auch in Chile verbreitet, in Argentinien, Kalifornien, Südafrika und Neuseeland. Diese Chardonnays schmecken nicht alle gleich – wie auch australische nicht alle gleich schmecken –, aber gewisse Ähnlichkeiten sind doch vorhanden. Ebenso weisen diese Ähnlichkeiten Chardonnays aus Apulien und Salent in Süditalien auf, Vin de pays d'Oc (und andere Vins de pays aus Südfrankreich), Weine aus Navarra in Spanien, zuweilen auch Weine aus Bulgarien und Rumänien.

Andere Sorten, die wie Chardonnay in Eiche reifen, sind in Gewicht und Struktur zwar oft ähnlich, haben aber ihre eigenen Aromen. Das trifft zu für Sémillon aus dem Barossa Valley, aus Chile und Neuseeland, für Marsanne und Verdelho aus Australien.

- andere Chardonnays aus der Neuen Welt
- Chardonnays aus Apulien, Salent, Navarra und französische Vins de pays
- Sémillons aus Chile, Neuseeland und dem Barossa Valley
- Marsannes und Verdelhos aus Australien
- eichenfassgereiften Chenin blanc aus Südafrika

Mögen Sie Frascati & andere italienische Weiße, probieren Sie:

In den besten Fällen sind trockene italienische Weißweine lebhaft, knackig, leicht bis mittelschwer und von relativ neutralem Aroma.

Als naheliegender Ersatz für Frascati, Orvieto secco und Soave bieten sich andere italienische Weißweine an – Lugana, Bianco di Custoza, Pinot grigio, Verdicchio dei Castelli Jesi sowie Verschnitte aus Sizilien.

Französische Entsprechungen kommen aus dem Südwesten, insbesondere Vin de pays des Côtes de Gascogne, sowie von der Loire, obschon die Loire-Weine – Muscadet, Vins de pays du Jardin de la France, Cheverny – säurehaltiger und schärfer sind. Aus dem Elsass kommen nur die Weine der unteren Preisklasse in Frage. Stilistisch neuartige deutsche Weine sind besonders zu empfehlen. Preiswerte Verschnitte aus Chile, Argentinien und Südafrika sind im Aroma oft zurückhaltend.

- trockene italienische Weiße, außer Chardonnays
- Weiße aus Südwestfrankreich, dem Elsass und von der Loire
- die neuen deutschen Weißweine
- preiswerte Verschnitte aus Chile, Argentinien und Südafrika

Die Welt der Weine

Mögen Sie Mosel & andere deutsche Rieslinge, probieren Sie:

Kein Wein verfügt über derart lebhafte Säure und intensiv-süße Fruchtigkeit, ist dabei so schlank und alkoholarm wie deutscher Riesling.

Rieslinge aus anderen Ländern sind fast alle trockener – oft knochentrocken – und körperreicher. Elsässische und österreichische Rieslinge sind weniger blumig, dafür aber mineralischer als deutsche, während australische Rieslinge, insbesondere jene aus den Clare und Eden Valleys, ein deutliches Limettenaroma haben. Von den leichten Weißweinen mit frischer Frucht sind auch die englischen Weißweine zu empfehlen sowie Vin de pays des Côtes de Gascogne, Vin de pays d'Oc von Muscat und die Muscat-Weine aus Apulien. Wenn Sie an den deutschen Rieslingen gerade das Süße lieben, versuchen Sie es mal mit einem Vouvray von der Loire, *demi-sec* oder *moelleux*, oder mit *medium-dry* gehaltenen englischen Weinen.

- Rieslinge aus anderen Ländern
- Vin de pays des Côtes de Gascogne und englische Weine
- Muscat-Weine aus Apulien und dem Pays d'Oc
- Loire-Weine, demi-sec/moelleux

Mögen Sie Sauvignon blanc aus Neuseeland, probieren Sie:

Die Vorliebe für neuseeländische Sauvignons blancs zeugt von einem Geschmack für fruchtig-frische Weißweine mit Biss, ohne die weichen Aromen von Eiche.

Kein anderes Land erzeugt Sauvignons blancs mit derart intensiven Aromen. Nahe heran kommen südafrikanische und die teureren chilenischen Sauvignons blancs aus dem Casablanca Valley. Sancerre und Pouilly-Fumé; die französischen Entsprechungen verfügen über mehr grasig-grüne, mineralische Aromen. Zu den Sauvignons blancs mit eher bescheidenen Anklängen an die neuseeländischen Topweine gehören die besten Weine diese Stils aus Südwestfrankreich – Bordeaux, Bergerac, Côtes du Duras, Côtes de Saint-Mont – sowie Vin de pays d'Oc und ungarische Sauvignons blancs. Andere lohnenswerte Weine und Rebsorten sind die australischen Rieslinge aus den Clare und Eden Valleys, elsässischer Riesling, österreichischer Riesling, Grüner Veltliner sowie Jurançon. Vielleicht möchten Sie ja auch Ihre Bekanntschaft mit Chablis auffrischen.

- teurere Sauvignons blancs aus Chile und Südafrika
- Chablis, Sancerre, Pouilly-Fumé
- Sauvignons blancs aus Südwestfrankreich und bessere Bordeaux
- Sauvignons blancs aus Ungarn
- Rieslinge aus Australien, dem Elsass, Österreich sowie Jurançon

82 Die Welt der Weine

Mit & ohne Eiche

Ein Kontakt mit Eiche verändert die Aromen jeden Weißweins gravierend, unabhängig von seiner Herkunft.

Mögen Sie Weißweine mit Eichenton, probieren Sie:

Wenn Sie die Aromen neuer Eiche mögen (Vanille, gebutterter Toast, Kaffee, geröstete Nüsse, Kokosnuss), konzentrieren Sie sich auf körperreiche Weine aus der Neuen Welt und auf Chardonnays.

Fast jeder Chardonnay hatte in der einen oder anderen Phase der Weinbereitung Eichenkontakt, es sei denn, auf dem Etikett wird das ausdrücklich verneint. Der Einsatz von Eiche wird manchmal angegeben, wie beim Viura (einem spanischen Weißwein). Bei französischen Weinen, in der Regel mit Ausnahme von Chardonnay, können die Aufschriften *élevé en fûts de chêne* oder *en fûts neufs* tragen. Der europäische Weißwein mit den traditionell intensivsten Eichenaromen ist seit jeher Rioja. Nach einem kurzen Intermezzo ganz ohne Eiche hat man heute wieder zu diesem Stil, jedoch in einer saubereren, moderneren Variante, zurückgefunden.

- Chardonnays aus der Neuen Welt und andere körperreiche Weiße
- französische Weißweine mit dem Zusatz *élevé en fûts de chêne* (eichenfassgereift) oder *en fûts neufs* (in neuen Fässern)
- eichenfassgereiften Viura und weißen Rioja aus Spanien
- eichenfassgereifte Sémillons aus Australien

Mögen Sie Weißweine ohne Eichenton, probieren Sie:

Der Trend heutzutage geht ohnehin weg von schwerer Eiche, was sich nicht zuletzt in der Zunahme eichenfreier Chardonnays zeigt.

Es gibt viele weiße Trauben, die selten mit Eiche in Berührung kommen, darunter Sauvignon blanc, Riesling, Gewürztraminer, Pinot grigio, Albariño, Torrontes und andere aromatische Sorten. Zu den französischen Regionen, die ihre Weißweine weitgehend ohne Eiche bereiten, gehören das Loiretal (von Muscadet bis Sancerre), das Elsass, das Mâconnais (außer den teureren Weinen), die meisten Bordeaux und Bergerac, Jurançon, die meisten Vins de pays, die nicht Chardonnay sind. Chablis wird traditionsgemäß ohne Eiche bereitet, wenn man auch sagen muss, dass sich heutzutage in vielen eine Spur Eiche entdecken lässt. Weitere Länder, die ihre Weißweine selten mit Eiche behandeln, sind Deutschland, Italien und Ungarn.

- aromatische Sortenweine, darunter Sauvignon blanc und Riesling
- Loire, Elsass, Mâcon, Bordeaux und Bergerac, Jurançon, Vins de pays (kein Chardonnay), Chablis
- Weißweine aus Deutschland, Italien und Ungarn

Die Welt der Weine

Französische Rote

Frankreich ist reich an Rotweinen, aber das übrige Europa und die Neue Welt haben viele Alternativen zu bieten.

Mögen Sie Beaujolais, probieren Sie:

Es gibt nicht viele Rotweine mit derart knackig-saftigen Erdbeeraromen, wie ein Beaujolais sie hat. Aber es gibt junge, leicht- und mittelgewichtige Rotweine mit ähnlich jugendlich- fruchtigem Appeal.

Gut beraten sind Sie zunächst mit Weinen auf Gamay-Basis wie Gamay de Touraine, Côte Roannaise, Mâcon rouge und dem Schweizer Dôle. Leichter Pinot noir aus dem Elsass, roter Sancerre (ebenfalls von Pinot noir) und Rote von der Loire wie Chinon (nicht jedoch die teuren Flaschen) sind weitere Möglichkeiten. Deutsche Rotweine oder ein Kékfrankos aus Ungarn kommen ebenso in Frage wie Rotweine aus Norditalien (Bardolino, einfacher Valpolicella, Dolcetto oder Grignolino).

In der Neuen Welt findet sich dieser Stil selten. In Argentinien erbringt Bonarda saftige, leichte Rote. Die Tarrango-Traube wird als Antwort Australiens auf Beaujolais kultiviert. Einige Grenache-Weine aus Australien werden ebenfalls in einem einfachen Stil bereitet, der zur baldigen Verkostung gedacht ist.

- Gamay-Weine, Pinots noirs aus dem Elsass und Sancerre, Chinon
- deutsche und ungarische Rotweine
- Bardolino, Valpolicella, Dolcetto, Grignolino
- Tarrango und leichtere Grenache-Weine aus Australien

Mögen Sie Bordeaux,

Für einfachen Bordeaux gibt es zwei Alternativen: Rotweine aus angrenzenden Gegenden, die oft sehr ähnlich sind, und Weine aus entfernteren Regionen, die meist voller und reifer sind.

Die Appellationen Bergerac, Buzet, Côtes de Duras und Côtes de Saint-Mont liegen alle in Reichweite von Bordeaux und gehören zur ersten Gruppe. Vins de pays d'Oc von Cabernet Sauvignon und Merlot, preiswertere Vertreter aus Chile und Südafrika sowie Rotweine aus Bulgarien und Rumänien fallen in die zweite Gruppe. Norditalienische Merlots gehören, wenn sie sehr leicht und grasig sind, keiner der beiden Gruppen an.

probieren Sie:

- Bergerac, Buzet, Côtes de Duras, Côtes de Saint-Mont
- Vin de pays d'Oc auf der Basis von Cabernet Sauvignon und Merlot; preiswertere chilenische und südafrikanische Vertreter
- Merlots aus Norditalien

Mögen Sie Burgunder,

Kein anderer Wein hat Winzern bei dem Versuch, die französischen Klassiker nachzuahmen, das Leben so schwer gemacht wie roter Burgunder. Sie werden also kaum Exemplare finden, die den großen Chambertins, Volnays und Vosne-Romanées aufs Haar gleichen.

Die meisten Pinots noirs der Neuen Welt sind frucht- und eichenbetonter als Burgunder. Nach und nach jedoch ist es manchen Erzeugern gelungen, die flüchtigen, süßen und gleichzeitig pikanten, vollen Aromen sowie die verführerisch-seidige Konsistenz der Originale wenigstens ansatzweise einzufangen. Einige der besten dieser Weine kommen aus den USA – den kühleren Regionen in Kalifornien, insbesondere Carneros, Russian River Valley und Santa Barbara County, aber auch aus dem nördlichen Oregon. Versuche unternimmt jedes Land: Südafrika war in der Region Walker Bay erfolgreich; Australien im Yarra Valley und den Adelaide Hills; Neuseeland in Marlborough; Chile produziert einige preiswerte, einfache, fruchtige Pinots noirs, wobei alle Hoffnung auf der kühlen Region Cacablanca ruht.

Frankreich hat ebenfalls einige einfache Pinots noirs zu bieten, und zwar aus den Vins-de-pays-Regionen; ernst zu nehmende Vertreter kommen aus dem Elsass. Von den anderen europäischen Ländern produzieren Österreich, Deutschland und die Schweiz einige anregende Weine (die in den beiden ersten Ländern Spätburgunder, in der Schweiz Blauburgunder genannt werden).

probieren Sie:

- Pinots noirs aus Kalifornien und Oregon
- Pinots noirs aus Südafrika (Walker Bay)
- Pinots noirs aus Australien (Yarra Valley, Adelaide Hills) und Neuseeland (Marlborough)
- chilenische Pinots noirs aus Casablanca
- Pinots aus dem Elsaß und Vins de pays
- Spätburgunder bzw. Blauburgunder aus Deutschland, Österreich und der Schweiz

Mögen Sie Châteauneuf-du-Pape, probieren Sie:

Châteauneuf-du-Pape zu mögen bedeutet, große, hocharomatische, würzige Weine zu mögen. Der Stil ist weltweit en vogue, aber die Nachbildungen treffen das Original nur selten.

Gute Kopien kommen aus der unmittelbaren Nachbarschaft – Gigondas, Vacqueyras und Lirac. Ebenfalls gut, obschon weniger komplex und eindringlich, sind die besten Vertreter von Côtes du Rhône-Villages (darunter Cairanne, Sablet und Valréas). Weitere Alternativen aus Frankreich sind Rote wie Collioures (Roussillon), Bandol (Provence), eindeutig ambitionierte Weine aus Languedoc-Roussillon – aus Appellationen wie Fitou, Corbières, St-Chinian und Faugères – sowie Vins de pays mit ausgewiesener Rebsorte (Syrah/Shiraz, Mourvèdre oder Grenache). Nach diesen Sorten sollten Sie auch bei Weinen aus der Neuen Welt, insbesondere Australien, Ausschau halten, wenn auch Neue-Welt-Weine dieses Stils meist reifer und fruchtiger schmecken.

Vielleicht sagt Ihnen ein Zinfandel aus Kalifornien zu; Carignano del Sulcis aus Sardinien; Weine aus Süditalien (darunter Cirò, Copertino, Salice Salentino, die Primitivo- und Negroamaro-Weine); Garnacha und Monastrell aus Spanien oder der teure und seltene Priorato; die besten Roten aus dem portugiesischen Alentejo, die Sub-Appellation Borba inbegriffen.

- Gigondas, Vacqueyras, Lirac, gute Côtes du Rhône-Villages
- Collioures, Bandol, ambitionierte Weine aus Languedoc-Roussillon
- sortenreine Vins de pays von Syrah (Shiraz), Mourvèdre und Grenache und Vergleichbares aus der Neuen Welt
- Zinfandel aus Kalifornien
- Weine aus Süditalien und Carignano del Sulcis aus Sardinien
- Garnacha und Monastrell aus Spanien sowie Priorato
- Rote aus Alentejo in Portugal

Mögen Sie Côtes du Rhône, probieren Sie:

Côtes du Rhône ist der Standard-Rote aus dem Rhônetal. Mit mehr als 10000 Erzeugern und einem Ausstoß von mehr als 300 Millionen Flaschen pro Jahr ist es nicht immer leicht, qualitative Standards zu halten.

Wenn Ihr Herz an dieser Ecke hängt, versuchen Sie es doch einmal mit den weniger bekannten Appellationen und ihren sich redlich mühenden Erzeugern – Côtes du Ventoux, Côtes du Vivarais, Côtes du Lubéron, Coteaux du Tricastin oder Vin de pays des Coteaux de l'Ardèche. Suchen Sie einen charaktervolleren Rotwein, dann ist ein Côtes du Rhône-Villages das Richtige für Sie oder ein Wein aus dem Süden, etwa ein guter Coteaux du Languedoc oder Minervois. Abwechslung böten ein Malbec aus Argentinien, ein Tannat aus Uruguay oder ein Carmenère aus Chile.

- Weine aus unbekannteren Rhône-Appellationen, Côtes du Rhône-Villages
- Weine aus dem Languedoc
- Malbecs aus Argentinien, Tannats aus Uruguay, Carmenères aus Chile

86 Die Welt der Weine

Mögen Sie Médoc & Graves, probieren Sie:

Es gibt heute auf der ganzen Welt kaum ein Land, das keine hochwertigen Rotweine auf der Basis von Cabernet Sauvignon oder Verschnitte von Cabernet Sauvignon und Merlot (der so genannte Bordeaux-Verschnitt) erzeugt.

Die meisten jedoch sind schwerer, mit intensiveren Cassis- und Eichenaromen als die Weine der Regionen Médoc und Graves. Entsprechend wenige verfügen über den entscheidenden Bleistiftholz-/Zedern-/Zigarrenkisten-Akzent. Das heißt nicht, dass man sie nicht verwechseln könnte. Professionellen Verkostern passiert das immer wieder, besonders bei Spitzenweinen. Zu den Regionen, die als Erzeuger hervorragender Cabernet-Sauvignon-Merlot-Verschnitte groß im Kommen sind, gehört Hawkes Bay in Neuseeland. Schon länger berühmt für Spitzenweine dieses Stils sind die Regionen Napa Valley, Coonawarra in Westaustralien und Maipo in Chile. Empfehlenswert sind auch Argentinien, Südafrika und Griechenland.

- Cabernet-Sauvignon-Merlot-Verschnitte von der Hawkes Bay in Neuseeland
- Cabernets Sauvignons aus dem kalifornischen Napa Valley, aus Coonawarra in Westaustralien, aus Maipo in Chile
- Cabernet Sauvignon aus Südafrika, Argentinien oder Griechenland

Mögen Sie St-Emilion & Pomerol, probieren Sie:

Bei den von Merlot geprägten Weinen aus St-Emilion und Pomerol handelt es sich um die rundere, weichere, fleischigere Spielart des roten Bordeaux.

Wie die Cabernets Sauvignons haben auch die Merlots aus der Neuen Welt reifere Frucht- und intensivere Eichenaromen. Dem Original ziemlich nahe kommen abermals die Weine der klimatisch sehr ähnlichen Region Hawkes Bay. Auch Chile erzeugt einige sehr gute Rote auf Merlot-Basis, während jene aus dem Napa Valley voller und tanninreicher sind. Schließlich kommen noch Washington State für diesen Stil in Frage, Rumänien und, nachdem es sehr lange mit dieser Sorte gekämpft hat, Australien.

- Merlots von der Hawkes Bay
- Rote auf Merlot-Basis aus Chile und dem Napa Valley
- Merlots aus Washington State, Rumänien und Australien, aber auch Vins de pays d'Oc

Andere Rote

Wenn Sie Rotweine aus Italien, Spanien oder der Neuen Welt favorisieren, bleiben Sie Ihrer Sorte treu.

Mögen Sie australischen Shiraz, probieren Sie:

Wenn Sie früher Shiraz sagten, konnte das nur eines bedeuten: Australien. Aber der Erfolg dieser würzigen Rotweine hatte zur Folge, dass andere Länder diesen Stil nachzuahmen begannen.

Heute finden Sie Shiraz-Weine aus Südafrika, Neuseeland und, sehr zum Missvergnügen der französischen Behörden, in Languedoc-Regionen wie Minervois. Als Syrah etikettierte Weine sind meist in einem eher französischen Stil gehalten – etwas deutlicher strukturiert, nicht so überschäumend voll und fruchtig. Zur Familie der würzig-warmen Rotweine gehören auch Châteauneuf-du-Pape; Weine aus Apulien, insbesondere Copertino, Primitivo und Salice Salentino; Carignano del Sulcis aus Sardinien; australischer Grenache und spanischer Garnacha (die gleiche Traube); kalifornischer Zinfandel; südafrikanischer Pinotage; Malbec aus Argentinien.

- Shiraz/Syrah aus Südafrika, Neuseeland, Kalifornien oder dem Languedoc
- Châteauneuf-du-Pape
- Weine aus Apulien, Carignano del Sulcis aus Sardinien
- australischen Grenache/spanischen Garnacha
- Zinfandel aus Kalifornien, Pinotage aus Südafrika, Malbec aus Argentinien

Mögen Sie Barolo, probieren Sie:

Barolo ist ein Wein für Kenner. Er ist zwar nicht mehr ganz so tanninreich wie früher, aber immer noch ein schwieriger Wein.

Barolo ist Italien pur. Es gibt außerhalb seiner Heimat Piemont, die Hand voll Nebbiolo-Weine aus der Neuen Welt inbegriffen, nichts vergleichbares. Authentische Alternativen sind der Barbaresco, Gattinara, Ghemme, Carema und einige weichere, preiswerte piemonteser Weine, bei welchen Nebbiolo einen Teil des Namens bildet. In Frage kommen auch die Barbera-Weine aus dem Piemont, der große Brunello di Montalcino aus der Toskana und der Aglianico del Vulture aus Basilicata. Nicht-italienische Alternativen wären Weine von der nördlichen Rhône: Crozes-Hermitage und St-Joseph sowie Cornas, Côte-Rotie und Hermitage.

- Nebbiolo- und Barbera-Weine aus dem Piemont
- Brunello di Montalcino und Aglianico del Vulture
- Hermitage und andere Weine von der nördlichen Rhône
- Nebbiolos und Nebbiolo-Verschnitte aus der Neuen Welt

Mögen Sie Chianti,

Chianti wird in allen Qualitäten und Preisklassen angeboten, die von der Subzone abhängen, wo er erzeugt wurde (Classico ist die beste und bedeutendste). Aber selbst die billigsten und dünnsten Vertreter haben den unverwechselbaren, leicht adstringierenden, typisch italienischen Abgang.

Und genau das Italienische im Abgang hat sich in anderen Ländern als schwierig nachzuahmen erwiesen. Sangiovese-Weine aus Kalifornien, Chile, Argentinien und Australien sind immer etwas (manchmal viel) weicher und geschmeidiger. Das heißt nicht, dass sie nicht gut wären – einige Kalifornier sind besonders beeindruckend –, aber es sind keine Chiantis. Zu den italienischen Alternativen für mittelpreisigen Chianti gehören Morellino di Scansano, Parrina und Rosso di Montalcino (jüngerer Brunello di Montalcino), alle drei aus der Toskana; Rosso Cònero und Rosso Piceno Superiore aus den Marken; eine seltenere Alternative für edlen Chianti Classico ist, ebenfalls aus der Toskana kommend, Carmignano.

probieren Sie:

- Sangiovese-Weine aus der Neuen Welt
- Carmignano, Morellino di Scansano, Parrina, Rosso di Montalcino aus der Toskana
- Rosso Cònero, Rosso di Piceno Superiore

Mögen Sie chilenischen Cabernet Sauvignon,

Es gibt kaum ein Weinland, das keinen Cabernet Sauvignon anbietet, Chile jedoch ist mittlerweile ein Maßstab für verlässliche Qualität und attraktive Aromen zu einem vernünftigen Preis.

Wenn Ihnen chilenischer Cabernet Sauvignon zusagt – mittelschwer bis schwer, geschmeidig, eichenfassgereift mit betörenden Aromen von schwarzer Johannisbeere –, dann mögen Sie wahrscheinlich auch die Cabernets Sauvignons aus Kalifornien, Australien und Washington State, die aber bei gleicher Qualität teurer sind. Argentinien ist weniger beständig und bietet bestenfalls dasselbe Preis-Leistungs-Verhältnis wie Chile. Es gibt auch einige lohnenswerte Vins de pays d'Oc von Cabernet Sauvignon sowie einige gute rumänische Cabernets Sauvignons und Merlots. Südafrikanische Cabernets Sauvignons sind meist trockener und fester. Neuseeland ist tendenziell grüner und weniger reif, die Spitzenklasse ausgenommen.

Die alternative Traube ist sicher Merlot. Erwägen Sie auch Carmenère aus Chile, Malbec aus Argentinien und Tempranillo aus Spanien.

probieren Sie:

- Cabernets Sauvignons und Merlots aus Kalifornien, Australien, Washington State und Argentinien
- Vins de pays d'Oc
- Cabernets Sauvignons und Merlots aus Rumänien, Südafrika und Neuseeland
- chilenischer Carmenère, argentinischer Malbec, Merlot beider Länder
- Tempranillos aus Spanien und der Neuen Welt

Die Welt der Weine 89

Mögen Sie
Rioja,

Wenn Sie den für Rioja typischen eichigen – für manche Wein-trinker kokosartigen – Geschmack mögen, treffen sicher viele Rot-weine der anderen spanischen Regionen auch Ihren Geschmack.

Spanische Eichenaromen haben etwas entschieden Würziges, eine Eigenschaft, die bei Weinen der Neuen Welt so nicht vorkommt (und die die Erzeuger dort auch nicht anstreben). Rote aus Valdepeñas sind besonders weich und traditionell; jene aus Navarra sind weitaus moderner; beide sind preiswerter als Rioja. Ein Ribera del Duero ist ähnlich wie Rioja, jedoch körperreicher, mehr nach dem Zeitge-schmack und somit auch teurer. Wer auf die Weine der Neuen Welt ausweichen möchte, sollte sich an die Tempranillo-Traube halten. Mundet Ihnen Eiche in jeder Form, lesen Sie über Rotweine mit Eichenton nach (siehe Seite 91).

probieren Sie:

- Rote aus Valdepeñas und Navarra
- Ribera del Duero
- Tempranillos aus der Neuen Welt
- Rotweine mit Eichenton

Mögen Sie
Valpolicella, Recioto & Amarone della Valpolicella,

Wie viele italienische Rotweine hat Valpolicella wenige Anhänger, da wenige Weine von derselben Rebsorte gekeltert werden.

Schärfe im Finish, die man bei anderen Weinen kaum findet. Daher bleiben mögliche Alternativen für Valpolicella weitgehend auf Italien beschränkt. Versuchen können Sie fast alle Rotweine aus dem Norden außer den Schwergewichten aus dem Piemont (wie Barolo), z.B. Bardolino, Barbera d'Alba oder d'Asti, Dolcetto, Grignolino, Kalterersee, Lagrein. Vergessen Sie nicht Chianti und Montepulciano d'Abruzzo weiter südlich. Bei nicht-italienischen Weinen, insbesondere bei Weinen aus Kalifornien, Argentinien und Australien, sollten Sie sich an die Sorten Sangiovese und Bonarda halten.

Als Alternative zu Recioto, jenem konzentrierten, süßen Valpolicella aus getrockne-ten Trauben, empfehlen wir den ähnlich bereiteten Sagrantino Passito aus Umbrien. Alternativen anderer Länder umfassen die diversen Portweine und die roten Vins doux naturels aus Banyuls, Maury und Rivesaltes, die aber nur ähnlich sind.

Amarone della Valpolicella, aus getrockneten Trauben bereitet und dennoch ein trockener, komplexer, mächtiger Wein, hat nirgendwo seinesgleichen, abgesehen von knapp einer Hand voll von Imitaten aus der Neuen Welt. Als Ersatz kommt ein Sagrantino di Montefalco in Frage, reifer Wein von der nördlichen Rhône wie Hermitage, Priorato aus Spanien oder ein Spitzenrotwein aus Portugal.

probieren Sie:

- Bardolino, Barbera d'Alba oder d'Asti, Dolcetto, Grignolino, Kalterersee, Lagrein
- Chianti und Montepulciano d'Abruzzo
- Sangiovese- und Bonarda-Weine aus Kalifornien, Argentinien und Australien
- Sagrantino Passito und Sagrantino di Montefalco
- Französische Vins doux naturels und reife Weine von der nörd-lichen Rhône
- Priorato aus Spanien und Spitzenrote aus Portugal

Mit & ohne Eiche

Rotweine mit Eichenaromen sind im Moment »in«, aber es gibt durchaus Alternativen zu Vanille und Gewürzen.

Mögen Sie Rotweine mit Eichenton, probieren Sie:

Es gibt reichlich Auswahl. Noch vor einer Generation schmeckte nur Rioja deutlich nach Eiche, während alle anderen Weine mit dieser Note als noch nicht trinkreif galten.

Heute sieht man die Vanille-, Toast- und Gewürzaromen neuer Eiche als etwas an sich Erstrebenswertes. Fast alle Rotweine aus der Neuen Welt werden heute mit Eiche behandelt. Shiraz, Cabernet Sauvignon, Malbec, Merlot, Pinotage und selbst Pinot noir, sie alle zeigen in der Regel Einflüsse von Eiche. Ausgenommen von dieser Tendenz bleiben fast alle traditionellen europäischen Rotweine, während spanische Weine mit der Aufschrift Crianza, Reserva oder Gran Reserva nie ohne Eiche auskommen. Die neuen oder wiederbelebten europäischen Regionen wie das Languedoc oder Apulien, die mit ihren Weinen mit der Neuen Welt konkurrieren möchten, setzen verstärkt auf Eiche.

- Shiraz, Cabernet Sauvignon, Malbec, Pinotage und Merlot aus der Neuen Welt
- als Crianza, Reserva oder Gran Reserva etikettierte spanische Weine
- Rote aus dem Languedoc und Apulien

Mögen Sie Rotweine ohne Eichenton, probieren Sie:

Die billigsten Rotweine und solche, die nicht zum Lagern gedacht sind, wurden wahrscheinlich nicht mit Eiche behandelt.

Dagegen werden teure, klassische Weine, insbesondere französische, in Eichenfässern gereift, um sie runder und komplexer zu machen. Dass sie nach Eiche schmecken, wird dabei nicht beabsichtigt. Stark abgenommen hat die Zahl der eichenfreien Weine in der mittleren Preisklasse. Zu den wenigen noch verbliebenen zählen die Weine aus dem Beaujolais und die meisten der Alternativen zu diesem Stil (siehe S. 84) sowie zeitgemäße, saftige und preiswerte Weine von Sorten wie Grenache (oder Garnacha), Tempranillo, Pinot noir (Loire), Bonarda und manchmal Merlot. Sie alle sind dazu gedacht, jung getrunken zu werden.

- erstklassigen Burgunder
- Beaujolais und ähnliche Weine
- jungen Grenache, Tempranillo oder Bonarda
- Pinots noirs von der Loire
- manche Merlots

Die Welt der Weine

Zu einem guten Essen gehört ein guter Wein. Er muss nicht unbedingt teuer sein – die Kunst besteht darin, dass er einen guten Kontrast darstellt oder den Charakter des Essens unterstreicht.

Essen & Wein

Grundsätzliches

Unsere Vorfahren wären erstaunt, wie wir heutzutage Wein und Essen miteinander kombinieren. Ein Grund dafür ist der veränderte Charakter unserer Weine.

Wenn man überlegt, welcher Wein zu welchem Essen passt, müssen zwei Dinge klar sein. Zum einen gilt: Keine Kombination ist absolut falsch. Wenn Sie eine bestimmte Zusammenstellung mögen, sei sie noch so exzentrisch, dann stehen Sie dazu. Sie müssen sich aber bewusst sein, dass es Kombinationen gibt, die bei den meisten Menschen fast immer ankommen, und solche, die kaum mit Zustimmung rechnen können. Ihre Gäste wären wahrscheinlich wenig glücklich, wenn Sie zur Mousse au Chocolat einen Muscadet servieren würden (oder überhaupt trockenen Wein zu Süßspeisen). Ebenso würde es wenig Begeisterung hervorrufen, tanninreiche Rotweine zu fettem, geräuchertem Fisch zu reichen.

Der zweite Grundsatz lautet: Die einzig wahre und perfekte Kombination gibt es ebenso nicht. Zu den meisten Gerichten passen immer mehrere, oft auch unterschiedliche Weine. Ausschlaggebend sind Anlass, die Gäste, die Jahreszeit, vielleicht der Geldbeutel. Ein einfacher junger Weißwein ist im Sommer und besonders in südlichen Gefilden ein erfrischender Begleiter zu vielen Speisen, im Winter, noch dazu in nördlichen Breiten, als Allround-Wein aber weniger überzeugend.

ALTE REGELN FÜR ALTE WEINSTILE

Worin besteht nun die Kunst, die Publikumslieblinge unter den Weinen aufzuspüren – und die Schreckgespenster zu vermeiden? In der Vergangenheit war das einfach. Wer in einer Weinregion lebte, trank heimische Weine zu heimischen Gerichten. Auf Reisen behielt man dieses Motto bei – was noch heute höchst vernünftig, weil Genuss bringend, ist. Wer in einem Land oder einem Gebiet ohne Weinbau lebte, hielt sich an feste Regeln: Weißwein zu Fisch und hellem Fleisch; Rotwein zu dunklem Fleisch und Wild; die Vegetarier konnten sehen, wo sie blieben. Leichte Weine wurden vor schwereren getrunken, trockene vor süßen. Über die Ausnahmen wusste jeder Bescheid: Sherry oder Madeira (schwer und stark) zur Suppe, dagegen Sauternes (süß) zur Gänseleberpastete.

Die Farbmaxime konnte nur in Grenzen gelten; sie schränkte einerseits ein, hatte aber durchaus ihren Sinn, beruhte sie doch auf einer Hand voll vernünftiger Beobachtungen. Die auffallendste war die, dass Fisch die meisten Rotweine bitter oder metallisch schmecken lässt, nicht jedoch Weißweine.

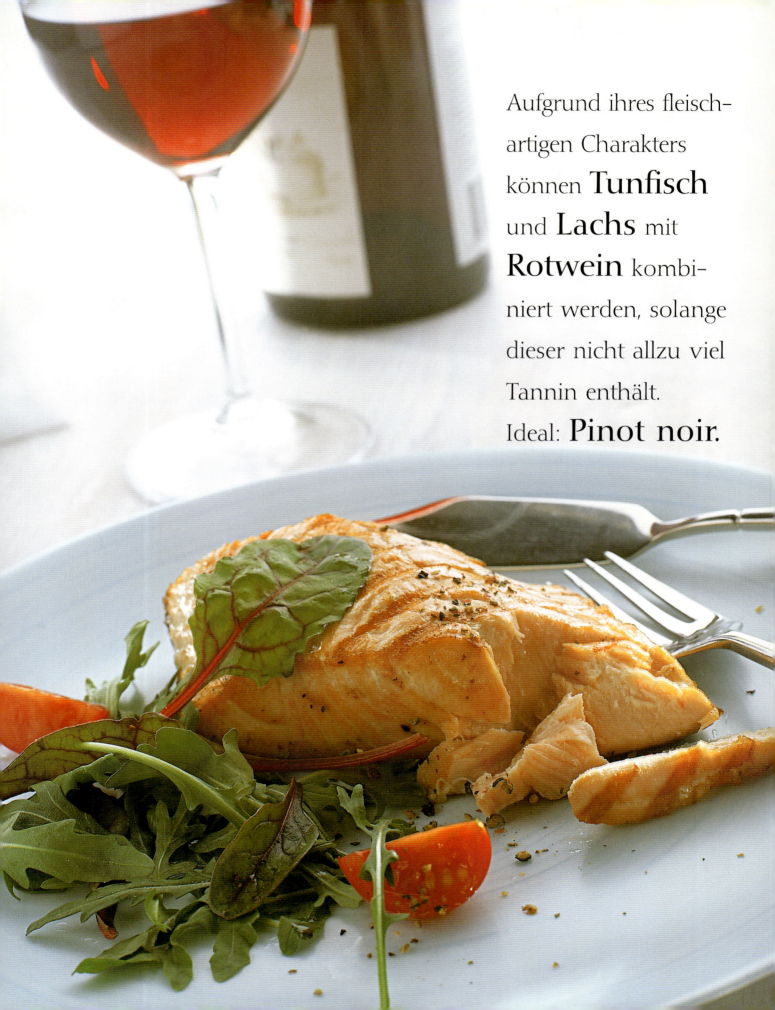

Aufgrund ihres fleisch-artigen Charakters können **Tunfisch** und **Lachs** mit **Rotwein** kombiniert werden, solange dieser nicht allzu viel Tannin enthält. Ideal: **Pinot noir.**

Rotwein zu gebratenem Geflügel ist ebenso akzeptabel wie ein körperreicher Chardonnay zu einem Steak.

Ein in Eiche gereifter Chardonnay kann zu einem Steak ebenso gut passen wie roter Burgunder oder ein Roter von der Rhône.

Weiße enthielten mehr Säure und ergänzten so wunderbar die Säure, die in Form von Zitrone oder Essig ein Bestandteil vieler Fischgerichte war.

Dagegen schmecken tanninbetonte Rotweine deutlich weicher, wenn man ein ordentliches Stück dunkles Fleisch dazu aß. Von nicht geringerer Bedeutung war, dass Fisch und weißes Fleisch leichter waren als dunkles Fleisch, so wie Weißweine fast immer leichter waren als Rotweine.

Aber das war früher. Die Weine haben sich im Laufe der letzten 20, besonders der letzten zehn Jahre deutlich verändert. Rotweine, vor allem europäische, sind nur mehr selten so tanninbetont wie früher. Genau die Tannine wirkten bei Fisch störend. Weißweine gehören nicht mehr in jedem Fall zur leichten Garde. Alle Weine, ob rot oder weiß, sind heute wesentlich fruchtbetonter. Sie lassen sich dadurch besser trinken und sind auch früher trinkreif, sind aber als Begleiter zum Essen weniger geeignet.

Dahinter steckt auch in diesem Fall die Globalisierung. Früher wurden noch viel mehr Weine zu lokalen Gerichten getrunken, wo sie auch erzeugt wurden. Heutzutage vagabundieren Stile, Rebsorten, Kellertechnik und Weinmacher um die ganze Welt.

NEUE ESSGEWOHNHEITEN

Noch stärker gewandelt hat sich unsere Speisekarte. Wie selbstverständlich kochen wir italienisch zu Hause, lassen uns vom Inder das Abendessen kommen oder original marokkanisches Couscous zubereiten. Ebenso selbstverständlich übernehmen und mischen wir Zubereitungsarten, Zutaten und Gewürze aus allen möglichen Küchen der Welt. So entstanden die so genannten Fusion-Cuisines.

Die alten Regeln haben zweifelsohne ausgedient. Mit der Farbmaxime im Hinterkopf ist es interessant festzustellen, dass Hühnchen und Schweinefleisch mit Rotwein ebenso gut zusammenpassen wie mit Weißwein; Fisch, gerade fleischige Sorten wie Tunfisch, Lachs und überhaupt jeder mit Rotwein zubereitete Fisch, geht wunderbar mit Roten zusammen, solange dieser nicht zu viel Tannin enthält. Besonders geeignet ist Pinot noir, in Frage kommen aber auch Sangiovese und Merlot aus der Neuen Welt, Beaujolais und Rotweine von der Loire (siehe auch S. 18). Bei Gerichten, die auf Wein basieren – zum Beispiel Coq au vin – ist in der Regel die Farbe des Weins, der zum Kochen verwendet wurde, ausschlaggebend

Essen & Wein

für die Wahl des Tischweins. Vielleicht entdecken Sie, dass Sie zu gebratenem Geflügel lieber Rotwein trinken oder einen Chardonnay zu einem Steak.

SPEISEN, GARMETHODEN UND SAUCEN

Wenn Sie einen Wein zum Essen auswählen, kommt es in erster Linie darauf an, ob das Gericht schwer oder leicht ist. Ausschlaggebend dafür sind die Zutaten, die Art der Zubereitung und die Sauce. Dünsten, Dämpfen, Sautieren zum Beispiel ergeben leichtere Gerichte als Schmoren, Braten oder Frittieren. Mariniertes Fleisch, Wild oder Geflügel schmeckt sehr intensiv. Die Saucen können leicht wie eine Bouillon sein, durch Zugabe von Sahne oder Ei üppig, extrem reduziert und konzentriert, sauer, scharf und pikant, mildwürzig, kräuterreich, karamellisiert, salzig oder süß. Oder eine Kombination: Sauce hollandaise z.B. ist üppig und zitronenfrisch zugleich.

Sie sollten also darauf achten, dass die Speisen und der dazu gereichte Wein in etwa gleich schwer sind. Eine üppiges, mit Rotwein, Speck, Knoblauch und Pilzen aromatisiertes Pfannengericht verdient einen körperreichen Rotwein, egal ob die Basis des Gerichts aus Hühnchen, Rindfleisch oder Bohnen besteht. Einem leichten, frischen Wok-Gericht oder einem Salat bekommt ein knackiger Wein mit weniger Körper besser als ein erdrückendes Schwergewicht. Enthält der Salat Streifen von englisch gebratenem Roastbeef, empfiehlt sich ein frischer Rotwein, etwa ein Beaujolais. Hühnchen in einer schweren Sahnesauce wird einen volleren, fetteren Wein benötigen, kalifornischen Chardonnay zum Beispiel oder elsässischen Pinot gris. Ein mit Zitronengras gedünstetes Hühnchen ist glücklicher mit einem italienischen Pinot grigio oder einem chilenischen Sauvignon blanc.

Ausnahmen lassen sich natürlich nicht vermeiden. Leichte, knackige Weine mit fruchtiger Süße sind zuweilen ein guter Hintergrund für schwere Speisen. So ist es zum Beispiel im Rheingau üblich, zu gebratener Gans eine Riesling Spät- oder

Unten links: Pinot grigio und mit Zitronengras gedünstetes Hühnchen
Unten rechts: roter Bordeaux als Begleiter zu einem Rindfleisch-Bohnen-Eintopf

Spargel findet einen Nachhall bei Sauvignon blanc, der wiederum selbst entfernt an die Aromen von Spargel erinnert.

gar Auslese zu servieren. Diese Weine werden nicht nur dem fetthaltigen Fleisch gerecht, sondern mit ihrer Säure und fruchtigen Süße auch den süß-fruchtigen Beilagen und Saucen, die viele Rotweine trocken und mager erscheinen lassen würden. Die fruchtige Frische eines guten Beaujolais, eines Fleurie oder Chiroubles setzt Kontrapunkte zu einem üppigen Eintopfgericht.

INTENSIVE AROMEN

Neben dem »Gewicht« der Speisen sollte auch die Intensität der Aromen bedacht werden. Leichte Speisen können höchst aromatisch sein und brauchen entsprechend aromatische, jedoch keine schweren Weine. Der unverwechselbare Geschmack von Spargel findet seine ideale Ergänzung – ja sogar einen Nachhall – in den Aromen der Sauvignon-blanc-Traube.

Ähnlich können fernöstliche Gewürze und Kräuter selbst leichtestem Essen sehr intensive Aromen verleihen. Rebsorten mit schöner natürlicher Säure und gut definierter Frucht, Sorten, die keine Eiche benötigen und auch nicht die buttrigen Aromen malolaktischer Gärung, passen oft am besten – Riesling, Sauvignon blanc, trockene Muscat-Versionen, Cortese und, wenn sie knackig genug sind, Sémillon ohne Eiche sowie Viognier. Die Aromen von Gewürztraminer sind dermaßen mächtig und exotisch, dass sie die meisten Gerichte erdrücken. Ihre Berechtigung haben sie aber manchmal in der chinesischen oder indischen Küche (siehe S. 108).

Auf Fleisch oder Bratensaft basierende Saucen sind intensiv aromatisch, auch wenn sie relativ helles Fleisch begleiten. Wählen Sie dazu keinesfalls einen Wein, der sehr reif, marmeladig und alkoholstark ist (wie etwa australischer Shiraz oder Grenache aus dem Supermarkt), vielmehr einen eher körperreichen Wein. Dafür in Frage kommen teurere Shiraz-Weine aus Australien, guter roter Burgunder oder Weine von der Rhône wie Gigondas oder Crozes-Hermitage.

SÄURE

So wie schweren, fetten Speisen manchmal ein knackig-griffiger Wein gut tut, muss Säure in einem Gericht (ein großzügiger Spritzer Zitrone, eine Vinaigrette oder Wein in einer Beurre-blanc-Sauce) durch Säure im Glas ergänzt werden. Ist das nicht der Fall, schmeckt der Wein flach und pappig. Ein hoher Säuregehalt findet sich in Weißweinen, besonders in denen aus kühleren Regionen: die typischen Weißwein-Regionen Frankreichs oder die Neue-Welt-Regionen Casablanca, Eden Valley, Yarra Valley, Marlborough und Oregon. Die Sorten Sauvignon blanc, Riesling und Chenin blanc enthalten mehr Säure als etwa Chardonnay, Sémillon oder Marsanne. Schwieriger verhält es sich mit Rotweinen, nicht nur weil es wenig säurereiche Rotweine gibt, sondern auch weil saure Speisen nicht mit Tannin zusammengehen. Noch am ehesten geeignet sind Beaujolais, Barbera, Chianti, Dornfelder sowie andere leichte Rotweine.

98 Essen & Wein

SÜSSE

Süßspeisen brauchen einen mindestens ebenso süßen Wein. Ist der Wein weniger süß, wirkt er mager und sauer. Süße Bestandteile in einem pikanten Gericht (meist Obst oder Gemüse) sind selten problematisch. Sie würden zu Kaninchen oder Lamm nicht unbedingt einen süßen Wein trinken, nur weil dazu – typisch französisch – karamellisierte Zwiebeln gereicht werden. Ein Relish mit konzentrierter Süße würde die meisten Rotweine dünner, trockener, tanninbetont oder sogar bitter wirken lassen. Das betrifft in erster Linie die traditionellen europäischen und andere tanninreiche Rotweine. Weichen Sie also aus auf die reiferen, fruchtigeren Aromen und weicheren Tannine von Roten aus der Neuen Welt, aus wärmeren Gegenden Europas wie Apulien oder aus dem südfranzösischen Banjuls. Wählen Sie Sorten wie Grenache oder Primitivo mit ihren natürlich süßen Beerenaromen. Wenn eher ein Weißwein in Betracht kommt, dann noch am besten ein Wein aus der Neuen Welt, mit vollreifen Aromen und ein wenig Säure – neuseeländischer Sauvignon blanc oder Chardonnay oder australischer Riesling.

EICHE UND FRUCHT

Kräftige Aromen sind nicht auf Speisen beschränkt. Weine mit sehr viel Eiche (und ihren Aromen von Toast, Vanille, Kokosnuss und Räucherspeck) eignen sich meist nicht als Begleiter zum Essen. Wenn Sie ein Freund dieser Weine sind, brauchen Sie Gerichte mit robusten Aromen, ein Pfannengericht etwa oder Gegrilltes. Ähnlich kommen große, reife, fruchtbetonte Weine oft nicht zur Geltung, wenn man sie nicht mit hocharomatischen und kräftig gewürzten Speisen kombiniert.

Mit seiner vollmundigen Süße ist Banjuls, ein Vin doux naturel aus Südfrankreich, der ideale Begleiter zu Schokoladenkuchen.

Süße Speisen verlangen nach einem **mindestens** ebenso süßen **Wein**.

Essen & Wein 99

Aromen & Zutaten

Manche Speisen und Zutaten sind einfach problematisch. Hier finden Sie Vorschläge – nicht mehr und nicht weniger – zu passenden Weinen.

Gute Kombinationen

Australischer/deutscher Kabinett Riesling: chinesische und mild gewürzte Gerichte, getrocknete Tomaten, roter Paprika, Salate, gebratenes Gemüse, Fisch (auch geräuchert), kalter Braten

Sauvignon blanc: Thai-Gerichte, Spargel, Ziegenkäse, Salate, Gemüse (keine Pilze), Bratfisch, Schalentiere, scharfe Saucen

Chablis: fast alle Fischarten, die sehr fetten ausgenommen, fettreicher Käse wie Chaource

Pinot blanc/Pinot gris aus dem Elsass (keine spät gelesenen): Fisch, Quiches, Soufflés, Risotto, Pasta mit Sahnesaucen, Hühnchen

Pinot noir: Seebarbe, Engelshai, Lachs, Tunfisch, Pilze, Wurst, Schweinefleisch, Ente, Wachtel, Rebhuhn (insbesondere roter Burgunder)

Cabernet Sauvignon/Merlot aus Chile: gut geeignet für ein Buffet, passt fast immer zu Fleisch und Geflügel, Tunfisch (ausgenommen Weine mit zu viel Tannin oder Eiche), Gerichte mit Bohnen oder Linsen

Italienische Rotweine: der adstringierende Charakter von Sauerkirsche passt gut zu aromastarken Gerichten (tanninreiche Weine nicht mit Fisch kombinieren)

Shiraz/Syrah: Enten-, Gänse-, Truthahnbraten, Würstchen, Fleisch und Gemüse vom Grill, Fleischeintöpfe, Wild (insbesondere Syrah von der Rhône)

Meine Auswahl muss nicht in jedem Fall Ihre Zustimmung finden, sicher finden Sie darüber hinaus eigene, für Sie ideale Kombinationen. Sternchen verweisen auf eine Warnung – Geschmack oder Konsistenz der so markierten Speisen können einen Wein ruinieren. Ist Ihnen das bewusst, können Sie es vermeiden, teure Weine aufs Spiel zu setzen. Im Notfall sorgen Brot und Wasser wieder für einen klaren Gaumen. Ein weiterer Tipp: Der Zusatz von Sahne oder Butter dämpft seltsame oder allzu kräftige Aromen – zum Beispiel den metallisch-bitteren Geschmack bei Spinat in Verbindung mit Wein oder das durchdringende Aroma von Fenchel. Auch wohl dosierte Zugabe von Käse, für sich alleine ein zum Teil schwieriges Produkt (siehe S. 104), kann eine besänftigende Wirkung haben.

SALATE Der kritische Punkt bei Salat ist das Dressing. Herbe Dressings brauchen Weine mit guter Säure – Sauvignon blanc zum Beispiel oder Vin de pays des Côtes de Gascogne. Mit Ingwer oder Soja aromatisierte Dressings, solche, die auf Ölen mit intensivem Eigengeschmack wie etwa Kürbiskernöl basieren, brauchen ebenfalls entschiedene Weine wie Sauvignon blanc, australischen Chardonnay ohne Eiche, Marsanne oder Verdelho.

EIER* Mit Blick auf die weiteren Zutaten können zu Soufflés, Quiches und Mayonnaise (wenn sie nicht zu scharf oder sauer ist) mittelschwere bis schwere Weißweine gereicht werden wie etwa Chardonnay, weißer Burgunder (insbesondere Mâcon) inbegriffen, oder elsässischer Pinot blanc. Das Problem bei Eiern stellt vor allem das flüssige Eigelb dar, dessen Konsistenz den Mund »auskleidet«: Versuchen Sie es mit Chardonnay oder Pinot noir, aber nicht mit dem besten.

PASTA Hier kommt es auf die Sauce oder Füllung an. Spaghetti vongole (mit Venusmuscheln) verlangen nach einem knackig-trockenen, eher leichten Weißwein, während Tagliatelle mit Pilz-Sahne-Sauce einen volleren Weißen vertragen. Zu einer kräftigen Lasagne mit Fleisch passt ein Roter wie Shiraz.

100 Essen & Wein

Austern und **Champagner** (idealerweise Blanc de Blancs) oder **Chablis Premier Cru** – eine Ehe, die im Himmel geschlossen wurde

Versuchen Sie es auch mit einem Montepulciano d'Abruzzo oder Rosso di Montalcino, vielleicht auch einem Shiraz.

FISCH Einfacher Kochfisch wird mit einfachen, leichten Weißweinen kombiniert. Sie können die obligatorische Zitrone ersetzen. Ein Edelfisch wie Steinbutt verdient dagegen einen ebenso edlen Tropfen – weißen Burgunder oder andere Chardonnays. Zu Fisch in Sahnesauce servieren Sie Pinot blanc, Pinot gris, Chardonnay oder Vouvray demi-sec. Ein nicht allzu tanninbetonter Roter, insbesondere Pinot noir, passt oft zu den fleischigeren Sorten Lachs oder Tunfisch. Einen Versuch lohnen auch die Roten von der Loire, aber auch Beaujolais, Sangiovese aus der Neuen Welt und, wenn er nicht zu eichenbetont ist, Merlot.

Fette Fischsorten* Kaum ein Wein wird mit Sardinen oder Makrelen fertig, am ehesten ein neutraler trockener Weißer: Muscadet sur lie, Picpoul de Pinet und junge Weiße aus Norditalien wie Soave oder Bianco di Custoza.

Schalentiere Zu Austern trinkt man am besten Champagner (ideal ist ein Blanc de Blancs) oder Chablis (Premier-Cru-Qualität). Ist das nicht möglich, weichen Sie auf einen trockenen Weißwein ohne Eiche aus (Muscadet sur lie, Verdicchio, Sancerre oder Albariño aus Rías Baixas in Spanien), seien Sie aber vorsichtig mit hocharomatischem Sauvignon blanc aus Neuseeland. Bei Sahnesaucen können Sie auch vollere Weine wie Chardonnay in Erwägung ziehen. Haben Sie für einen Hummer tief in die Tasche gegriffen, sollten Sie das auch für den Wein tun – feiner weißer Burgunder (von Chablis bis Meursault), Champagner, Condrieu. Condrieu und andere Viognier-Weine harmonieren auch gut mit der Süße von Krabben.

Räucherfisch* Bücklinge (geräucherte Heringe) haben einen Malt Whisky verdient, während Räucherlachs mit Champagner oder feinem Chablis zusammengehen kann. Zur Abwechslung passt auch ein Riesling recht gut. Schwierig sind geräucherte Makrelen, die aber, mit viel Zitrone und zerstoßenem schwarzen Pfeffer, einem guten Mosel Kabinett oder australischem Riesling durchaus entgegenkommen.

GEFLÜGEL Generell geeignet sind mittelschwere Weiß- und Rotweine, vermeiden Sie aber tanninbetonte und/oder hocharomatische Weine, es sei denn, Sie möchten ein ganz bestimmtes Aroma unterstreichen – das von Zitronengras mit Sauvignon blanc zum Beispiel. Auf Grund seines zarten Geschmacks werden Sie bei Hühnchen meist Saucen oder andere aromatische Zutaten berücksichtigen. Dasselbe gilt für gebratenes Perlhuhn, wozu, ungeachtet seiner eher wildartigen Aromen, Weine auf Pinot-noir-Basis gut passen.

Zur Pute passt in der Regel ein Roter. Kommen aber gerade im Winter die robusten Aromen üppiger Beilagen ins Spiel, dann sind volle, fruchtig-würzige Weine wie australischer Shiraz angesagt, Châteauneuf-du-Pape oder Cabernets Sauvignons und Merlots aus der Neuen Welt. Einem Bordeaux-Fan seien eher ein St-Emilion oder Pomerol als ein Médoc empfohlen.

Zur Ente passt Pinot noir, einschließlich Burgunder, besonders gut. Ebenso sind australischer Shiraz und italienische Weine aus Apulien geeignet. Wenn Sie Weißwein bevorzugen, setzt ein mittelsüßer deutscher Riesling, insbesondere aus der Pfalz, einen faszinierenden Kontrapunkt, vor allem wenn im Herbst eine süße Fruchtsauce dazu gereicht wird.

Dasselbe gilt für gebratene Gans. Sie ist darüber hinaus auch ein idealer Anlass für einen reifen Spitzenrotwein. Tanninbetonte Rotweine sollten Sie vermeiden, weshalb wie bei Pute und Ente ein St-Emilion oder Pomerol besser geeignet sind als die strafferen Médoc-Weine.

WILD Von wenigen Ausnahmen abgesehen – Champagner als Begleiter zu kaltem, gebratenem Federwild oder ein vollmundiger Weißer wie Chardonnay oder elsässischer Pinot gris zu einem mit Sahnesauce servierten Fasan – verlangt Wild nach Rotwein. Zu gut

abgehangenem Wild und den typischen, strengen Aromen benötigen Sie mächtige Weine. Weine auf Syrah-Basis von der nördlichen Rhône, wie etwa Côte Rôtie, Crozes-Hermitage und St-Joseph, eignen sich besonders gut. Aber auch die anderen Länder haben in dieser Klasse etwas zu bieten. Australien hat seinen Shiraz (vermeiden Sie billige, marmeladige Weine) und die Shiraz-Mourvèdre-Verschnitte. Italien hat Barolo, Barbaresco und Barbera, Spanien Ribera del Duero und Priorato. Frankreich bietet Bandol und die Weine von der Rhône (siehe auch S. 20). Zu milderen Fleischsorten wie Rebhuhn empfiehlt sich eher ein feiner roter Burgunder.

FLEISCH Schweinefleisch ist anpassungsfähig. Es verträgt sich mit einem breiten Spektrum an Rotweinen (vorzugsweise nicht zu tanninbetont), aber auch mit mittelschweren bis schweren Weißweinen. Die Wahl liegt bei Ihnen, lediglich Beilagen und Garmethode sollten Sie noch berücksichtigen.

Lamm ist perfekt zu Cabernet Sauvignon (sowie klassischen Cabernet-Verschnitten), und zwar in allen Spielarten, von feinstem reifen Bordeaux in Kombination mit einfachem Braten bis hin zu einem großen Cabernet Sauvignon aus Kalifornien zu raffinierteren Gerichten. Besonders gut zu Lamm passen auch Rioja und Ribera del Duero. Kaltes Lamm harmoniert besonders gut mit Weißweinen.

Rind ist mit fast allen Rotweinen zu kombinieren. Wählen Sie also je nach Gericht und Budget. Bevorzugen Sie generell Weißwein, versuchen Sie einmal einen körperreichen, nicht zu billigen Chardonnay zu gegrilltem Steak.

Bei Kalbfleisch mit seinen zarten Aromen sind Sie mit mittelschweren Weißweinen oder weichen Rotweinen ähnlichen Kalibers gut beraten.

GEMÜSE Viele Gemüsesorten gehen besser mit der Säure von Weißweinen als mit den Tanninen von Rotweinen zusammen, sei es auf Grund eigener Säure (siehe Tomate), auf Grund ihrer Süße (Karotten, Zwiebeln, Pastinaken, Paprikaschoten) oder ihrer Aromen (Spargel und Fenchel). Dagegen bekommt Pilzen, Auberginen und üppigen Aufläufen ein Rotwein meist besser, der gerne, besonders zu Bohnengerichten, körperreich sein darf.

Artischocken* Ihre Blätter lassen manche Weine seltsam süß, andere metallisch-bitter erscheinen. Reichen Sie Zitrone dazu, Mayonnaise mit Zitrone oder eine Vinaigrette. Dazu passt ein säurereicher Weißwein, vor allem griechische Weine von heimischen Sorten.

Tomaten* Unterschätzen Sie nie die Säure von Tomaten. Überwiegt deren Aroma, empfiehlt sich ganz klar ein Sauvignon blanc. Für Gerichte, die eigentlich nach einem Rotwein verlangen würden, jedoch einen deutlichen Tomatenakzent aufweisen, empfiehlt sich ein Barbera oder ein anderer junger italienischer Roter.

GEWÜRZE

Salz Stark salzhaltige Speisen lassen die in Rotwein enthaltenen Tannine bitter wirken, weshalb frische Weißweine mit deutlicher Säure vorzuziehen sind. Zu salzigem Käse sollte ein süßer Wein gereicht werden (ein Sauternes zu Roquefort zum Beispiel).

Sojasauce* Der hohe Salzgehalt erfordert auch hier einen Wein mit guter Säure. Wenn das Gericht als Ganzes nach einem Rotwein verlangt, eignen sich körperreiche, fruchtige Weine aus dem Mittelmeerraum bzw. der Neuen Welt oder ein Cru du Beaujolais.

Essen & Wein 103

Chili/scharfe Gewürze* Chili zerstört gar nicht so sehr die Aromen des Weins, vielmehr betäubt und verbrennt es den Gaumen. Behalten Sie also ihre Schätze im Keller! Am besten sind junge, frische, mäßig aromatische Weißweine. Am schlechtesten eignen sich tanninhaltige Rotweine, weshalb ich, auf Grund seiner Säure, spontan den Beaujolais-Villages wählen würde.

Curry* Man ist sich weitgehend darüber einig, dass Weißwein besser zu Curry passt als Rotwein und dass frische, mäßig aromatische Weißweine ohne Eiche besser geeignet sind als körperreiche, buttrige mit viel Eiche.

Pfeffer Pfeffer kann die Komplexität eines feinen alten Weins überdecken, er kann aber auch einen einfachen, leichten, jungen Wein größer und aromatischer wirken lassen.

Senf* Sehr scharfen, essigsauren oder süßen Senf vermeiden.

Meerrettich* Ein wahrer Killer! Verwenden Sie in Ihrer Meerrettich-Sauce Sahne im Überfluss oder verzichten Sie ganz auf Meerettich.

Essig und Zitrone* Seien Sie vorsichtig mit Essig, ebenso mit Kapern und Mixed Pickles. Problematisch ist auch der Zitronensaft in der Sauce hollandaise, die eingelegten Zitronen in der marokkanischen Küche (ein Fall für Sauvignon blanc) und die Tarte au citron (ein edelsüßer Riesling mit mehr Säure funktioniert wahrscheinlich besser als ein edelsüßer Sémillon).

KÄSE* Leider ist Käse nicht der Freund von trockenem Rotwein, als den wir ihn so gerne sehen. Die Aromen und, ebenso wichtig, die Konsistenz können problematisch sein. Wenn Tannin und Käse aufeinander prallen,

leidet der Wein. Tatsächlich sind trockene Weißweine meist besser, am allerbesten sind Süßweine – denken Sie an die klassischen Paarungen Sauternes mit Roquefort und Stilton mit Port.

Wenn Sie auf Rotwein bestehen, wählen Sie einen Hartkäse aus: z.B. einen Manchego; französischen Schafskäse wie Etorki oder die vielen schlicht als *brébis* (Schaf) bezeichneten Sorten; englischen Schafskäse (etwa ein Berkswell); Parmesan; Cantal aus der Auvergne; englischen Cheddar sowie Double Gloucester. Beachten Sie, dass Rotweine mit einem Mindestmaß an Reife und Komplexität besser harmonieren als junge, fruchtbetonte Weine.

Weichkäse wie Camembert, Brie oder Pont l'Evêque sind in der Regel mit größter Vorsicht zu genießen, besonders wenn sie reif und nahezu flüssig sind. Brie geht noch am ehesten mit einem weißen Burgunder von der Côte d'Or zusammen, Camembert mit einem reifen roten Burgunder, St-Emilion oder Chianti Classico Riserva. Blauschimmelkäse will, wie Roquefort und Stilton auch, mit einem Dessertwein verzehrt werden.

Zu Ziegenkäse ist ein Sauvignon blanc, insbesondere Sancerre und Pouilly Fumé, unschlagbar. Zu empfehlen sind aber auch die Rotweine aus dieser Ecke – Cabernets francs von der Loire wie Saumur-Champigny, Bourgueil und Chinon.

DESSERTS Der Wein muss mindestens so süß wie die Nachspeise oder süßer sein (siehe S. 22). Achten Sie darauf, dass deutsche Weine den Reifegrad »Beerenauslese« oder »Trockenbeerenauslese« aufweisen. Spätlese- oder Ausleseweine sind meist nicht

süß genug. Das trifft auch auf billige Süßweine von der Loire (*moelleux*) zu. Zu den Weinen, die fast jedem Pudding, jeder Crème oder Mousse die Stirn bieten können, gehören die teureren Loire-Weine (Coteaux du Layon), Sauternes, österreichische Süßweine, edelsüße Weine aus Australien, Eiswein (auch kanadischer) und die sehr süßen Vins doux naturels wie Muscat de Saint-Jean-de-Minervois und Moscatel de Valencia.

Schokolade* Tod durch Schokolade – eine der einfachsten Methoden, einem eigentlich guten Wein den Garaus zu machen. Das Problem ist gar nicht nur die Süße. Vielmehr füllt die Konsistenz von Schokolade den Mund so aus, dass es schon einen sehr süßen und mächtigen Wein braucht, um diesem doppelten Ansturm zu widerstehen. Am ehesten gelingt das noch einem Muscatwein: einem Vin doux naturel aus Südfrankreich wie Muscat de Beaumes-de-Venise oder Muscat de Frontignan; den beiden roten (auf Grenache basierten) Vins doux naturels, Maury und Banyuls; Orange Muscats aus Kalifornien und Australien; Málaga aus Spanien; Tokaji aszú (fünf- bis sechsbuttig), 10-year-old Tawny Port.

Eiskrem* Einzig gespritete Liqueur muscats aus Australien und Pedro-Ximénez-Sherry sind stark genug, um der abstumpfenden Wirkung von Eiskrem am Gaumen standzuhalten, während preiswerter Moscatel de Valencia und Muscatweine aus Südfrankreich, etwa Rivesaultes und Frontignan, zumindest keinen Schaden erleiden.

OBST UND DESSERTS AUF OBSTBASIS

Denken Sie daran, dass der Wein süßer sein muss als das Dessert oder Obst. Machen Sie sich also auf die Suche nach einem Süßwein mit erfrischender Säure – einem deutschen Wein (Riesling Beerenauslese oder Trockenbeerenauslese); österreichischem Süßwein; edelsüßem Riesling aus der Neuen Welt; Wein von der Loire, Coteaux du Layon oder Bonnezeaux zum Beispiel; süßen Jurançon (mit oder ohne dem Zusatz *moelleux* oder *vendange tardive*).

> Trockener **Weißwein** passt wunderbar zu **Käse**, unübertrefflich jedoch ist **Süßwein** – z. B. **Sauternes** zu Roquefort.

KOCHEN MIT WEIN

Wein kann aus einem ganz gewöhnlichen Gericht etwas Besonderes machen. Glauben Sie aber nicht, die Wirkung wäre um so besser, je feiner der Wein ist. Sie brauchen einen ansprechenden, gut trinkbaren Wein. Reine Verschwendung wäre es, einen Burgunder Premier Cru oder einen Bordeaux Cru classé zu verwenden. Körperreiche, aromatische Weine geben entsprechend mehr Aromen ab als körperarme, neutrale Weine. Säure und Zucker werden durch den Kochprozess konzentriert, deshalb Vorsicht bei Weinen mit viel Säure oder Restzucker. Tannine sind nicht so penetrant wie Säure und Zucker, intensiver Eichengeschmack jedoch kann ähnlich störend wirken. Bei Gerichten, die nicht gekocht werden, ist die Regel, nur Wein zu verwenden, den man auch trinken würde, umso strikter einzuhalten.

Klassische Kombinationen

Viele haben ihren ganz persönlichen Lieblingswein zu bestimmten Gerichten. Einige Zusammenstellungen haben sich zu wahren Klassikern entwickelt.

GÄNSELEBER mit Pinot gris vendange tardive aus dem Elsass
Ein ultrasüßer Wein zu einem salzigen Gericht stellt für manche vielleicht eine Überraschung dar, aber gerade die fetthaltige Gänseleber braucht eine Entsprechung. Elsässische Weine passen besser als Sauternes.

Andere zu Gänseleber passende Weine:
- Sauternes oder Monbazillac
- Gewürztraminer vendange tardive
- Jurançon moelleux
- Tokaji aszú (fünfbuttig)

ZIEGENKÄSE mit Sancerre oder Pouilly-Fumé
Das Scharfsalzige von Ziegenkäse hat seine ideale Entsprechung in der eindringlich-grasigen Schärfe von Sauvignon blanc ohne Eiche. Servieren Sie Ziegenkäse alleine, gegrillt oder auf einem Salatbett mit leichtem Dressing.

Andere zu Ziegenkäse passende Weine:
- Menetou-Salon und Quincy
- Sauvignons blancs aus Neuseeland
- Sauvignons blancs aus Südafrika
- Chinon, Bourgueil, Saumur-Champigny

REBHUHN mit rotem Burgunder
Leisten Sie sich den bestmöglichen Burgunder – einen Vosne Romanée vielleicht. Er sollte gut reif sein und deutlich die für Burgunder typischen Wild-Trüffel-Aromen aufweisen. Gerade das unterstreicht den zarten Wildcharakter von Rebhuhn.

Andere zu Rebhuhn passende Weine:
- Pinots noirs aus der Neuen Welt
- reifer Pomerol
- reifer Crozes-Hermitage
- Ribera del Duero Reserva

Essen & Wein

Perfekte Ausgewogenheit der **Aromen** ist für **klassische**

Kombinationen charakteristisch.

Zeitlose Kombinationen

Austern: Champagner (Blanc de Blancs) oder Chablis Premier Cru

Meeresfrüchte: Muscadet sur lie

Wurstplatte: Cru du Beaujolais, etwa ein Fleurie, oder Beaujolais-Villages

Stilton: Vintage Port

Roquefort: Sauternes oder Barsac

LAMMBRATEN mit Haut-Médoc, Pauillac oder St-Julien
Nicht dass Cabernet Sauvignon generell zu Lamm passen würde, es sind gerade die Zedern- und Zigarrenkisten-Aromen sowie die mittelschwere Eleganz der Cabernet-Verschnitte aus dem Haut-Médoc, die so gut mit gebratener Lammkeule zusammengehen.

BIRNENTARTE mit Coteaux du Layon, Bonnezeaux oder Quarts de Chaume
Die langlebigen, edelsüßen Chenins blancs von der Loire sind von außergewöhnlich honigartiger, süß-fruchtiger Intensität und dabei weniger fett als edelsüße Sémillons. Sie passen zu den meisten Obsttartes.

Andere zu Lammbraten passende Weine:

- Cabernet-Sauvignon-Merlot-Verschnitte aus Neuseeland
- die besten Cabernets Sauvignons und Merlots aus Chile
- Rioja Reserva oder Gran Reserva
- Cabernet Sauvignon aus Coonawarra (Australien)

Andere zu Birnentarte passende Weine:

- Vouvray und Montlouis moelleux
- Sauternes und Barsac
- edelsüße Rieslinge (Kalifornien/Australien)
- Riesling Beerenauslese (Deutschland/Österreich)

Essen & Wein 107

Internationale Küche

Bei asiatischen Gerichten, zu denen Sie Weine trinken möchten, müssen Sie auf die Zutaten, besonders bei den Saucen, achten.

CHINA

Gerade der delikat-süße Charakter vieler chinesischer Gerichte ist für Wein problematisch. Die meisten Weine sind zu mächtig, zu trocken oder zu säurereich. Der beste Allrounder ist Riesling – halbtrockene Kabinett- oder Spätleseweine aus Deutschland sowie trockene oder beinahe trockene, fruchtige Rieslinge aus Australien, Neuseeland oder den USA. Auch Champagner (demi sec oder sogar brut) ist meist geeignet. Der exotische Gewürztraminer ist für die meisten chinesischen Gerichte viel zu mächtig, ein guter Begleiter aber zu fettigen Spare Ribs und zur süß-scharfen Hoisin-Sauce. Schwieriger wird es mit Rotweinen. Leicht gekühlte Pinots noirs aus der Neuen Welt und deutsche Spätburgunder fügen sich gut ein.

THAILAND

Ein zuverlässiger Begleiter zu thailändischem Essen mit seinen markanten Aromen von Chili, Zitronengras und Zitronenblättern ist die Sauvignon-blanc-Traube – klassischer Sancerre und Pouilly-Fumé, aber auch Neue-Welt-Sauvignons. Einen Versuch wert sind ebenso Riesling aus der Neuen Welt und zitronenfrischer Sémillon ohne Eiche. Einen Crash mit Chili übersteht kein Rotwein unbeschadet, aber guter Beaujolais-Villages und preiswerte Rote aus der Neuen Welt, leicht gekühlt serviert, leiden nicht allzu sehr.

JAPAN

Japanisches Essen wirkt leicht und einigermaßen harmlos, aber lassen Sie sich da nicht täuschen. Die Grundzutaten – Pickles, Saucen zum Dippen und besonders der Meerrettich ähnliche Wasabi – enthalten genügend Sprengstoff.
Es gibt zwar keinen Wein, der es mit dieser Wurzel aufnehmen kann, aber einige kommen besser damit zurecht als andere. Deutsche Rieslinge, ein halbtrockener Kabinett etwa, passen gut zu Sushi und Sashimi, aber auch ein Brut Champagner (insbesondere Blanc de Blancs) oder die trockenen, nach dem Champagnerverfahren hergestellten Schaumweine aus der Neuen Welt sind gut geeignet.

Essen & Wein

Sauvignon blanc kann sich immer gut behaupten, was auch für Fino Sherry und Manzanilla gilt. Der Vorteil dieser beiden hellen, trockenen Sherrys (die eine gewisse Ähnlichkeit mit Sake haben) ist, dass sie auch gut zu der allgegenwärtigen Miso-Suppe passen. Andere Weißweine, die in Betracht kommen, sind Chablis, Pouilly-Fuissé, Jurançon, Verdicchio dei Castelli di Jesi und Pinot bianco. Zu Rindfleischgerichten wie Teryaki sind tanninarme Rotweine am besten geeignet, Loire-Weine, Beaujolais (vorzugsweise Cru) und Pinots noirs. Und sollte Geld keine Rolle spielen, nehmen Sie doch einen Pomerol.

INDIEN

Es sind nicht nur die scharfen Gewürze, die die Suche nach einem passenden Wein so schwierig machen, sondern vor allem die Aromenvielfalt vieler indischer Gerichte. Nach Ansicht der meisten Experten sind Weißweine, vorzugsweise solche ohne Eiche, am besten geeignet, obschon ein eichenfassgereifter Chardonnay aus der Neuen Welt ein sahniges, kokosangereichertes Gericht gut ergänzen kann. Generell sollten Sie sich an Sorten wie Sémillon, Verdelho, Marsanne, Muscat oder Riesling halten – und in ganz verzwickter Lage denken Sie daran, dass ein Gewürztraminer die Rettung bedeuten kann. Weißwein ist eine beliebte Wahl, manche schwören aber auch auf roten Bordeaux, wieder andere auf gespritete Weine, insbesondere auf Madeira im Bual- oder Verdelho-Stil. Überzeugten Rotweintrinkern würde ich Beaujolais-Villages empfehlen; Rioja Crianza oder einen jüngeren, modischen spanischen Rotwein; Copertino, Salice Salentino oder Primitivo aus Apulien; oder einen mittelteuren Shiraz aus Australien.

Der **süß-saure** Charakter vieler **chinesischer** Gerichte stellt bei der **Weinwahl** eine Herausforderung dar.

Hervorragende Weine sind undenkbar ohne hervorragende Trauben und Weinmacher. Kein Wunder also, dass Winzer und Kellermeister so eng zusammenarbeiten wie nie zuvor.

Anbau & Bereitung

Im Weinberg

Erst vor relativ kurzer Zeit haben die Weinmacher der Welt erkannt, wie wichtig schon die Pflege der Reben für die Weinqualität ist.

Worauf lag bis dahin der Schwerpunkt? In den 70er- und 80er-Jahren des 20. Jahrhunderts waren die Weinmacher der Überzeugung, ausschlaggebend für die Qualität des Weins wären einzig ihr fachliches Können und die Kellertechnik. »Gebt uns Trauben und die neueste Ausrüstung, dann geben wir euch guten Wein«, lautete die Parole.

Das war nicht ganz unbegründet: Die Weine sind tatsächlich besser und verlässlicher geworden. Es zeigte sich aber auch, dass keine noch so ausgeklügelte Methode der Weinbereitung mittelmäßige Trauben in guten Wein verwandelt oder nur gute Trauben in einen großen Wein. Im Nachhinein klingt das selbstverständlich, so wie sich Stroh auch nicht zu Gold verspinnen lässt. Auf einmal stiegen Weinmacher, die sich bis dahin nur zwischen Gärtanks, Reifekellern und dem Labor für die Qualitätskontrolle hin und her bewegt hatten, in ihre Gummistiefel und erkundeten die Weinberge. Ihr neues Credo lautete: »Der Wein wird im Weinberg gemacht«. In Kalifornien machte der Spruch »farming for flavours« die Runde. Winzer waren nun ebenso bedeutend wie Weinmacher.

WEINBERGE IN DER NEUEN WELT

Es steckte ein anderer Ansatz dahinter. Die Pioniere der Neuen Welt hatten sich in das Wagnis Weinbau mit der Annahme gestürzt, bei entsprechenden klimatischen Verhältnissen und mit der Möglichkeit künstlicher Bewässerung in der Hinterhand ließen sich alle Rebsorten problemlos anpflanzen. Der Boden schien keine Rolle zu spielen. Niemand vermisste die Kalkböden Burgunds und der Champagne, die Muschelkalk-Lehmböden von Chablis, die Kiesböden des Médoc und Graves, den Granit der Region Douro. Sie pflanzten die große rote Traube Bordeaux, Cabernet Sauvignon, in unmittelbarer Nachbarschaft zu Chardonnay, der großen weißen Traube Burgunds. Dazwischen pflanzten sie Sauvignon blanc, die Sancerre-Traube. Und die Rebstöcke gediehen prächtig. Anders als so viele Reben in Europa mussten diese Reben nicht um Wasser und Nährstoffe kämpfen; sie mussten ihre Wurzeln nicht durch meterdicke Gesteinsschichten graben.

Aber die Weine dieser Reben ließen komplexere Aromen vermissen, die so typisch für ihre Herkunft waren. Die Weine spiegelten lediglich den Charakter der Rebsorte, die Gär- und Reifemethoden wider, für die sich der Weinmacher entschieden hatte. Für gewöhnlich hatten sie jede Menge Fruchtaromen und Alkohol (da die Trauben in den warmen Klimaten voll ausreifen konnten), aber auch ebenso viele Aromen, die dem Arsenal des Weinmachers entsprangen – der buttrige Geschmack von Weißweinen, welche die malolaktische Gärung (siehe S. 128) durchlaufen haben, und Vanillearomen neuer Eiche bei Rot- und Weißweinen.

DER CHARAKTER DES WEINBERGS

Das heißt nicht, dass die Weine nicht gut waren. Im Gegenteil: Manche waren so gut, dass sie in französisch dominierten Wettbewerben die feinsten französischen Weine aus dem Feld schlugen. Die Alltagsweine waren von so gleich bleibender Qualität wie sonst kaum ein zu dieser Zeit in Europa erzeugter Wein. Aber im Gegensatz zu den großen europäischen Weinen drückten sie nichts vom Charakter des Weinbergs aus. (Wie um das noch zu betonen, waren auf den Etiketten in erster Linie Marke, Rebsorte oder Erzeuger angegeben, nicht aber die Herkunft.)

In Frankreich wird mit dem Begriff *terroir* gern der Geist eines Ortes bezeichnet. Konkret bezeichnet er die Gesamtheit der für eine Lage typischen Wachstumsbedingungen, die Stil und Qualität des dort erzeugten Weines bestimmen. *Terroir* umfasst die Topografie (Höhe, Hangneigung und -ausrichtung), das Klima (Temperatur, Sonnenscheindauer und Regenmenge) sowie die Bodenverhältnisse (Durchlässigkeit, Wasserabzug, Tiefgründigkeit). Das AC-System basiert darauf.

Rosen markieren die Grenze eines zu Château Haut-Brion in Pessac gehörigen Weinbergs. Die Kiesböden dieser Region im Bordelais sind seit Jahrhunderten die Grundlage feiner Rot- und Weißweine.

»Terroir« bezeichnet die **Gesamtheit** der für einen **Weinberg** typischen **Wachstumsbedingungen.**

Anbau & Bereitung

Bodentypen

Nach französischer Auffassung kann die Zusammensetzung des Bodens den Geschmack eines Weins beeinflussen. Heute setzt sich diese Überzeugung auch in der Neuen Welt durch.

»Man beachte den mineralisch-feuersteinartigen Charakter von Chablis, die erdigen Aromen eines Graves oder gar den Schiefergeschmack eines Weins von der Mosel«, sagen die Franzosen. Die Modernisten unter den Erzeugern aus der Neuen Welt lehnen einen Zusammenhang zwischen Bodentyp und Aromen ab. Ergebnisse der wissenschaftlichen Forschung stützen allerdings eher die traditionelle Sicht, so dass die Erzeuger der Neuen Welt ihre Meinung zu ändern beginnen. Die Riesling-Erzeuger im Clare Valley in Australien z.B. schwärmen heute über den unterschiedlichen Charakter der Lagen Watervale und Polish Hill.

Heute steht der Einfluss des Bodens außer Zweifel. Rebstöcke auf kargen Böden, die das Wachstum der Wurzeln fördern, erbringen letztendlich besseres Traubengut als Reben auf fruchtbaren Böden, die hauptsächlich das Laubwachstum fördern.

WASSER UND WÄRME

Reben brauchen wasserdurchlässige Böden, die dennoch in der Lage sind, Wasser in tieferen Schichten zu speichern, um die Reben im Notfall damit zu versorgen. Wo es nicht ohne künstliche Bewässerung geht (wie in Großteilen Australiens und Südamerikas) ist diese Speicherkapazität noch wichtiger. In kühlen Regionen wie auf der Nordhalbkugel muss der Boden auch Wärme speichern – was steinige Böden gut können. Es ist kein Zufall, dass die kalkhaltigen Böden der Champagne und Burgunds, die Kiesböden in Haut-Médoc und die Lehm-Kies-Schichten der Region Pomerol all diese Voraussetzungen erfüllen.

Die Winzer waren keine Geologen, aber sie wussten, welche Böden bei welchen Klimaten welche Rebsorten unterstützten und welche Abschnitte eines Hanges besonders gute Ergebnisse hervorbrachten. Ein Großteil dieses Wissens ist heute in den Appellation-Contrôlée-Vorschriften kodiert.

DIE SUCHE NACH TERROIR

Bodenbewusste Erzeuger der Neuen Welt versuchen heute Versäumtes wettzumachen, indem sie neue Regionen erkunden, die besten Lagen identifizieren und darauf achten, welche Sorte wo besser wächst. Zunächst einmal suchen diese Erzeuger kühlere, auch unbequemere Klimate, aber je problematischer das Klima ist, um so größer ist der Einfluss des Bodens auf das Rebwachstum und die Traubenqualität. Die Erzeuger der Neuen Welt benutzen das Wort *terroir* nur ungern, viele meinen aber heute im Prinzip genau das.

MUSCHELKALK
Chardonnay wächst für den berühmten, stahligen Chablis auf kreidehaltigen und fossilreichen Muschelkalkböden.

SCHIEFER
An der Mosel überwiegen schieferhaltige Böden; einige der feinsten Rieslinge Deutschlands kommen von den Hängen der Region Mosel-Saar-Ruwer.

KREIDE
Die Côte de Blancs in der Champagne ist für ihre Kreideböden berühmt, der dort angebaute Chardonnay für seine intensiven Aromen.

Ökologischer Anbau

Wie überall in der Landwirtschaft ist der Ökologiegedanke auch im Weinbau zu einem wichtigen Faktor geworden. Unterstützung erfährt er durch Winzer, die ihre Böden und die Umwelt nicht mit den Produkten der Agrarchemie belasten möchten, und durch Kunden, die auf absolut rückstandsfreie Weine bestehen. Während der organische Landbau noch bis vor kurzem auf kleine, innovative Betriebe begrenzt war, tummeln sich heute, zweifelsohne auch mit Blick auf die kommerziellen Möglichkeiten, selbst große Unternehmen in diesem Sektor.

ORGANISCHER LANDBAU

Als Biowein gilt in der EU jeder aus organisch erzeugten Trauben hergestellte Wein. Es gibt keine Bestimmungen für die Weinbereitung. Um von einem der vielen zugelassenen Kontrollverbände als Biowinzer anerkannt zu werden, muss dieser mindestens drei Jahre lang ohne den Einsatz von Pestiziden, Fungiziden, chemischen Unkrautvernichtern und Kunstdünger gearbeitet haben. Statt dessen kommen Kompost, Mist und biologische Schädlingsbekämpfung zum Einsatz. Zur Bodenverbesserung werden bestimmte Pflanzen als Deckfrucht angepflanzt, ein Lebensraum für erwünschte Insekten und in manchen Fällen Konkurrenz für wuchsstarke Reben. All das kommt wirklich nicht zu früh. Jahre des allzu sorglosen Umgangs mit chemischen Produkten hinterließen verdichtete, tote und verseuchte Böden – darunter auch einige der besten in Burgund. Was jetzt fehlt, sind Standards für die Weinbereitung.

ALTERNATIVE METHODEN

Neben den strengen Verfechtern des organischen Weinbaus gibt es viele Erzeuger, die umweltschonenden Landbau und integrierte Schädlingsbekämpfung praktizieren. Ihre Intention ist ähnlich, sie halten aber, wenn nötig, den Einsatz von Chemie für gerechtfertigt.

Daneben gibt es ein noch viel strengeres System, den biologisch-dynamischen Landbau, der sich erstaunlich schnell in höchsten französischen Kreisen, besonders in Burgund, verbreitet hat. Diese Erzeuger verdammen jegliche Chemie zugunsten von Naturdünger, pulverisiertem Quarz und Gründüngung (Löwenzahn, Brennnessel, Baldrian usw.). Ihre Arbeit im Weinberg richten sie an den Mondphasen aus, das Wachstum der Reben soll sich in natürlichem Einklang mit den Rhythmen der Erde und des Kosmos vollziehen. Unter den Anhängern befinden sich so berühmte Namen wie Domaine Leflaive und Domaine Leroy in Burgund, Chapoutier an der Rhône sowie Huët und Coulée de Serrant an der Loire.

Schmecken nun Bioweine grundsätzlich besser als die Weine konventionell arbeitender Winzer? Nicht unbedingt. Da diese Verfahren ein höheres Maß fachlicher Fertigkeiten erfordern, ist die Wahrscheinlichkeit, dass ein unerfahrener Winzer einen Ökowein verpfuscht, größer als bei einem ebenso unerfahrenen Winzer mit jeder Menge Chemie in der Hinterhand. Die besten Bioweine jedoch haben oft reinere, intensivere Aromen – vielleicht nicht zuletzt deshalb, weil sie von Reben stammen, die geringere Erträge und deshalb konzentriertere Aromen hervorbringen.

Als organische Alternative zu Pestiziden wurde in diesem Weinberg des Gutes Romanée-Conti in Burgund Büschelschön gepflanzt.

KALKSTEIN Pinot noir von den Kalksteinböden der Côte d'Or in Burgund und von benachbarten Appellationen entwickelt eine sonst selten erreichte Komplexität.

LEHM UND KIES Die Preise bei Château Pétrus und anderen Gütern in Pomerol zeugen von der Qualität auf Lehm und Kies gewachsener Merlot-Weine.

KIESEL Den Reben von Châteauneuf-du-Pape an der südlichen Rhône kommt die in den großen Kieseln tagsüber gespeicherte Wärme nachts zugute.

Reb-wachstum

Jedes Jahr hofft jeder Winzer aufs Neue, von späten Frosteinbrüchen oder anhaltendem Regen verschont zu bleiben.

① BLATTAUSTRIEB
Mit Beginn des Frühlings öffnen sich die Blattknospen. Laub und Triebe entwickeln sich rasch, in den Weinberg zieht neues Leben ein. Manche Sorten treiben früher, manche später aus.

② BLÜTE
Reben blühen im späten Frühling/frühen Sommer, ungefähr acht Wochen nach dem Blattaustrieb. Die Blüte dauert bis zu zehn Tage. Soll sie erfolgreich sein, ist eine warme, frostfreie und trockene Witterung wichtig.

③ FRUCHTANSATZ
Im Frühsommer entwickeln sich aus den befruchteten Blüten Trauben. Die Anzahl der Beeren pro Traube variiert je nach Rebsorte; in manchen Fällen liegt der Prozentsatz unter 30.

Je nach **Klima** und **Rebsorte** liegen zwischen den ersten **Knospen** im Frühling und der **Lese** sechs Monate.

Wie viel?

Temperaturdurchschnitt
14–15 °C

Sonnenschein
mindestens 1300 Stunden

jährlicher Niederschlag
mindestens 68 cm

(4)

REIFE Im Hochsommer beginnen die Trauben zu reifen. Der Zuckergehalt nimmt zu, die Schalen verfärben sich. Diesen Prozess nennt man *véraison*. Günstige klimatische Bedingungen sind von entscheidender Bedeutung für den Reifeprozess, der sich bis in den Spätsommer/Frühherbst fortsetzt. Sobald die Trauben ausgereift sind, kann die Lese beginnen.

Anbau & Bereitung 117

Klima

Die klassischen europäischen Weinregionen gehen fast alle bis an die Grenze, zu der überhaupt Weinbau erfolgreich betrieben werden kann – unter größten Risiken mit Blick auf das Wetter.

Dieser Weinberg in der Provinz Mendoza in Argentinien wurde durch Hagelschlag entlaubt.

Die Wachstumsperiode in Europa kann von Beginn bis Ende eine nervenaufreibende Zeit sein. Zu viel Regen verwässert das Aroma der Trauben, bei zu wenig Sonne reifen sie nicht aus. Gefahren wie Frühlingsfröste, schlechte Witterung bei der Blüte (ungenügender Fruchtansatz ist die Folge), Hagel, Mehltau und Herbstfäule lauern beständig. Manchmal können auch Trockenperioden zum Problem werden, insbesondere in jenen Regionen, wo künstliche Bewässerung verboten ist, weil sie auch zu einer Steigerung der Erträge genutzt werden könnte.

MIKROKLIMATE

Die Erzeuger in der Neuen Welt suchen meist nach Lagen mit eher gemäßigtem Klima – zum Beispiel in der Nähe eines Gewässers mit seinen mildernden Einflüssen, an windgeschützten Hängen oder in einer frostfreien Zone oberhalb des Talbodens. Derartige Lagen, sagt man, zeichnen sich durch ihr Mikroklima aus. Aber wie geschickt auch immer eine Lage ausgewählt wurde und wie sorgfältig die Rebstöcke auch gepflegt werden, es wird in diesen Randzonen immer schwierige Jahre und in der Folge enttäuschende Weine geben.

KLIMATISCHE EXTREME

Auch warme Regionen haben ihre Tücken. 1998 hatte Argentinien unter El Niño schwer zu leiden; das Hunter Valley kennt Schlechtwettereinbrüche während der Lese; Westaustralien und Neuseeland kämpfen mit den Auswirkungen vorbeiziehender Wirbelstürme; eine Anhäufung abnormer Witterungsbedingungen machte 2000 zu einem ungewöhnlich schwierigen Jahr für einige der Hauptregionen Südaustraliens. Das alles sind Ausnahmen, nicht die Regel. Während die Alte Welt auf gutes Wetter hofft, erwartet es die Neue Welt. Das Problem dort besteht eher darin, dass Sonne im Überfluss die Trauben reifen lässt, ehe sie genügend Aromen entwickelt haben.

Die Erzeuger in der Alten Welt wünschen sich also, dass die Sonne möglichst häufig scheint und Fröste möglichst ausbleiben. Dagegen weichen qualitätsbewusste Winzer in Kalifornien und den Ländern der südlichen Hemisphäre zunehmend auf kühlere Berglagen aus, auf Regionen, die frischen Winden vom Meer oder Morgennebeln ausgesetzt sind und wo die Temperatur nachts weiter abfällt. Es ist nicht von der Hand zu weisen, dass die feinsten Weine der Welt von den begünstigten Lagen Nordeuropas kommen und zunehmend auch aus kühleren und insgesamt »europäischeren« Regionen der Neuen Welt.

Rebkultivierung

Rebstöcke müssen in der richtigen Art und Weise gepflanzt, erzogen und geschnitten werden – je nach Rebsorte, Standort und, nicht weniger wichtig, gewünschter Qualität des erzeugten Weins.

So wie sich aus dürftigen Trauben keine guten Weine gewinnen lassen, gibt es auch ungünstige Standorte.

GEKLONTE REBEN

Für einen qualitätsbewussten Erzeuger ist nicht nur die Sorte, sondern auch Unterschiede zwischen den jeweiligen Stecklingen oder Klonen wichtig. Auswahlkriterien können zum Beispiel die Widerstandsfähigkeit gegen Krankheiten sein, der Ertrag oder das Aroma. Es ist möglich, einen Weinberg mit nur einem Klon zu bestocken. Heute gilt es als günstiger, mehrere unterschiedliche Klone in einem Weinberg zu haben, da diese Vielzahl ein breiteres Spektrum von Aromen und potenziell größere Komplexität mit sich bringt. Dieses Verfahren, viele Rebstöcke eines Weinbergs zur Vermehrung heranzuziehen, wird als Massenselektion bezeichnet.

PFLANZDICHTE

Hat sich der Winzer für eine Rebsorte entschieden, stellt sich die Frage nach dem Abstand zwischen der einzelnen Pflanze und den Reihen. Die Pflanzdichte kann die Qualität entscheidend beeinflussen. Bei mageren Böden und ungünstigeren Klimaten werden die Reben enger gepflanzt, was zu einem verschärften Wettstreit um vorhandene Nährstoffe führt. Die Reben verwenden größere Anstrengungen auf die Ausbildung des Wurzelgeflechts und darauf, dass die Trauben voll ausreifen (dabei wird eine geringere Fruchtmenge in Kauf genommen). Eine relativ dichte Bestockung und engere Reihen sind deshalb eher für Europa typisch, während in der Neuen Welt die Abstände größer sind; der Grund sind die fruchtbaren Böden und die weiter fortgeschrittene Mechanisierung.

Gentechnologie

Heute sind genetisch veränderte Rebstöcke noch nicht im Handel zugelassen. Es ist aber nur eine Frage der Zeit, wann dieser Status quo aufgegeben wird.

Die Arbeit in den Genlabors konzentriert sich vor allem darauf, Reben zu züchten, die resistent gegen Schädlingsbefall, Virus- und Pilzerkrankungen sind und schneller reifen. In Australien, dessen Weine sehr alkoholstark sind, liegt ein Forschungsschwerpunkt auf der Entwicklung von Reben, bei denen die Aromabildung früher einsetzt. Diese Trauben können gelesen werden, noch bevor sich die Höchstmenge an Zucker gebildet hat, die wiederum bei der Gärung in eine Höchstmenge an Alkohol umgewandelt wird.

In der Champagne werden möglicherweise seit Anfang der 80er-Jahre genetisch veränderte Hefen eingesetzt. In der EU sind genetisch veränderte Bestandteile in Lebensmitteln, also auch in Wein, nicht zugelassen.

Unten links: Großzügig auseinander gepflanzte Reben erlauben eine mechanisierte Lese.
Unten rechts: Engere Reihen erfordern die Lese per Hand.

ERTRAGSKONTROLLE

Reberziehung und Schnitt sind Methoden, den Reifeprozess und die Ertragsmengen zu beeinflussen. Ein Rebstock, der zu viele Trauben ansetzt, ist letztendlich nicht in der Lage, diese ausreifen zu lassen. Idealerweise sorgt der Rebschnitt im Winter für eine ausreichende Ertragsbegrenzung, aber durch Entfernung überschüssiger Trauben ist auch im Sommer noch eine Ertragsregulierung möglich. Der Vorgang wird als Grünlese bezeichnet. Die Frage der Ertragsmenge stellt seit jeher ein Problem dar, für das es keine einfache Lösung gibt. Ausschlaggebend ist der Standort, die Rebsorte, die Pflanzdichte, das Alter der Reben, die Art der Düngung und die angestrebte Qualität des Weins.

BUSCHREBEN

Welche Methode letztendlich angewandt wird, hängt von der Umgebung des Weinbergs und vom Rebtyp ab, wahrscheinlich auch von lokalen Traditionen. In Regionen wie Südfrankreich, Süditalien und dem Barossa Valley, wo es sehr alte Rebstöcke gibt, verzichtet man auf Reberziehung und möglicherweise auch auf ein Zurückschneiden, da alte Reben – in diesem Zustand Buschreben genannt – sowieso geringere Erträge erzielen. Reben, die ein Alter von etwa 25 bis 100 Jahre haben können, werden aufgrund dieser geringen Erträge hoch geschätzt. Man erhofft sich davon bessere Qualität und komplexere Aromen. Junge Reben sind wuchskräftig, das Aroma ihrer Trauben aber oft flach.

In anderen Regionen wurden Erziehungs- und Schnittmethoden auf die natürlichen Gegebenheiten abgestimmt. So entwickeln die Reben in Neuseeland ungewöhnlich dichtes Laubwerk. Das beeinträchtigt das Wurzelwachstum und, nicht zuletzt durch die Schattenbildung, den Reifeprozess. Man behilft sich mit dem Zuschneiden der Rebstöcke und Entfernen überflüssiger Blätter im Sommer.

LESE

Selbst wenn man von den Launen des Wetters absieht, ist es problematisch genug, den Zeitpunkt und ein geeignetes Verfahren für die Lese zu bestimmen. Wichtig ist vor allem, dass die Trauben den perfekten Reifegrad haben. In warmen Klimaten kann der gerade für Weißweine so wichtige Säuregehalt plötzlich abfallen. Dann steht der Erzeuger vor einem Berg überreifer Trauben, denen im Keller die gerade richtige Menge an Säure hinzugefügt werden muss – vorausgesetzt die Bestimmungen gestatten das, was in der Neuen Welt meist der Fall ist, nicht jedoch in der Alten Welt.

In Australien besteht die Möglichkeit, die Ernte nachts mit Hilfe von Lesemaschinen einzubringen. Dadurch ist sichergestellt, dass die Lese schnell und bei kühlen Temperaturen vonstatten geht. Noch dazu ist dieses Verfahren billig. Aber Lesemaschinen haben ihre Kritiker und sind auch nicht für alle Rebsorten, Geländeformationen und Witterungsbedingungen geeignet. Sie sind zum Beispiel nicht geeignet für edelfaule Trauben oder faule Trau-

Oben: Im Napa Valley in Kalifornien kommt eine Kombination von Kordon- und Spaliererziehung zum Einsatz.
Mitte: Auch in Apulien müssen zur besseren Ausnützung des Sonnenlichts überschüssige Triebe entfernt werden.
Unten: Mechanisierte Reberziehung im Elsass – die Maschine ergreift neue Triebe und befestigt sie an gespannten Drähten.

ben, die ausgesondert werden müssen. Auf steilen oder terrassierten Hängen können sie ebenfalls nicht eingesetzt werden; auch feuchtes oder gar aufgeweichtes Gelände bekommt ihnen nicht. In der Champagne sind Maschinen verboten, weil dort die Trauben unbeschädigt angeliefert werden müssen. In Bordeaux und Burgund kommen sie auf wenigen Gütern zum Einsatz.

DER LESEZEITPUNKT

In den klassischen europäischen Anbaugebieten sind eher unreife, nicht überreife Trauben das Problem; bei zu früher Lese erhält man saure Weißweine und dünne tanninbetonte Rotweine. Im Allgemeinen werden die Trauben heute in einem reiferen Zustand als früher gelesen, manchmal aber ist es unmöglich, den idealen Zeitpunkt zu bestimmen. Drohendes schlechtes Wetter oder einsetzende Fäulnis (in Australien sogar plündernde Kakadus) zwingen die Erzeuger zu lesen.

Keine Berücksichtigung findet die Regel des »optimalen Reifegrads« bei Champagner-Trauben, die absichtlich mit hohem Säuregehalt gelesen werden, sowie bei Trauben für Süßweine. In letzterem Fall kann sich die Lese, die ohnehin viel später beginnt, über Wochen hinziehen. Die edelfaulen Trauben sind dann oft eingeschrumpft, eingetrocknet von Sonne und Wind oder gar steinhart gefroren.

Oben: Qualitätsbewusste Lese – die Trauben werden von Hand gelesen, in kleinen Gefäßen abtransportiert und noch im Weinberg sortiert.
Rechts: Mit Hilfe von Maschinen werden nachts große Flächen abgeerntet, sobald die Trauben den optimalen Reifegrad erreicht haben.

In der Kellerei

Geben Sie zerdrückte Trauben in einen Bottich, und die natürlichen Hefen verwandeln den Traubensaft in Wein. Wenn Sie Glück haben.

Natürlich bräuchten Sie genügend Sonne, damit die Trauben allmählich reifen, aber auch nicht zu viel, denn sonst würde der Säuregehalt noch vor der Lese abfallen. Sie bräuchten saubere Behälter zur Vergärung des kostbaren Leseguts. Selbst wenn diese Voraussetzungen alle erfüllt sind, wären Ihre Bemühungen nicht immer mit Erfolg gekrönt. Nur allzu zu oft würde das Endprodukt eher wie Essig denn wie Wein schmecken. Dann ist der Inhalt Ihrer Fässer Bakterien oder wilden Hefen zum Opfer gefallen. Diese Lebewesen lauern in jedem Weinkeller, daher ist es eine der wichtigsten Aufgaben des Weinmachers, den noch unfertigen Wein vor Sauerstoffkontakt (Oxidation) zu schützen.

Neue Eichenfässer verleihen dem **Wein** vollere, **komplexere Aromen**, und eine kräftigere **Konsistenz**.

122 Anbau & Bereitung

KELTERN DER TRAUBEN

Unmittelbar nach der Lese werden die Trauben in die Kellerei gebracht. Sie sollten möglichst unbeschädigt ankommen, da aufgebrochene Trauben einem Blitzangriff von Bakterien ausgesetzt sind. Ideal ist ein Transport in kleinen Plastiksteigen. In der Kellerei werden weiße Trauben sofort gemahlen und gepresst. Unter Umständen werden sie zuvor noch gekühlt. Das erste Ziel des Weinmachers ist es jedoch, den klaren, frischen Saft aus ihnen zu gewinnen.

Trauben mit Füßen zu stampfen ist mühsam und kostenintensiv, aber nach Ansicht mancher Erzeuger führt dieses Verfahren zu besseren und farbintensiveren Weinen.

Rote Trauben werden entstielt und aufgebrochen, gepresst werden sie erst nach der Gärung. Der Hauptunterschied bei der Bereitung von Rot- und Weißwein besteht also darin, dass Weißwein ohne Schalen, Rotwein dagegen mit den Schalen vergoren wird. Tatsächlich kommt Rotwein erst auf diese Weise zu seiner Farbe: Das Fleisch fast aller roten Trauben ist farblos, weshalb man auch Weiß- und Roséwein aus roten Trauben herstellen kann. Bei Champagner- und Schaumweinherstellern ist dieses Verfahren gang und gäbe. Sie pressen den klaren Saft aus roten Trauben ab und sondern die Schalen aus (aus welchen wiederum der berühmte Schnaps dieser Gegend, der Marc de Champagne, erzeugt wird).

MAZERATION

Rosé kann auf verschieden Arten hergestellt werden. Die gängigste Methode für Weine mit einem Mindestanspruch an Qualität besteht darin, die Trauben wie für Rotwein einzumaischen. Die Maische bleibt dann vier bis 24 Stunden lang stehen, je nach Rebsorte und erwünschter Aromen- und Farbintensität. Manchmal werden auch weiße Trauben eingemaischt (gekühlt und unter Luftabschluss), um zusätzliche Aromen aus den Schalen zu gewinnen. Dann wird der Saft abgezogen und vergoren. Die Maischephase wird als Schalenkontakt, das Abziehen des Vorlaufmosts als *saignée* bezeichnet.

Rotweinbereitung bietet Variationen. So werden in manchen Fällen, bei tanninarmen Sorten wie Pinot noir, die Stiele entweder ganz oder zum Teil mitvergoren. Beaujolais und andere jung zu trinkende, fruchtige Weine werden nach einem als *macération carbonique* bezeichneten Verfahren bereitet. Die

Bei der Weißweinbereitung wird der Saft ohne Schalen vergoren; die Schalen roter Trauben bleiben für die typische Farbe in der Maische.

Traditionelle Traubenpressen, wie diese im Champagnerhaus Krug verwendete, sind weitgehend durch High-Tech-Pressen verdrängt.

Trauben gelangen unzerkleinert in den Gärbehälter, der mit Kohlendioxid aufgefüllt und abgedeckt wird. Danach setzt innerhalb jeder einzelnen Beere ein in sich abgeschlossener Gärprozess ein. Die so erzeugten Weine sind besonders saftig, mit einem charakteristischen Parfüm von Banane, Birnenbonbons und Kaugummi.

FUSSEINSATZ

Eine andere, heute zu neuen Ehren kommende Variation besteht darin, die Trauben mit bloßen Füßen zu stampfen. Dieses sanfte und doch effektive Verfahren wird von einigen Erzeugern der Neuen Welt bei der Bereitung von Pinot noir eingesetzt. Um eine optimale Färbung zu erhalten, werden die Trauben für hochwertigen Vintage Port noch heute mit Füßen gestampft, seien es auch technologische Nachbildungen. Nur zu Ihrer Information, der Einsatz menschlicher Füße ist vollkommen hygienisch. Diese sind oft wesentlich weniger staubig als viele der bei den Kellereien angelieferten Trauben.

Anbau & Bereitung

Von der Traube zum Wein

Die alkoholische Gärung verwandelt jeden Traubensaft in eine Art Wein, Ziel ist es jedoch, die Aromen der jeweiligen Rebsorte zur Geltung zu bringen.

1
SORTIEREN Guter Wein entsteht nur aus guten Trauben. Das Lesegut wird sortiert, dabei werden kranke, unreife oder faule Trauben ausgesondert. Das geschieht umso sorgfältiger, je höher die Ansprüche des Erzeugers sind.

2
WEITERVERARBEITUNG Um einen Befall mit Bakterien zu vermeiden, werden die Trauben zügig weiterverarbeitet. Hier werden die Trauben über das Dach der Kellerei direkt in die Kelter befördert.

3
KELTERN Der Weinmacher entscheidet sich für eine Kelter-Methode, die der Rebsorte und dem angestrebten Wein gerecht wird. Besonders hartschalige Sorten wie Chardonnay werden von Maschinen aufgebrochen.

Anbau & Bereitung

Die **perfekte Kellerei** gibt es nicht. Ausschlaggebend ist die **Art** der Weine, der **Standort**, das **Klima**, die **Verfügbarkeit** von Arbeitskräften und der anvisierte oder wahrscheinliche **Absatzmarkt**.

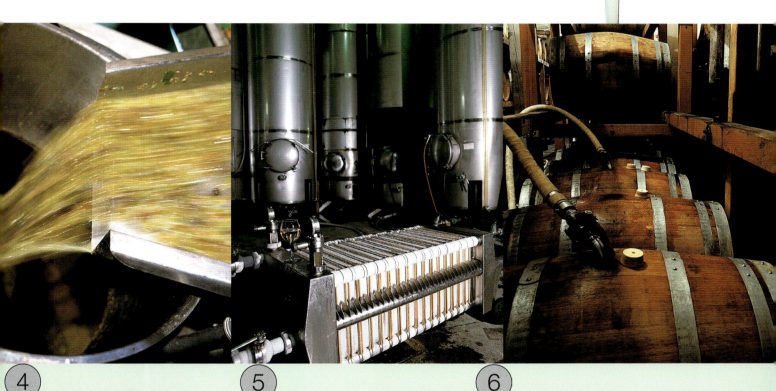

④ **IM GÄRTANK** Bei der Weißweinbereitung wird nur der reine Saft vergoren, alles Übrige wird entfernt. Rotweintrauben werden dagegen mit den Schalen vergoren, um dem Wein seine Farbe zu geben.

⑤ **FILTERN** Die alkoholische Flüssigkeit, die nach Abschluss der Gärung zurückbleibt, enthält Schwebstoffe. Die Weinmacher setzen unterschiedliche Methoden zur Klärung des Weins ein, so zum Beispiel die Kaltstabilisierung.

⑥ **FASSAUSBAU** Viele Weine kommen mit Eiche nie in Berührung. Andere dagegen werden in Eichenfässern ausgebaut. Das verleiht ihnen zusätzliche Aromen wie die von Vanille, Gewürzen, Nelken und Kokosnuss.

Anbau & Bereitung

DER GÄRPROZESS

Art und Größe des Gärbehälters haben einen enormen Einfluss auf den Wein – und auf seinen Preis. Mit Glas ausgekleidete Beton- und Fiberglastanks sind noch in Gebrauch, werden aber mehr und mehr durch pflegeleichte, temperaturgesteuerte Großtanks aus rostfreiem Edelstahl ersetzt. Diese ermöglichen eine gerade für frische, lebendige Weiß- und Roséweine die so wichtige langsame und kühle Vergärung. Auch viele Rotweine werden in Edelstahltanks vergoren, die traditionellen, offenen Bottiche sind aber nach wie vor weit verbreitet. Sie verfügen über ein besonderes Potential, Wärme zu speichern und Farbstoffe zu lösen. Tatsächlich haben sogar einige der hochmodernen Betriebe der Neuen Welt diese Bottiche wieder eingeführt. Ähnliche, jedoch oben geschlossene Bottiche finden in einigen der klassischen Weißweinregionen Verwendung.

AUSBAU IM EICHENFASS

Für jeden Erzeuger, der hochwertige, körperreiche Weiß- oder Rotweine anstrebt, sind die teuren Fässer aus neuer Eiche unverzichtbar. Es wurde mit vielen Holzarten experimentiert (darunter Kastanie in Italien, Rauli in Chile und Eukalyptus in Australien). Manche werden noch heute verwendet, doch es steht außer Zweifel, dass Eiche die elegantesten Ergebnisse erzielt. Den besten Ruf genießt engporiges Eichenholz aus französischen Wäldern.

Neue Eichenfässer vermitteln dem Wein neben dem Geschmack von Eiche auch komplexere, reichere Aromen und eine kräftigere Struktur. Weißwein kann in diesen kleinen Behältern problemlos vergoren werden, bei Rotwein machen die Schalen Schwierigkeiten. Sie steigen an die Oberfläche (was sie in jedem Behälter tun) und müssen beständig wieder nach unten befördert werden – damit sich keine Kruste an der Oberfläche bildet. Aus diesem Grund wird Rotwein meist in Fässern ausgebaut, aber nicht darin vergoren. Einige Erzeuger ziehen den Wein nach Abschluss der Mazeration (die Phase, in der Farbstoffe und Tannine gelöst werden) ab, um den Gärprozess dann ohne Schalen fortzusetzen.

Unten links: Hölzerne Gärtanks findet man mittlerweile auch in modernen Kellereien der Neuen Welt.
Unten rechts: Stahltanks erlauben eine sehr exakte Temperaturkontrolle; die Gärung in Stahltanks kommt vor allem dem Geschmack sortenreiner Weine zugute.

So entstehen Eichenfässer

Eichenfässer werden nicht mehr dort hergestellt, wo sie auch zum Einsatz kommen. Château Haut-Brion im Bordelais leistet sich aber noch heute eine schlosseigene Böttcherei.

Vor dem Zusammenbau wird jede Daube zu den Enden hin verjüngt. Der Böttcher arrangiert die fertigen Dauben in einem Kreis. Ein eiserner Montagereifen sorgt für Stabilität.

Ist der Kreis geschlossen, schlägt der Böttcher zwei provisorische Reifen über das Fassende. Danach wird der Montagering entfernt.

Von beiden Enden her wird das Fass über einer Feuerstelle in Form gebracht. Dann schlägt der Böttcher die endgültigen Reifen über die nun korrekt sitzenden Dauben.

Die Innenseite wird getoastet, um einen Puffer zu erzeugen.

In einem letzten Arbeitsgang wird der unregelmäßige Rand glattgehobelt. Das Fass kann nun in den Verkauf gehen.

Anbau & Bereitung 127

Aromen, die beim Ausbau in Eichenfässern entstehen, können zum Teil auch durch die Zugabe von Eichenspänen erreicht werden.

Eichenaromen sind auch billiger zu haben. Eine Methode besteht darin, in der Phase der Gärung und/oder der Reifung Fassdauben oder Eichenspäne wie in einem Teebeutel in den Behälter zu hängen. Das setzt umgehend einen Schwall von Eichenaromen frei. Die Ergebnisse sind jedoch nie so subtil oder rund wie bei Weinen, die in fachmännisch vorbereiteten Fässern vergoren oder gereift wurden. Synthetische Aromen sind auch zu haben, sie sind aber meist illegal. Flüssige oder pulverisierte Tanninprodukte hingegen, hergestellt aus Eiche oder anderen Hölzern, werden in vielen Weinregionen seit langem und völlig legal verwendet. Man setzt sie zur Verbesserung der Farbintensität, der Lagerfähigkeit und der Konsistenz von Rotwein ein.

ZUSÄTZE

Kaum ein Weinmacher kommt ohne Zusätze aus. Die meisten Zusätze werden in niedrigster Dosierung verwendet und hinterlassen somit keine Rückstände. Das am häufigsten, wenn auch weit vorsichtiger als früher, eingesetzte Mittel ist Schwefeldioxid, das dem Wein unmittelbar nach dem Keltern als Konservierungsmittel hinzugefügt wird. Sobald sich der Most im Gärbottich befindet, setzt die Gärung ein – oder auch nicht, insbesondere bei zu niedrigen Temperaturen. Die einzige Abhilfe bestand früher darin, den Most auf die eine oder andere Art zu erwärmen. Heute verwenden viele Weinmacher Reinzuchthefen, deren Verhalten kontrollierbarer ist als das von natürlichen Hefen. Gegen Reinzuchthefen spricht, dass die Komplexität der Aromen, wie sie bei einer Vergärung mittels natürlicher Hefen entsteht, mit ihnen nichts zu haben ist. Um sicherzustellen, dass die Gärung zügig in Gang kommt, greifen heutige Weinmacher auch auf spezielle Hefenährmittel zurück.

Zusätze werden auch verwendet, um natürliche Mängel wettzumachen. Der in Mitteleuropa am häufigsten verwendete Zusatz ist Zucker. Dieser soll den Wein nicht süßer machen, sondern ihm mehr Körper verleihen, indem er den Hefen mehr »Kraftstoff« zur Umwandlung in Alkohol liefert. In der Neuen Welt sorgt die Sonne für einen genügend hohen Zuckergehalt, hier wird hauptsächlich mit Säure nachgeholfen.

MALOLAKTISCHE GÄRUNG

Die alkoholische Gärung dauert unterschiedlich lange, je nach der Temperatur (Rotwein gärt bei Temperaturen bis zu 32 °C relativ schnell), der verwendeten Hefe und dem Zuckergehalt der Trauben (die Vergärung von Süßweinen kann sehr lange dauern). Danach kann der fertige Wein eine Art zweite Gärung durchlaufen, die malolaktische. Dabei wird Apfelsäure in Milchsäure umgewandelt. Der Wein erhält einen buttrigen Geschmack. Rotweine durchlaufen die malolaktische Gärung in jedem Fall – andernfalls würden sie streng schmecken. Bei Weißweinen muss der Weinmacher entscheiden, ob er sie zulässt oder unterbindet. In warmen Klimaten, wo Weißweine oft jeden nur verfügbaren Hauch an Frische benötigen, kann sie verhindert werden. Dasselbe gilt für Weine, die sich, wie deutscher Riesling, gerade durch die rassige Säure auszeichnen. In kühleren Regionen, die körperreiche Weine hervorbringen, kann die malolaktische Gärung zu einem vollmundigeren Charakter beitragen.

REIFUNG AUF BODENSATZ

Die aus Traubenpartikeln und abgestorbenen Hefen bestehenden Rückstände auf dem Boden des Gärbehälters stellen die Weißweinerzeuger vor die zusätzliche Frage, ob sie den Wein abziehen oder auf dem Bodensatz belassen sollen.

Weißweine, die auf dem Bodensatz (abgestorbener Hefen) reifen, müssen eventuell aufgerührt werden, damit sich die vollen, sahnigen Aromen dem ganzen Fassinhalt mitteilen.

128 Anbau & Bereitung

Der Bodensatz verleiht dem Wein ein volleres, sahniges Aroma und hilft auch, die Frische zu bewahren. Der Zusatz *sur lie* auf dem Etikett (Muscadet ist der bekannteste) besagt, dass der Wein bis zur Flaschenabfüllung auf der Hefe gelagert hat. Diese Weine sind extra spritzig und frisch.

Bleibt der Wein auf dem Bodensatz, können die Hefen regelmäßig aufgerührt werden, um den Effekt zu verstärken; in Burgund wird dies seit jeher gemacht.

ABZIEHEN

Rotwein kann – jedoch nicht für längere Zeit – auf dem Bodensatz belassen werden, ehe er abgezogen und gepresst wird. Aufgerührt wird der Bodensatz nicht. Weinmacher, die einen vollmundig-weichen, also modischen Rotwein erzeugen möchten, wenden ein Mikro-Oxigenierung genanntes Verfahren an; dabei wird der Wein mit winzig kleinen Sauerstoffbläschen angereichert. Andernfalls wird der Wein auf altbewährte Weise abgezogen und danach mit geringen Mengen des Presspreins (sehr tanninreich, durch Auspressen der Schalen gewonnen) verschnitten.

VERSCHNITT UND REIFUNG

Manchmal werden mehrere Sorten zusammen vergoren. Meistens jedoch wird ein Verschnitt entweder mehrerer Sorten oder mehrerer Varianten ein und desselben Grundweins, die jedoch unterschiedlich behandelt wurden, nach Abschluss der Gärung vorgenommen, oftmals sogar erst Monate danach im Frühling. Die Reifephase kann ganz wegfallen – wie bei vielen preiswerten Weißweinen und einfachen, fruchtigen Rotweinen – oder sie zieht sich über zwei und mehr Jahre hin, in der der Wein in teuren Eichenfässern ruht.

SCHÖNEN UND FILTRIEREN

Ein Kontakt mit Eiche kommt den Aromen und der Komplexität eines Weins also zugute. Ein Vorteil der Reifung in Eichenfässern, mehrmaliges Abziehen auf neue Fässer inbegriffen, besteht aber auch darin, dass der Wein nicht mehr zusätzlich geschönt und gefiltert werden muss, da vorhandene Schwebstoffe größtenteils auf natürliche Weise ausgesondert wurden. Und das ist nur willkommen. Der Prozess des Schönens und Filterns beeinträchtigt wohl oder übel auch Aroma und Charakter des Weins.

Bei der Methode des Schönens wird der »Filter« direkt auf die Oberfläche des Weins gegeben. Das Schönungsmittel (gängig sind geschlagenes Hühnereiweiß, Bentonit oder Kasein) sinkt wie ein Schleier zu Boden und nimmt vorhandene Schwebstoffe bis zu einer bestimmten Größe mit sich. Andere, meist bei billigeren Weinen verwendete Verfahren sind Kaltstabilisierung (Herunterkühlen des Weins, um Kristalle auszufällen) sowie die Zugabe von Konservierungsmitteln wie Ascorbinsäure und Schwefeldioxid. Oft werden die Weine auch nochmals filtriert.

Unten links: Beim Abziehen muss jedes Fass von Hand gekippt werden.
Unten rechts: In regelmäßigen Abständen wird die Klarheit des Weins geprüft.

Schaumweine

Alle Schaumweine, vom edelsten und teuersten Champagner bis zum billigsten Schampus, enthalten Kohlendioxid-Bläschen. Und doch sind die Unterschiede enorm.

Wenn Sie sich einen Spitzen-Champagner leisten, zahlen Sie sicher auch für den Namen. Sie zahlen aber vor allem für das aufwändige, zeitraubende und kostenintensive Verfahren, das einen nicht besonders gut schmeckenden, säurebetonten, eher alkoholschwachen Stillwein in einen faszinierenden und köstlichen Schaumwein (der zudem mehr Alkohol enthält) verwandelt.

Allein bei Schaumweinen haben Sie die Möglichkeit, auf der Basis offenbar unreifer Trauben etwas ganz Besonderes herzustellen. Tatsächlich brauchen Sie sogar saure Stillweine mit flachen Aromen, um daraus feinen Schaumwein zu bereiten. Das ist auch der Grund, weshalb in den Ländern der Neuen Welt die Finesse und Subtilität von Champagner selten erreicht wird. Es gelingt nur, wenn die Erzeuger auf die kühlsten Lagen ausweichen, Chardonnay, Pinot noir und gelegentlich Meunier (die dritte Champagnertraube) anbauen und die Erträge radikal reduzieren.

VERSCHNITTWEINE

Mit der Schaumweinherstellung wird im Spätwinter begonnen, nachdem die Stillweine der jeweiligen Sorten verkostet und verschnitten worden sind. Die Trauben dafür stammen aus der Champagne selbst, oft aus vielen verschiedenen Dörfern – manchmal 50 und mehr. Der fertige Verschnittwein wird mit einer bestimmten Menge Hefe und Zucker auf Flaschen abgefüllt und verschlossen. Dann setzt ein zweiter Gärprozess ein, dieses Mal kann das dabei entstehende Kohlendioxid nicht entweichen; es sorgt für die Bläschenbildung im Wein. In der nächsten Phase, wenn sich die abgestorbenen Hefen allmählich zersetzen, erhält Champagner seine unverwechselbar sahnigen Aromen von frischem Brot.

BODENSATZ ENTFERNEN

Champagner verbleibt in der Regel mindestens 18 Monate auf dem Hefesatz. Ehe er in den Handel kommt, wird der Heferückstand entfernt. Dazu rüttelt man die Flaschen, die schräg, mit dem Hals nach unten in einem so genannten Rüttelpult stecken, in regelmäßigen Abständen von Hand oder maschinell. Dieser Vorgang wird als *remuage* bezeichnet. Befindet sich der Hefesatz im Flaschenhals, wird dieser vereist. Beim nächsten Schritt, dem Degorgieren (*dégorgement*), wird der Verschluss entfernt, worauf der gefrorene Satz durch den Druck aus der Flasche gejagt wird. Die Flasche wird mit einer aus Wein und Zucker bestehenden *dosage* aufgefüllt. Selbst bei Brut (also trockenem) Champagner wird nachgezuckert. Schaumweine, die nach dieser Methode, nicht aber in der Champagne hergestellt wurden, dürfen sich als »hergestellt nach der klassischen oder traditionellen Methode« bezeichnen (wie in *classique, classico, traditionelle* usw). Preiswerter als die *méthode champenoise* ist die Transfermethode. Dabei wird der Wein nach der Zweitgärung gefiltert und unter Verlust eines Teils der Aromen in eine zweite Flasche umgefüllt. Derartige Weine dürfen auf dem Etikett die Bezeichnung »Flaschengärung« tragen. Noch preiswerter ist das Cuve-Close-Verfahren, wonach die zweite Gärung in einem Tank vonstatten geht. Am unteren Ende der Skala setzt das so genannte Imprägnierverfahren ein (Anreicherung mit Kohlendioxid).

Der bei Champagner nach der Zweitgärung zurückbleibende Hefesatz wird in den Flaschenhals gerüttelt und entfernt.

Anbau & Bereitung 131

Süßweine

Die Weinmacher kennen eine ganze Reihe von Tricks, um einen Wein süß zu machen, aber die feinsten Süßweine der Welt basieren einzig und allein auf dem in den Trauben enthaltenen Zucker.

Für Eiswein werden am Stock gefrorene Trauben verwendet, die einen besonders süßen, konzentrierten Most ergeben.

Bei der Herstellung preiswerter Süßweine wird die Gärung abgestoppt, noch bevor der vorhandene Zucker vollständig in Alkohol umgewandelt wurde (siehe S. 128). Anschließend werden die Weine kräftig geschwefelt, um eine Nachgärung zu verhindern. Nach einer in Deutschland verbreiteten Methode werden die Weine mit Traubensaftkonzentrat gesüßt. Die besten Süßweine jedoch können auf derartige Eingriffe verzichten.

Extra süß sind spät gelesene Trauben – z.B. jene Trauben, aus denen deutsche und österreichische Ausleseweine bereitet werden. Süßer Jurançon entsteht aus Trauben, die beinahe Rosinen sind. Zum Teil werden die Trauben auch nach der Lese getrocknet: In verschiedenen Gegenden Italiens bereitet man Recioto aus roten oder weißen Trauben, die ausgebreitet auf Tabletts oder unterhalb des Daches hängend getrocknet worden sind. Für den in Frankreich verbreiteten Vin de paille werden die Trauben auf Strohmatten getrocknet; daher hat auch der österreichische Strohwein seinen Namen.

EDELFAULE TRAUBEN

Ein besonderer Pilz, der *Botrytis cinerea*, Edelfäule oder Grauschimmel genannt wird, bringt Trauben zum Eintrocknen, die für Sauternes und andere edelsüße (botrytisierte) Weine verwendet werden, etwa für deutsche und österreichische Beeren- und Trockenbeerenauslesen, Tokaji, elsässische Sélections de Grains nobles und edelsüße Weine aus der Neuen Welt. Dieser Pilz braucht ein ganz bestimmtes Klima: neblig am Morgen, warm und trocken am Nachmittag. In der Neuen Welt wird dieser Effekt manchmal dadurch erzielt, dass die Trauben nach der Lese mit diesem Pilz infiziert und wechselweise feuchten und trockenen Bedingungen ausgesetzt werden. In Sauternes kommt in verregneten Jahren ein Kryo-Extraktion genanntes technisches Verfahren zum Einsatz. Dabei werden verwässerte Trauben tiefgekühlt, und das gefrorene Wasser durch Zentrifugieren abgetrennt. Da bei der Kryo-Extraktion Kälte im Spiel ist, wird es von Eiswein-Erzeugern in Deutschland, Österreich und Kanada nicht gerne gesehen. Eiswein wird aus gefrorenen Trauben bereitet, die erst gelesen werden, wenn sie mindestens acht Stunden lang einer Kälte ab –8 °C ausgesetzt waren.

Diese rosinierten Muscat-Trauben sind noch am Stock eingeschrumpft. Nach der Lese ergeben sie einen ungewöhnlich süßen Most.

Diese von Edelfäule befallenen Chenin-blanc-Trauben sind besonders konzentriert und entwickeln zusätzlich Aromen von Honig und getrockneten Aprikosen.

Gespritete Weine

Auch gespritete Weine gehören zu den Süßweinen. Durch die Zugabe von Alkohol – in der Regel Branntwein – werden die Hefen schachmatt gesetzt, so dass unvergorener Zucker zurückbleibt.

In diesem Fass mit Sichtfenster ist die weiße, Flor genannte Hefeschicht zu sehen, die einen Fino Sherry vor Oxidation schützt.

In manchen Fällen wird der Alkohol schon hinzugefügt, noch bevor die Gärung überhaupt eingesetzt hat. Das bekannteste Beispiel ist der Pineau de Charentes aus der Region Cognac. Gewöhnlich wird der Alkohol während der Gärung hinzugefügt. Die französischen Vins doux naturels wie Muscat de Beaumes-de-Venise, Rivesaltes oder Banyuls werden so bereitet, aber auch Port, Madeira, Marsala und Málaga. Sherry und Montilla unterscheiden sich dadurch, dass sie erst nach der Gärung gespritet werden.

SHERRY
Branntwein alleine ergibt noch keinen großen gespriteten Wein. Ein weiteres entscheidendes Element ist der Ausbau. Sherry wird nach dem so genannten Solera-Verfahren ausgebaut, einem Verschnitt-System innerhalb einer Serie. Dabei wird in einer Reihe übereinander gestapelter Fässer Wein aus dem untersten Fass entnommen. Die Fässer werden von unten nach oben mit Wein aus dem jeweils nächst höheren Fass aufgefüllt. Dadurch wird der reifende Sherry beständig aufgefrischt. Es gibt Soleras, die schon länger als ein Jahrhundert in Betrieb sind.

Ein weiters Charakteristikum der Sherry-Herstellung ist der Flor, eine Hefeschicht, die auf der Oberfläche des Weins entsteht. Weine mit einer stark ausgebildeten Schicht (sie sieht dann wie Haferbrei aus) werden als Fino bezeichnet und nur leicht gespritet. Weine ohne Flor werden stärker gespritet und als Oloroso bezeichnet. Die anderen Sherry-Stile wie Amontillado oder Palo Cortado liegen irgendwo dazwischen.

MADEIRA
Madeira wird nach einem ebenso einzigartigen, aber gänzlich anderen Verfahren gereift. Der Wein wird entweder sechs Monate lang in großen Tanks (den so genannten *estufas*) erhitzt oder reift in Lagerhäusern bei Umgebungstemperatur. Diese liegt im Jahresmittel zwischen 18 °C und 25 °C, was für jeden anderen Wein viel zu warm wäre. Beide Methoden verhelfen Madeira zu seinem betont rauchigen Charakter und seiner einmaligen Langlebigkeit.

PORT
Für den Ausbau von Portwein gibt es grundsätzlich zwei konventionellere Vorgehensweisen. Tawny oder Wood Ports reifen über viele Jahre hinweg im Fass und sind nach dem Flaschenabzug trinkfertig; Portweine vom Typ Vintage verbringen eine wesentlich kürzere Zeit im Fass, um ihre Entwicklung dann in der Flasche zu vollenden. Bei echtem Vintage kann das Jahrzehnte in Anspruch nehmen.

In dieser Solera des Hauses Osborne wird junger Oloroso in ein Fass mit älterem Sherry gepumpt, um diesen aufzufrischen.

Anbau & Bereitung 133

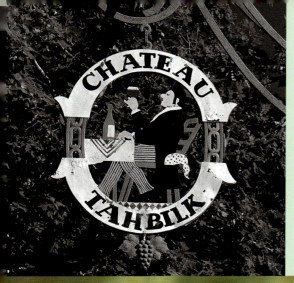

Wissen zahlt sich aus – beim spontanen Weinkauf für den Abend oder beim Bestücken Ihres Kellers.

Wein kaufen

Preis-Leistungs-Verhältnis

Der Preis ist ein Anhaltspunkt, jedoch nicht der einzige Hinweis auf einen guten Tropfen in Weingeschäft, Supermarkt und Restaurant.

Wer von uns kennt nicht das Gefühl der Ratlosigkeit angesichts endlos langer Regale? Selbst im Supermarkt wird man oft mit bis zu 600 unterschiedlichen Weinen aus mehr als 20 Ländern konfrontiert – und weit und breit kein Fachmann, der einen beraten könnte. Wenn Sie keine Hilfe brauchen oder möchten, ist das in Ordnung, falls aber doch, wählen Sie bessere Alternativen. Neben dem Service geht es nämlich auch um einen zweiten Aspekt: Unterschiedliche Vertriebswege bieten unterschiedliche Weine.

SUPERMARKT, WEINLADEN UND VERSANDHANDEL

Ein Großteil der Weine wird fast überall auf der Welt über Supermarktketten verkauft. In der Regel bieten sie eine große Auswahl guter, trinkreifer Weine zu vernünftigen Preisen. Zunehmend führen sie auch Weine, die speziell für sie und nach eigenen Vorgaben produziert wurden – moderne, gut trinkbare, fruchtige Weine, die von kurzfristig beauftragten Weinmachern (so genannten *flying winemakers*) hergestellt werden. Der Schwerpunkt bei Supermärkten liegt auf dem Massenmarkt, auf intensiv beworbenen Marken mit hoher Gewinnspanne. Was sie jedoch allein auf Grund ihrer Größe und geschäftlichen Struktur nicht anbieten können, sind Weine von kleinen, unabhängigen Winzern, eigenwillige oder gewagt innovative Weine sowie Weine, die zum Lagern bestimmt sind.

In ausgewiesenen Weinläden sind die Preise natürlich etwas höher als im gewöhnlichen Supermarkt. Dafür finden Sie hier eindeutig interessantere, begrenzt verfügbare Weine sowie Personal mit Sachverstand und Engagement. Wenn Sie also auf der Suche nach einer ganz spezifischen Angebotspalette samt persönlicher Beratung und Begeisterung für die Sache sind, dann kommt nur ein Weinfachhändler für Sie in Frage. Teilweise handelt es sich dabei auch um Versandgeschäfte. Hier finden Sie jene begrenzt verfügbaren Jahrgänge höchst gefragter Weine, die manchmal über Kultstatus verfügen und aus allen nur denkbaren Winkeln der Erde kommen. Kaum im Handel, sind sie auch schon ausverkauft. Manche Händler bieten außerdem Verkostungen an, das ist unterhaltsam, lehrreich und kaufanimierend.

In **unabhängigen** Weingeschäften **finden** Sie oft das größte Angebot **individuell** ausgewählter Weine.

Wein kaufen

Eine Variation des Themas Weinvertrieb sind Weinclubs, die ähnlich wie Buchclubs organisiert sind. Das können Einmannbetriebe oder Konzerne sein. In jedem Fall jedoch sollte ihr Angebot aus Weinen bestehen, die in Supermärkten oder Ketten nicht verfügbar sind – entweder weil die Mengen zu gering sind oder, umgekehrt, weil der Club groß genug ist, um alle Bestände aufzukaufen, vielleicht auch weil der Club seine eigenen Weinmacher in den jeweiligen Anbaugebieten hat. Weine über das Internet zu kaufen, ist eine weitere Möglichkeit, die sich aber selbst bei etablierten Versandhandelsunternehmen noch nicht durchgesetzt hat.

AUKTIONEN UND BÖRSEN

Zwei florierende Sparten auf dem Online-Sektor sind Weinauktionen und Weinbörsen (an denen Weine ähnlich wie Aktien gehandelt werden). Wie herkömmliche Auktionshäuser sind diese Internet-Firmen ein Forum für den Kauf seltener feiner, in erster Linie trinkreifer Weine, aber auch weniger hochwertiger Weine. Die Chancen, dort ein Schnäppchen zu machen, sind nicht gering. Nur sollten Sie weder Auktionen noch Börsen unvorbereitet oder ohne Kenntnisse anklicken. Sie müssen die aktuellen Preise der für Sie interessanten Weine kennen; Sie müssen abklären, mit welchen zusätzlichen Kosten Sie zu rechnen haben (Steuern und Käuferaufgeld); Sie müssen den Katalog so weit verstehen, dass Sie im voraus Fragen stellen können – insbesondere über die Herkunft. Die Geschichte des in Frage kommenden Weins zu kennen, ist unabdingbar. Hat er beispielsweise den Eigentümer mehrmals gewechselt, die eine oder andere Atlantiküberquerung hinter sich? Dann waren die Lagerbedingungen mit Sicherheit alles andere als ideal.

SUBSKRIPTIONSKÄUFE UND KAPITALANLAGE

Wein in größeren Mengen per Subskription zu kaufen, bedeutet, den Wein zu bestellen und bereits zu bezahlen (nicht unbedingt jedoch die Steuern und Versandkosten, solange er noch im Keller des Erzeugers reift). Früher waren Subskriptionskäufe hauptsächlich auf rote Bordeaux führender Châteaux beschränkt. Bordeaux ist auf diesem Markt noch immer vorherrschend, aber andere feine Weine haben nachgezogen, darunter Burgunder (rot wie auch weiß), Barolo, Weine von der Rhône, aus Kalifornien und Australien.

Hinter einem so frühzeitigen Kauf steht die Absicht, sich gefragte Weine zum niedrigsten Preis (dem so genannten Eröffnungskurs) zu sichern. Möglicherweise ziehen diese Weine preislich stark an und sind, sobald sie trinkreif sind, vielleicht gar nicht mehr erhältlich. Natürlich gibt es auch Risiken. Wechselkurse und Wirtschaftslage schwanken; manche Jahrgänge und/oder Châteaux werden überbewertet und überbezahlt (was beim 1997er Bordeaux der Fall war); einige Weine halten nicht, was sie versprochen haben. Es empfiehlt sich, nur bei einem etablierten Händler zu kaufen, denn Sie müssen sich darauf verlassen können, dass das Unternehmen auch zwei Jahre später, nachdem Sie ihm Ihr Geld anvertraut haben, zumindest noch existiert und in der Lage ist, Ihren Wein auszuliefern.

Wenn Sie überlegt vorgehen, kann es sich finanziell tatsächlich lohnen, in Wein zu investieren. Haben Sie Ihr Kapital erst einmal angelegt, können Sie außerdem

Wenn Sie per Subskription oder mehrere Kisten auf einmal beim Händler kaufen, brauchen Sie gute Lagerbedingungen, um Ihre Investition zu sichern.

Ihr Leben lang mehr oder weniger günstig die besten Weine genießen. Sie müssen sich lediglich per Subskription ein paar Kisten feiner Weine sichern, diese unter perfekten Bedingungen lagern, um dann, wenn die Weine trinkreif sind, einen Teil davon wieder zu verkaufen. Den daraus entstandenen Gewinn legen Sie für neuen, jungen Wein an.

Das klingt alles ganz einfach, und in gewisser Weise ist es das auch. Amateure jedoch sollten die Finger davon lassen. Ohne den Rat des Fachmanns ist das nicht einmal halbwegs erfahrenen Weintrinkern zu empfehlen, schon gar nicht solchen, die über Nacht das große Geld machen wollen. Das ist zwar drin, vernünftigerweise muss man aber in Zeiträumen von fünf Jahren denken.

Nun zu den Weinen. Auf Grund ihrer Langlebigkeit kommen hauptsächlich Rotweine in Frage, von diesen wiederum Bordeaux und Vintage Port. Burgunder hat in den letzten Jahren an Bedeutung zugenommen, ebenso eine kleine Auswahl an Weinen von der Rhône, aus Italien, Spanien, Kalifornien und Australien. Zu beachten ist jedoch, dass hier nur einige bestimmte Erzeuger und Jahrgänge zählen, nie die Region als Ganzes. Lediglich die besten Weine eines Stils eignen sich als Kapitalanlage.

VOR ORT KAUFEN

Direkt beim Winzer zu kaufen, ob in Frankreich, Kalifornien oder Australien, ist für viele Weinfreunde sicher die angenehmste Art, ihre Bestände aufzufüllen. Manche Anbaugebiete sind auf Besucher besser eingestellt als andere, aber fast

Spitzenweine

Port: Taylor, Graham, Fonseca, Quinta do Noval Nacional

Bordeaux: Erstgewächse aus dem Médoc oder Premier Cru classé (wie Lafite oder Latour); die »Super Seconds« (führende Zweitgewächse wie Léoville-Las-Cases oder Ducru-Beaucaillou); einige weitere berühmte Médoc-Châteaux wie Palmer und Lynch-Bages; Weine aus St-Emilion und Pomerol wie Cheval-Blanc oder Pétrus (hüten Sie sich aber vor den neuen, ambitionierten, sehr teuren Weinen ohne Geschichte)

Burgund: führend ist die Domaine de la Romanée Conti (oder DRC), zunehmend gefragt sind aber auch de Vogüé, Lafon, Leroy und Rousseau

Rhône: der Hermitage La Chapelle von Jaboulet und die Côte-Rôties von Guigal

Italien: Sassicaia, Ornellaia, Gaja, Conterno

Spanien: Vega Sicilia

Kalifornien: Opus One, Dominus und Ridge haben heute alle einen guten Ruf; Kalifornien hat auch seine eigenen, außergewöhnlich teuren Kultweine (wie Screaming Eagle)

Australien: lohnende Investitionen sind vor allem der Grange aus dem Hause Penfolds und Hill of Grace von Henschke

Für den 1982er Le Pin wurden im Jahr 1997 Spitzenpreise von über 40 000 Euro pro Kiste bezahlt, die ein Jahr später auf 7500 Euro fielen.

Wein kaufen

Ein Vorteil einer Verkostung beim Erzeuger ist, dass Sie dort unterschiedliche Jahrgänge ein und desselben Weins vergleichen können.

alle Erzeuger bieten Verkostungen und Besichtigungsmöglichkeiten an. In den abgelegeneren, weniger exklusiven Weinregionen ebenso wie bei großen Weingütern empfiehlt es sich, schriftlich oder telefonisch einen Termin auszumachen, der nicht unbedingt in die Zeit der Lese fallen sollte. Sie sind nicht verpflichtet, bei einer Besichtigung auch zu kaufen, wenn Sie aber mehrere Weine gratis verkostet haben, wird es meist erwartet. Haben Sie das Gefühl, Sie möchten eher nichts kaufen, bedanken Sie sich freundlich und gehen Sie besser früher als später – kaufen Sie so wenig wie möglich, wenn Sie meinen, es lässt sich nicht vermeiden.

Übrigens kann ein Weinkauf gerade in französischen Supermärkten zur Glückssache werden. Gut möglich ist, dass Sie während besonderer Werbewochen (*foires aux vins*) ein paar Flaschen roten Bordeaux günstig ergattern, alles in allem jedoch ist die Qualität der angebotenen Weine eher niedrig.

REISEN UND WEIN

Eigentlich müsste jeder Wein in einer verkorkten Flasche auch hinlänglich transportfähig sein – könnte man glauben. Kein Wein aber möchte 14 Tage lang in einem heißen PKW durchgeschüttelt werden. In der Regel sind Rotweine robustere Reisende als Weiße oder Rosés. Um die Reisefähigkeit von Weinen mit weniger als 11,5 Prozent Alkohol ist es generell schlecht bestellt. Das eigentliche Problem liegt oft woanders: Ein Wein, der vor dem Hintergrund von Sonne, Zikaden und mediterranen Gerichten ungemein erfrischend geschmeckt hat, passt oft so gar nicht in den Alltag in Lübeck oder Leipzig. Viele kaufen daher eine Klasse höher ein, wenn sie Wein aus dem Urlaub mit nach Hause nehmen. Verglichen mit den Preisen zu Hause kommen sie dabei wahrscheinlich noch immer gut weg.

Sehr billiger Wein, ein Großteil des in Literflaschen und riesigen Plastikbehältern daher kommenden Gesöffs inbegriffen, ist nicht dafür gemacht, mehr als ein paar Kilometer zu reisen oder länger als wenige Monate zu halten.

WEIN IM RESTAURANT

In den meisten Restaurants ist die Auswahl wesentlich geringer als im Weingeschäft oder Supermarkt, was aber nicht heißt, dass eine Entscheidung leichter fiele, besonders wenn Sie Wein für eine Gruppe auswählen und jeder etwas anderes isst (behalten Sie die Liste von S. 100 im Hinterkopf). Selbst wenn die Abstimmung mit den Speisen kein Problem darstellt, können horrende Preise oder schwer auszusprechende Namen abschrecken.

Idealerweise steht Ihnen ein freundlicher, gut informierter Weinkellner zur Seite sowie eine angemessene Auswahl preiswerter Weine, interessanter Hausweine sowie offener Weine. Leider ist das in vielen Restaurants alles andere als üblich und die Weinkarte selbst oft furchtbar unzulänglich, chaotisch aufgebaut, ohne Angaben zu Jahrgang oder Erzeuger. Wenn der Kellner nicht Bescheid weiß, lassen Sie sich die Flasche(n) kommen und überprüfen Sie die Angaben selbst.

PREISE EINSCHÄTZEN

Von den Preisen in Restaurants und von den Steuern der jeweiligen Länder einmal ganz abgesehen, lautet die Frage immer: Bekommen Sie auch das, wofür Sie bezahlen? Eine verbindliche Antwort gibt es nicht. Grob gesagt bekommen Sie unter 15 Euro pro Flasche in Deutschland das, wofür Sie bezahlen, wohingegen Sie bei höheren Preisen auch für Seltenheitswert, Modestatus oder Ehrgeiz des Winzers zahlen. Bei Preisen über 25 Euro zahlen Sie mit an Sicherheit grenzender Wahrscheinlichkeit für Derartiges mit. Nirgendwo ist das deutlicher als bei der Flut neuartiger, rarer »Super-Premium«-Weine, die weltweit wie Pilze aus dem Boden schießen. Manchmal werden solche Weine von zwei profilierten Erzeugern gemeinsam kreiert. Ein Großteil ihrer Kreativität ist dabei aber auf die Preisgestaltung konzentriert.

PREIS UND QUALITÄT

Moden und Ambitionen außer Acht gelassen, gehören zu den Faktoren, die sich auf den Preis auswirken, auch die Bodenpreise (in Burgund beispielsweise sind sie hoch); kostenintensives Gelände (die steilen, felsigen Hänge in Priorato in Spanien); niedrige Erträge. Letzteres kann mit alten Reben zusammenhängen, mit unfruchtbaren Böden, schlechten klimatischen Bedingungen oder einfach damit, dass der Erzeuger die Reben zur Ertragsbegrenzung bewusst zurückschneidet. Die Rebsorte wirkt sich ebenso auf den Preis aus: Viognier und Pinot noir sind kapriziös; Chardonnay lässt sich als Arbeitspferd nutzen. Das sind allein die Variablen, die sich aus der Führung des Weinbergs ergeben. Ein Erzeuger kann die Kosten durch neueste High-Tech-Kellerausstattung zusätzlich in die Höhe treiben. Vielleicht kauft er jährlich neue Fässer aus französischer Eiche oder lagert die Weine lange in Eiche und anschließend noch in der Flasche. Am anderen Ende der Skala, betrifft besonders die südliche Hemisphäre, gibt es Gegenden mit ausreichend Sonne, wo Bodenpreise und Bearbeitungskosten niedrig sind, dabei die höchstmöglichen Erträge aus den Reben herausgeholt werden und die Weine innerhalb weniger Monate bereitet und verkauft werden.

Auf der Weinkarte

- Für gängige Namen wie Chablis oder Sancerre werden meist hohe Aufpreise verlangt; für Kultweine wie Cloudy Bay sind die Aufschläge am höchsten.

- Roter Bordeaux, Burgunder und kalifornische Weine werden großzügig kalkuliert, empfehlen können wir daher weniger berühmte Burgunder wie Auxey-Duresses, St-Aubin und St-Romain.

- Meiden Sie billige kalifornische Weine; mit chilenischen, australischen oder neuseeländischen Weinen kommen Sie besser weg.

- Für weniger bekannte Weine zahlen Sie die angemessensten Preise; empfehlen können wir Rote aus Portugal, Italien, Languedoc-Roussillon, von der Loire und aus Rhône-Dörfern wie Lirac, Valréas und Séguret.

- Trockene Weißweine aus dem Elsass sind selten billig, aber ebenso selten übertreuert.

Wein kaufen

Das Lesen der Etiketten

Beherrschen Sie die Kunst, das Etikett auf der Flasche richtig zu lesen, wählen Sie bewusster aus.

Worauf es ankommt

- **Rebsorte(n)** Bei mehr als einer bestimmt der Stellenwert im Verschnitt die Reihenfolge.
- **Herkunft** Diese Angabe kann exakt umrissen sein, wie Brézème-Côtes du Rhône, oder schwammig und nichtssagend, wie Southeast Australia.
- **Marken-, Erzeuger- oder Gutsnamen** Beispiele sind Jacob's Creek, Hunter's oder Schloss Vollrads.
- **Qualitätskategorie** Hierzu zählen offizielle Klassifikationen wie Denominazione di Origine Controllata (DOC) oder Premier Cru classé.
- **Angaben zum Stil** Beispiele sind *secco* oder *mousseux*.
- **Alkoholgehalt** Dies ist ein Hinweis darauf, wie viel Körper der Wein hat.

Weinetiketten sind nicht so einfach zu lesen, wie es klingt – ist doch auf diesem kleinen Stück Papier oft eine verwirrende Vielzahl von Informationen zusammengedrängt. Wem es ein Trost ist: Mir machte unlängst ein Enantio genannter Wein zu schaffen. Ich konnte nicht erkennen, ob Enantio ein Markenname war, ein Weingut, eine bestimmte Lage, der Erzeugername oder doch die Rebsorte. Schließlich fand ich heraus, dass es sich in diesem Fall um eine unbekannte norditalienische Rebsorte handelte. Der Wein war in jedem Fall nach meinem Geschmack; aber er wurde für mich noch interessanter, seit ich wusste, was es für ein Wein war, wo er herkam und wer ihn mit so offenkundiger Sorgfalt bereitet hatte.

HERKUNFT UND REBSORTE

Während bestimmte Angaben auf den Etiketten erscheinen müssen (manchmal aufgeteilt zwischen Vorder- und Rückenetikett), ist es nicht reglementiert, wie der Wein genannt wird. Europäische Weine werden traditionsgemäß nach der Herkunft bezeichnet (Chablis oder Chianti Classico etwa), in manchen Fällen steht der Gutsname im Vordergrund (z. B. Domaine Nom de Plume). Die Erzeuger in der Neuen Welt haben mit dieser Tradition gebrochen. Sie gaben der Rebsorte den Vorrang gegenüber der Topografie, Begriffe wie Chardonnay, Cabernet Sauvignon oder Shiraz wurden zum Allgemeingut. Ihre Sortenweine waren so erfolgreich, dass manche Erzeuger in Europa das Konzept übernommen haben. Die verantwortlichen Stellen in Burgund oder Bordeaux versuchten die Angabe der Rebsorte auf dem Etikett zu unterbinden, aber Regionen wie Vins de Pays d'Oc oder Apulien, die um 1990 ihre große Renaissance erlebten, verwenden sie mit großem Erfolg.

Auf den Erfolg der Neue-Welt-Weine ist auch der Trend zurückzuführen, Weine aus der Alten Welt in einer Art zu benennen, die ihre Herkunft verschleiert. Man lässt sie eher wie Neue-Welt-Weine wirken – das Spektrum reicht von witzigen Wortspielen und Slangausdrücken bis zu, oft falschen, Anspielungen auf örtliche Gegebenheiten. An vielen Namen ist nichts auszusetzen. Die wahre Herkunft des Weins jedoch nur kleingedruckt anzugeben, scheint eher ein Rückschritt zu sein.

Wein kaufen

Flaschen und Verschlüsse

Einen Wein nur nach Form und Farbe der Flasche auszuwählen, ist nicht klug. Da einige Erzeuger die Traditionen ignorieren, ist es wirklich unabdingbar, auch das Etikett zu lesen.

Als Europa in der Weinwelt noch tonangebend war, konnte man von der Form der Flasche, und manchmal von deren Farbe, auf den Inhalt schließen. Die zylindrige Flasche mit hohen Schultern war für Bordeaux (Rotweine, trockene und süße Weißweine) reserviert, klares Glas für Sauternes; die etwas gedrungenere Form mit hängenden Schultern war die Flasche für roten und weißen Burgunder, für Sancerre und für Weine von der Rhône; deutsche und elsässische Weine kamen in der hohen, schlanken Schlegelflasche in den Handel, braun für Rheinwein, grün für Weine aus dem Elsass. Die klassischen Anbaugebiete halten sich im Großen und Ganzen noch an diese Übereinkunft, und viele Erzeuger der Neuen Welt verwenden die Bordeaux-Flasche für Cabernet Sauvignon sowie Merlot, die Burgunder-Flasche für Chardonnay sowie Pinot noir. Aber das ist nicht immer der Fall. Shiraz und Chardonnay ohne Eiche werden auch in Bordeaux-Flaschen abgefüllt; australische Rieslinge begegnen einem in Bordeaux-, Burgunder- und Schlegelflaschen.

Selbst die Art des Verschlusses hat sich geändert. Auf Grund der Probleme mit Naturkorken (siehe Weinfehler, S. 73), drängen zunehmend synthetische Korken in den Massenmarkt für Weine, die nicht zum Altern bestimmt sind. Einige Erzeuger, besonders in Kalifornien und Österreich, haben aus Umweltgründen die Flaschenkapseln (Metallfolie) abgeschafft und sie in manchen Fällen durch eine Versiegelung mit Wachs ersetzt.

Von links nach rechts: Burgunderflasche mit hängenden, Bordeauxflaschen mit hohen Schultern – klares Glas für Süßweine; Flasche mit Ringmündung und konische Flasche aus der Neuen Welt; Schlegelflaschen für Rheinwein (braun) und elsässischen Wein (grün)

Varietal-Weine waren so **erfolgreich**, dass Erzeuger in **traditionellen** Gegenden diese **Ideen** übernahmen.

Was das Etikett sagt

Da Weine unterschiedlich benannt werden, gibt es keine festen Regeln für das Lesen von Etiketten. Hier einige Grundmuster.

144 Wein kaufen

SPANIEN

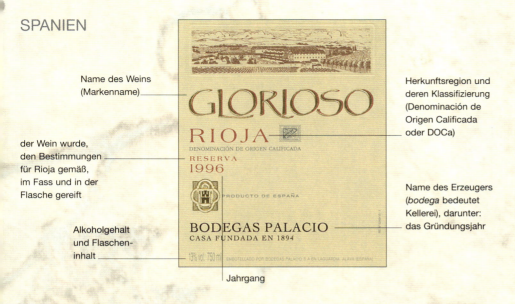

- Name des Weins (Markenname)
- der Wein wurde, den Bestimmungen für Rioja gemäß, im Fass und in der Flasche gereift
- Alkoholgehalt und Flascheninhalt
- Herkunftsregion und deren Klassifizierung (Denominación de Origen Calificada oder DOCa)
- Name des Erzeugers (*bodega* bedeutet Kellerei), darunter: das Gründungsjahr
- Jahrgang

CHILE

- Jahrgang
- Name des Erzeugers (letztendlich ein Markenname)
- ein auf der Basis natürlicher Hefen und nicht von Reinzuchthefen hergestellter Wein
- gesetzlich vorgeschriebene Angaben für den EU-Markt
- Herkunft
- Rebsorte

AUSTRALIEN

- Jahrgang
- Name des Erzeugers
- Herkunftsregion
- gesetzlich vorgeschriebene Angaben: Name und Anschrift des Erzeugers, Herkunftsland, Flascheninhalt, Alkoholgehalt
- Name des Weins in Form der Bin-Nummer, nach welcher in Australien einzelne Partien bezeichnet wurden, heute in der Regel einfach als Markenname verwendet
- Rebsorte
- Beschreibung des Erzeugers – hilfreicher als viele andere derartige Beschreibungen

Herkunft & Qualität

Europäische Erzeugerländer klassifizieren ihre Weine wie folgt (die höchste Qualitätsstufe steht jeweils an erster Stelle):

FRANKREICH
- Appellation Contrôlée (AC oder AOC)
- Vin Délimité de Qualité Supérieur (VDQS)
- Vin de Pays
- Vin de Table

ITALIEN
- Denominazione di Origine Controllata e Garantita (DOCG)
- Denominazione di Origine Controllata (DOC)
- Indicazione Geografica Tipica (IGT)
- Vino da Tavola

SPANIEN
- Denominación de Origen Calificada (DOCa)
- Denominación de Origen (DOC)
- Vino de la Tierra
- Vino da Mesa

PORTUGAL
- Denominação de Origem Controlada (DOC)
- Indicação de Proveniência Regulamentada (IPR)
- Vinho Regional (VR)
- Vinho de Mesa

DEUTSCHLAND
- Qualitätswein mit Prädikat (QmP)
- Qualitätswein bestimmter Anbaugebiete (QbA)
- Landwein
- Tafelwein

Wein kaufen 145

Die Sprache der Etiketten

Weinetiketten beinhalten eine Fülle nützlicher Informationen. Sie müssen jedoch wissen, was die verwendeten Ausdrücke bedeuten.

Aged with oak/in contact with oak Könnte heißen, der Wein wurde im Fass ausgebaut, wahrscheinlicher ist aber, dass er in Tanks unter Zugabe von Eichenspänen gereift wurde, was billiger ist.

Almacenista Sherry von einem kleinen, eigenständigen Erzeuger.

Barrel/barrique fermented oder barrel selection Im Fass vergoren oder ausgebaut.

Basket pressed Traditionelle Spindel-keltern aus Holz für sanfteren Pressvorgang.

Bin In Australien geläufiger Ausdruck zur Bezeichnung einer bestimmten Partie (wie in »Bin 52«); heute oft als Markenname benutzt.

Biologique Französich für: ökologisch.

Blanc de Blancs/Noirs Champagner oder weißer Stillwein, ausschließlich von weißen/roten Trauben bereitet.

Botrytis Von edelfaulen Trauben bereitet und deshalb üppig süß.

Bush vines Buschreben, die Rebstöcke sind älter und liefern somit Qualität.

Carbonic maceration Methode zur Bereitung fruchtiger, jung zu trinkender Weine.

Cava In Spanien nach der *méthode champenoise* hergestellter Schaumwein.

Classic Meist bedeutungslos, in Deutschland für trockene Weine.

Classico Wie in Soave Classico – das Kerngebiet und meist auch die besten Lagen einer italienischen DOC(G)-Region.

Crianza Spanische Bezeichnung für einen Wein, der mindestens zwei Jahre alt ist und zum Teil in Eiche gereift wurde.

Cru Französischer Ausdruck, der wörtlich »Gewächs« bedeutet und Weine von einer der besseren Lagen bezeichnet. Die besten Beaujolais kommen von den zehn Crus.

Cru bourgeois Klassifikation für die Médoc-Châteaux unterhalb des Ranges Cru classé. Cru Grand bourgeois exceptionnel ist die höchste Stufe der Crus bourgeois.

Cru classée »Klassifiziertes Gewächs« – Weine, die innerhalb verschiedener Bordeaux-Klassifizierungen zu den besten zählen, vor allem aber im Médoc.

Cuvée Oft in Verbindung mit einem anderen Wort gebraucht (siehe unten), für sich genommen bezeichnet es lediglich eine bestimmte Partie eines Weins.

Cuvée spéciale/personelle/réserve Soll auf einen besonderen (und teuren) Wein hinweisen, kann aber alles mögliche bedeuten.

Dry grown Von Weinbergen, die nicht künstlich bewässert werden.

Elevé en fûts de chêne Eichenfassgereift.

Erstes Gewächs Bezeichnet eine Spitzenlage im Rheingau.

Espumante/espumoso Schaumwein (Portugal/Spanien).

Estate bottled Gutsabfüllung, impliziert Qualität.

Fûts neufs Neue Fässer (erhöht die Qualität – und die Kosten).

Garrafeira Portugiesische Weine eines besonderen Jahrgangs, die mindestens zwei Jahre in Eiche gereift wurden.

Grand Cru Bezeichnet die Spitzenlagen in Burgund, der Champagne und im Elsass (höher angesiedelt als Premier Cru).

Grand Cru classé St-Emilion, die zweite Kategorie, unterhalb von Premier Grand Cru classé.

Grande Cuvée Die beste Partie eines Jahrgangs, Gebrauch ist nicht festgelegt.

Grand vin Hauptsächlich im Bordelais für die besten Weine eines Château verwendet, die auch danach benannt sind; ein nicht festgelegter Begriff.

Gran reserva Spanische Weine eines überragenden Jahrgangs, der (wenn rot) fünf Jahre gelagert wurde, davon zwei in Eiche.

Gutsabfüllung Im Gegensatz zur vageren Erzeugerabfüllung genauestens festgelegter Terminus.

Late harvest Wörtlich »späte Lese«, impliziert extra reife Trauben und süße Weine.

Lees Bodensatz abgestorbener Hefen, der dem Wein zu Aromen und Konsistenz verhilft und zu seiner Frische beiträgt (wie in »aged on its lees« oder »lees stirred regularly«).

Malolactic Der Wein ist weicher, weil er die malolaktische Gärung durchlaufen hat.

146 Wein kaufen

Méthode classique/traditionnelle/metodo classico
Nach dem Champagnerverfahren hergestellter Schaumwein.

Mis en bouteille au château/domaine/à la propriété
Gutsabfüllung – impliziert Qualität und Individualität, kann aber auch einen von einer Genossenschaft bereiteten und abgefüllten Wein bezeichnen, der lediglich nach dem Gut benannt wird, von dem die Trauben stammen.

Mousseux
Moussierend/Schaumwein (Frankreich).

New oak/barrels
Neue Fässer: Trägt zu mehr Aroma bei – und zu höheren Kosten.

Oak aged/matured
Möglicherweise eichenfassgereift, siehe aber auch »Aged with oak«.

Old vines
Siehe »Vieille vignes«.

Petit Chablis
Chablis minderer Güte von Randgebieten.

Petit Château
Inoffizielle Bezeichnung für Tausende von nicht klassifizierten Bordeaux-Châteaux.

Premier Cru
Oberste Stufe der Klassifizierung im Médoc, Graves und Sauternes; in Burgund und in der Champagne rangieren Premier-Cru-Weinberge hinter Grand-Cru-Lagen.

Prestige Cuvée
Siehe »Cuvée spéciale«.

Récoltant manipulant (RM)
Ein Winzer, der seinen eigenen Champagner bereitet, im Gegensatz zu einem Champagnerhaus (NM) oder einer Genossenschaft (CM).

Reserva
Spanischer Wein, der drei Jahre gereift ist (wenn rot), davon mindestens ein Jahr in Eiche; in Portugal impliziert der Begriff besondere Qualität, ist aber nicht festgelegt.

Réserve/reserve
Etwa in »Réserve personnelle« oder »Private/family/wine maker's reserve« – der frei kombinierbare Ausdruck kann nach Belieben verwendet werden.

Riserva
Italienischer DOC- oder DOCG-Wein mit zusätzlicher Reifezeit.

Sélection
Neue Kategorie für trockene deutsche Spitzenweine. In anderen Verbindungen, z.B. »Sélection spéciale«, »Private selection«, so bedeutungslos wie Réserve.

Sélection de Grains Nobles
Sehr süßer elsässischer Wein von edelfaulen Trauben.

Show reserve
Angeblich höherwertiger Wein aus Australien, die Verwendung ist aber in keiner Weise reglementiert.

Solera
System des stufenweisen Verschnitts bei der Alterung von Sherry.

Spumante
Schaumwein (Italien).

Supérieur
Bedeutet meist nicht mehr als einen höheren Alkoholgehalt im Vergleich zu »normalen« AC-Weinen.

Superiore
Theoretisch ein Wein höherer Qualität (Italien).

Sur lie
Wein, insbesondere Muscadet, der bis zur Abfüllung auf dem Hefesatz lagerte, was ihm ein Extra an Schwung und Frische verleiht.

Unfiltered/non-filtré
Modische Bezeichnung für einen unbehandelten und möglichst unverfälschten Wein.

Vendange tardive
Süßer Wein von spät gelesenen Trauben, insbesondere Jurançon und elsässischer Wein.

Vieilles vignes
Alte Reben implizieren Qualität, es gibt aber keine Definition darüber, was alt ist (15–100 Jahre?).

Villages
Weine aus den besseren Lagen einer Region, zum Beispiel Mâcon-Villages oder Beaujolais-Villages.

Vintage
Jahrgang – kann gut oder schlecht sein, es sei denn, der Begriff bezieht sich auf Vintage Port oder Jahrgangschampagner.

Wild ferment/yeast
Natürliche Hefen können einem Wein komplexere Aromen verleihen als Reinzuchthefen.

Trocken & süß

Abboccato lieblich (Italien)

Amabile lieblich bis süß (Italien)

Brut sehr trocken (Champagner)

Classic trocken (Deutschland)

Demi-sec trocken bis leicht süß (bei Champagner mehr in Richtung lieblich)

Doce, dolce & dulce süß (Portugal, Italien, Spanien)

Doux lieblich bis süß oder süß (Frankreich)

Extra dry trocken (Champagner; nicht so trocken wie brut)

Halbtrocken trocken bis leicht süß (Deutschland; soll abgeschafft werden)

Liquoreux sehr süß (Frankreich)

Moelleux süß (Frankreich)

Sec, secco & seco trocken (Frankreich, Italien, Portugal und Spanien)

Sélection trocken (Deutschland)

Semi-seco trocken bis leicht süß (Spanien)

Trocken soll durch Sélection ersetzt werden (Deutschland)

Vin doux naturel sehr süß mit hohem Alkoholgehalt (Frankreich)

(zur Klassifikation des Süße-/Reifegrads in Deutschland und Österreich, siehe S. 192 und 193)

Wein kaufen 147

Ob Sie nun einen Weinkeller unterhalten oder nicht – Sie haben mehr von Ihrem Wein, wenn Sie ihn stilgerecht lagern und servieren.

Lagern & servieren

Aufbewahren –
lohnt sich das?

Ein weit verbreiteter Irrglaube ist, dass Wein durch Lagern besser würde. Dies trifft nur für einen Teil der Weine zu.

Die Mehrzahl der heutigen Weine wird bereitet, um innerhalb der ersten ein oder zwei Jahre nach der Lese getrunken zu werden. Meist sind sie trinkreif, sobald sie im Handel sind. Mit etwas Glück halten sich einige vielleicht vier oder fünf Jahre, aber nur wenige schmecken nach dieser Zeit besser oder interessanter.

Das war nicht immer so. Früher waren wesentlich mehr Weine zunächst für den Keller gedacht. Die Weine wurden auch anders bereitet. Die Trauben wurden in einem weniger reifen Zustand gelesen, mit einem höheren Anteil adstringierender Tannine und Säure. Die Kenntnisse fehlten noch, mit reiferem, süßerem Lesegut umzugehen, ganz zu schweigen von der Technik. Die von diesen »grüneren« Trauben erzeugten Weine mussten reifen, damit die Tannine und die schroffere Säure weicher wurden. Heute sind temperaturgesteuerte Gärtanks gang und gäbe, so wie man auch über die Hintergründe und möglichen Risiken der Weinbereitung besser Bescheid weiß. Europäische Weine können heute somit in einem reiferen, vollmundigeren Stil und für den unmittelbaren Verbrauch bereitet werden, während die meisten Weine der Neuen Welt von Haus aus in diesem Stil gehalten sind.

WEINE ZUM LAGERN

Wenn die Lebenserwartung der meisten Weine einige wenige Jahre nicht übersteigt, so bleibt doch eine Minderheit qualitativ hochwertiger Weine, die reifen und die es auch verdienen, gelagert zu werden. In manchen Fällen gibt das Rückenetikett Auskunft über das Alterungspotenzial. Fehlt diese Hilfe jedoch, dann ist der Preis noch immer der verlässlichste Hinweis. Preiswerte Weine sollten Sie einfach nicht lagern: Sie haben nicht genügend Aromen, Tannine und Säure, um sich zu halten, geschweige denn sich zu entwickeln. Die billigsten Weiß- und Roséweine sollten spätestens ein Jahr, die billigsten Rotweine spätestens zwei Jahre nach der Lese getrunken werden. Weine ohne Jahrgang trinken Sie am besten so bald wie möglich. Eine Ausnahme ist guter Champagner ohne Jahrgang; hier können ein oder zwei Jahre mehr im Keller nicht schaden. Billigen jahrgangslosen Champagner und fast alle anderen Schaumweine sollte man innerhalb weniger Monate trinken.

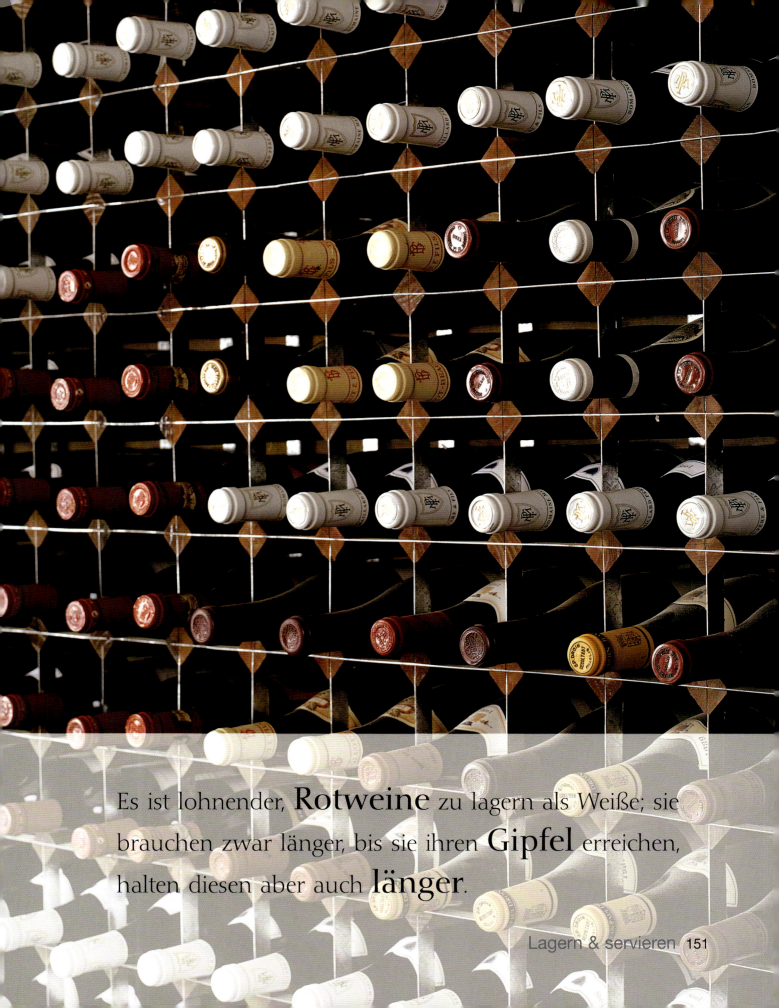

Es ist lohnender, Rotweine zu lagern als Weiße; sie brauchen zwar länger, bis sie ihren Gipfel erreichen, halten diesen aber auch länger.

Lagern & servieren

Weine der mittleren Preisklasse halten in der Regel länger, aber fünf Jahre ist für die meisten die Grenze. Viele Weißweine sind im Alter zwischen zwei und drei Jahren am besten. Das trifft besonders zu für Sauvignon blanc, Viognier sowie für Chardonnay, Sémillon und Torrontes aus der Neuen Welt.

Nicht alle teuren Weine werden durch möglichst langes Lagern besser – mitnichten. Trockene Weißweine von der Viognier-Traube können Spitzenklasse und sehr teuer sein – Condrieu zum Beispiel –, aber Viognier ist eher säurearm und verliert sein intensives Parfüm und die üppige Frucht innerhalb weniger Jahre, ohne als Ausgleich dafür andere Aromen zu entwickeln. Ähnlich entwickelt auch Sauvignon blanc, obschon von Natur aus sehr säurereich, mit zunehmendem Alter nur selten komplexere Aromen. Selbst Chardonnay hält nicht ewig, sieht man einmal von den feinsten weißen Burgundern ab.

ROTWEINE LAGERN

Selbst hochpreisige Rotweine profitieren nicht unbedingt von langen Jahren im Keller. Eine Ausnahme ist Burgunder der Spitzenklasse, aber auch dieser ist nicht so langlebig wie roter Bordeaux. Merlot ist nicht so langlebig wie Cabernet Sauvignon.

Im Allgemeinen lohnt die Lagerung von Rotweinen eher als die von Weißweinen; Rotweine brauchen länger, bis sie ihren Gipfelpunkt erreichen, halten den aber auch länger. (Eigentlich ist es irreführend, vom Gipfelpunkt eines Weins zu sprechen: Eher handelt es sich um ein ausgedehntes Reifeplateau.) Tendenziell gibt es mehr Alte-Welt-Weine, die sich entwickeln und lange halten, als Weine der Neuen Welt. Da aber die Erzeuger in der Neuen Welt verstärkt in kühlere Regionen vorstoßen, um höhere Säure- und Tanninwerten zu erreichen, werden auch ihre Weine zunehmend ein höheres Alterungspotenzial haben. Bereits heute ist es gut möglich, einen Keller ausschließlich mit beeindruckenden Weinen der Neuen Welt zu bestücken – selbst wenn man sich dabei ganz und gar auf Weißweine konzentriert. Die Farbe, die in einem Keller alterungswürdiger Weine, ob aus der Alten oder der Neuen Welt, wahrscheinlich nicht vorkommt, ist Rosé: Fast kein Roséwein wird durch langes Lagern besser.

JAHRGANG UND FLASCHENGRÖSSE

Von entscheidender Bedeutung ist auch der Jahrgang. Wenn Sie Weine einlagern, sollten Sie erstklassige Jahrgänge und keine mittelmäßigen kaufen, es sei denn, Sie wissen, das sich ein Erzeuger vom Durchschnitt abhebt. Im Kapitel über die Weine der Welt (siehe S. 162–217) können Sie sich eine Orientierung zu guten und schlechten Jahrgängen verschaffen. Darüber hinaus sollte man wissen, dass die ideale Flaschengröße für das Einlagern von Wein die Magnumflasche ist (1,5 Liter, was dem Inhalt zweier Standardflaschen entspricht). Mit einem geringeren Luftanteil im Verhältnis zur Weinmenge reift der Wein langsamer. Halbe Flaschen sind daher auch weniger gut geeignete Keller-Kandidaten, denn der Wein reift in ihnen schneller.

Weißweine für den Keller

Grüner Veltliner Kann jung getrunken werden, aber die Spitzenweine, insbesondere aus der Wachau, dem Kremstal und dem Kamptal altern wie Riesling und können problemlos acht bis zehn Jahre liegen.

Chardonnay Aus der Neuen Welt nur die allerbesten von den kühleren und höher gelegenen Lagen wie Santa Barbara und Carneros in Kalifornien; Adelaide Hills, Margaret River, Yarra Valley und Tasmanien in Australien; Südafrika; Neuseeland. Gut sind fünf Jahre; länger schadet nicht.

Graves & Pessac–Léognan Nur die besten, nur Spitzenjahrgänge. Ideal sind sechs bis zwölf Jahre, manchmal mehr.

Sémillon aus dem Hunter Valley Traditioneller Hunter-Sémillon ohne Eiche, in der Jugend dünn und scharf, entwickelt nach fünf Jahren Honig- und Toastaromen, hält sich bis zu 20 Jahre.

Chenin blanc von der Loire Die sehr edelsüßen Weine von den Coteaux du Layon und aus Vouvray und Montlouis, aber ebenso trockener und lieblicher Vouvray und Montlouis von Spitzenerzeugern; seltene, trockene Savennières. Der Jahrgang spielt eine große Rolle, die Spitzenweine, besonders die Süßweine, sind sehr langlebig.

Riesling Rieslinge gehören zu den langlebigsten und am meisten unterschätzten Weinen. Deutschland, das Elsass, Österreich, die Clare und Eden Valleys in Australien, aber auch Neuseeland produzieren alle Rieslinge, die zehn Jahre und älter, allerdings ebenso jung getrunken werden können. Wählen Sie von den deutschen Weinen die eher süßen bis sehr süßen Varianten.

Sauternes & Barsac Außerdem Monbazillac, Ste-Croix du Mont und Saussignac. Von einem guten Jahrgang können die besten acht bis 15 Jahre lang liegen.

Tokaji aszú Je süßer der Wein, desto länger hält er sich. Selbst ein fünfbuttiger Wein sollte zehn Jahre schaffen.

Weißer Burgunder Von der Côte d'Or und Chablis: Ein Wein unterhalb von Premier-Cru-Niveau hält sich nicht länger als fünf Jahre; ein Grand Cru ist meist nach fünf bis zehn Jahren am besten. Burgunder fällt sehr unterschiedlich aus, achten Sie auf die Jahrgangslisten.

Rotweine für den Keller

Australische Rote Teurerer Shiraz, Cabernet Sauvignon und Verschnitte davon sind oft ausgezeichnet nach sieben oder acht Jahren, halten unter Umständen noch länger.

Barolo & Barbaresco Sie sind heute meist früher trinkreif als in der Vergangenheit, aber noch immer äußerst langlebig. Ein guter Jahrgang verdient zehn Jahre.

Brunello di Montalcino & Bolgheri Diese und andere teure Rotweine aus der Toskana brauchen oft fünf Jahre, können aber wesentlich länger halten.

Cahors & Madiran Nur von Spitzenerzeugern. Für beide Regionen spielt der Jahrgang eine größere Rolle als oft angenommen. Mindestens fünf Jahre veranschlagen.

Kalifornischer Cabernet Sauvignon Der Beste ist vielleicht nach fünf Jahren genießbar, besser nach sechs, acht oder zehn Jahren. Denken Sie daran: Das betrifft nur eine Minorität der Weine.

Roter Bordeaux Crus bourgeois (siehe S. 167) sind meist nach vier bis sieben Jahren am besten; die meisten Crus classés sind nach sieben Jahren trinkreif, den Allerbesten sollten Sie zehn Jahre oder mehr geben.

Roter Burgunder Die meisten Nicht-Cru-Gewächse selbst guter Jahrgänge sind nach drei bis vier Jahren trinkreif; die meisten Premiers Crus können mit fünf Jahren angezapft werden; die meisten Grands Crus sind perfekt nach sieben oder mehr Jahren.

Rhône Hermitage, Côte-Rôtie und Cornas sind sehr langlebig und brauchen meist mindestens acht Jahre. Châteauneuf-du-Pape ist früher trinkreif, aber die besten halten problemlos zehn bis zwölf Jahre.

Ribera del Duero & Priorato Konzentrierte spanische Rotweine, die gut altern (nicht jedoch *joven* oder *sin crianza*). Veranschlagen Sie sechs bis zehn Jahre.

Rioja Gran Reserva Sie sind in der Regel trinkreif, wenn sie fünf oder sechs Jahre nach der Lese in den Handel kommen.

Vintage Port Mindestens zehn Jahre, besser mehr, braucht ein Vintage Port. Er hält sich Jahrzehnte. Single-Quinta Port kommt oft trinkreif in den Handel – 13 oder 14 Jahre nach der Lese –, hält aber zumeist weitere sechs oder sieben Jahre.

Zinfandel Nur Spitzenerzeuger machen aus dieser Traube einen langlebigen Wein. Er sollte nicht älter als acht Jahre werden.

Lagern & servieren 153

Wein lagern

Die Bedeutung guter Lagerbedingungen kann man gar nicht genug hervorheben. Aber lassen Sie sich davon nicht abschrecken.

Zu wissen, wie man Weine richtig lagert, ist nicht das Problem. Schwierig wird es erst, einen Ort zu finden, der den Bedingungen entspricht. Im Haus oder in der Wohnung ist das größte Problem meist die Temperatur. Idealerweise liegt sie zwischen 7 und 15 °C. Niedrigere Temperaturen werden dem Wein nicht schaden, solange er nicht gefriert (und den Korken herausdrückt, weil sich die Materie ausdehnt); er wird nur langsamer reifen.

Problematisch sind höhere Temperaturen. Die Obergrenze sollte bei 20 °C liegen. Ein oder zwei Grad mehr sind kein Grund zur Unruhe, gerade wenn es sich um mittelschwere bis schwere Rotweine handelt. Am empfindlichsten sind in der Regel Schaumweine (Champagner inbegriffen); leichte, alkoholarme Weißweine; körperreiche und dabei säurearme Weißweine (Viognier beispielsweise); Rosés; preiswerte Weißweine jeglicher Art, die ohnehin eher jung getrunken werden sollten; alte Weine (die wie Menschen und Möbel im Alter gebrechlich werden). Fest steht, dass die Durchschnittstemperatur von 21 °C in unseren geheizten Räumen wertvollen

Wenn Sie auf Grund fehlender räumlicher Möglichkeiten keinen Wein lagern können, mieten Sie sich doch Anteile im Keller eines Händlers.

Achten Sie darauf, ob die eine oder andere **Flasche** vielleicht **undicht** geworden ist.

154 Lagern & servieren

Weinen generell nicht bekommt. Wenn Sie Wein jenseits der Idealtemperatur lagern, bedenken Sie, dass der Wein schneller reift als aus dem Etikett, den Händlerangaben oder Jahrgangsübersichten hervorgeht – und zwar je höher die Temperatur, um so schneller.

EXTREME TEMPERATUREN

Ebenso wichtig sind konstante Bedingungen. Temperaturschwankungen können fatale Folgen haben. Es bedarf gar nicht unbedingt einer Hitzewelle, um das dunkle Nordzimmer auf 30 °C aufzuheizen. Auch ein unter der Treppe stehender Schrank kann sich beträchtlich erwärmen. Schuppen und Garagen, insbesondere solche mit Metalltüren, mit Temperaturen, die im Sommer nach oben schnellen und im Winter unter den Gefrierpunkt absinken, sind der Tod eines jeden Weins. Wenn Sie Wein außerhalb des Hauses lagern, müssen die Räume isoliert sein; dasselbe gilt für einen Keller, der einen Boiler beherbergt. Der Schrank unter der Treppe, eine Wandnische oder ein nicht mehr benutzter Kamin wären in einem derartigen Fall vielleicht sogar besser geeignet. Wofür Sie sich auch entscheiden: Die bescheidene Ausgabe für ein simples Thermometer lohnt sich! Achten Sie auch auf undichte Stellen an Korken oder Kapsel – ein Zeichen dafür, dass der Wein zu warm geworden ist. Ebenso wie nun Wein nach außen dringt, dringt Luft in die Flasche.

Auch auf die Luftfeuchtigkeit kommt es an, weshalb europäische Erzeuger oft so stolz auf den Schimmel an den Wänden ihrer Keller sind. In so einer feuchten Umgebung trocknen die Korken nicht aus und werden auch nicht undicht. Der austrocknende Effekt von Klimaanlagen kann ein Problem sein, was für Zentralheizungen glücklicherweise meist nicht zutrifft. Bei zu viel Feuchtigkeit leiden lediglich die Etiketten und Sie haben sich auf nicht eingeplante Blindverkostungen einzustellen.

Erschütterungen sollten möglichst vermieden werden – auf jeden Fall bei Weinen mit Ablagerungen. Das ist auch einer der Gründe, warum man Wein nicht für längere Zeit im Kühlschrank aufbewahren sollte – ein anderer ist die fehlende Feuchtigkeit.

WEITERE RISIKEN

Licht, insbesondere ultraviolettes, ist schlecht für Wein. Es lässt ihn vor der Zeit altern und oxidieren (deshalb die dunklen Flaschen). Zu Hause stellt dies meist kein Problem dar. Sie können Ihre Regale jederzeit abdecken oder einen Vorhang anbringen.

Was Gerüche betrifft, sollten Sie sich wegen alltäglicher Küchengerüche oder wegen des Hamsterkäfigs nicht den Kopf zerbrechen. Fern halten sollten Sie Ihren Wein von stark riechenden Chemikalien, wie sie oft in Garage oder Werkstatt gelagert werden.

Wenn Sie partout keinen geeigneten Platz für Ihren Wein finden, besteht die einfachste Lösung eigentlich darin, Lagerraum im Keller eines Weinhändlers zu mieten. Oder Sie »bauen« sich einen Weinkeller: Zylindrische Modelle können als Bausatz gekauft werden und werden zwei bis drei Meter tief in den Boden eingelassen.

Eine andere Lösung wäre ein spezieller Weinkühlschrank. Sie sollten aber darauf achten, dass Sie sowohl Temperatur wie Luftfeuchtigkeit regeln können.

Sie mögen bizarr wirken, aber die Schimmelschichten in einem Weinkeller sind ein Hinweis auf erwünschte hohe Luftfeuchtigkeit.

Stehend oder Liegend?

- **Liegend** Sie machen keinen Fehler, wenn Sie sich an die überkommene Regel halten, dass Wein liegend gelagert werden sollte. Nur so trocknet der Korken nicht aus, und es gerät auch keine Luft in die Flasche.
- **Stehend** Champagner kann ebenso gut stehend gelagert werden (auf Grund des Drucks in den Flaschen). Flaschen mit Plastikkorken müssen nicht liegen – sollten vielleicht auch nicht, bis man genauer darüber Bescheid weiß, wie sich das Material mit der Zeit verändert.
- **Schräg** Es wird gesagt, Temperaturschwankungen ausgesetzte Weine sollten so liegen, dass der Hals leicht nach oben zeigt, so dass der Korken teilweise mit Wein und Luft in Berührung kommt. Das scheint mir aber nicht sehr praktikabel zu sein, da es keine entsprechenden Regale gibt.

Lagern & servieren 155

Wein servieren

Die richtigen Utensilien, die richtige Temperatur und der richtige Wein zum richtigen Anlass: Das alles trägt auf seine Weise zum Weingenuss bei.

Ein Kapselschneider trennt die Decke der Kapsel sauber ab. Die meisten Korkenzieher vom Typ »Des Kellners Freund« (siehe unten) haben zu diesem Zweck eine Klinge.

Die bewegliche Verlängerung von »Des Kellners Freund« rastet auf dem Flaschenrand ein, der Korken wird herausgehebelt. Von Nachteil dabei ist, dass der Korken schräg herausgezogen wird.

Wer will, kann endlos viel Zeit und Geld für Wein-Zubehör verschwenden. Um eine Flasche Wein auf zivilisierte Art zu öffnen, braucht man einen Korkenzieher; um den Wein auf ebenso zivilisierte Art zu trinken, bedarf es eines Glases. Manche Korkenzieher und Gläser sind besser als andere, aber das war's dann auch schon.

ÖFFNEN DER FLASCHE

Korkenzieher mit einer Klinge, einem »Wendel«, der scharfkantig und wie eine herkömmliche Schraube geformt ist, zerbrechen den Korken oft, besonders wenn dieser schon alt und spröde ist. Die besten Korkenzieher befördern den Korken mittels eines spiralförmig gedrehten, glatten Wendels senkrecht aus der Flasche. Bei Naturkorken ist ein mit Teflon ummantelter Wendel sinnvoll, weniger jedoch bei synthetischen, so genannten Plastikkorken, die dazu neigen, sich daran festzuklammern. Taschen-Korkenzieher vom Typ »Des Kellners Freund« eignen sich besser für synthetische Korken, Naturkorken können zerbrechen, da sie den Korken schräg herausstemmen. Abgebrochene Korken drücken Sie einfach in das Innere der Flasche.

Ein Kapselschneider zum Entfernen der Kapsel ist ein praktisches, allerdings nicht unbedingt notwendiges Gerät. Wie auch immer Sie sich der Kapsel entledigen: Es empfiehlt sich, Staub oder Ablagerungen vom oberen Flaschenrand zu entfernen, ehe Sie eingießen. Am Korkenzieher angebrachte Bürsten sind dazu da, die Flasche von Kellerstaub zu befreien – Überreste eines Zeitalters, in dem der Butler das für einen übernommen hat.

Champagnerkorken können mit Hilfe eines sternförmigen Greifers entfernt werden, aber eigentlich brauchen Sie kein Hilfsmittel, um die Flasche zu öffnen.

Eine Champagnerflasche öffnet sich leichter mit diesem Utensil, das sich am Korken festkrallt, während Sie den Korken drehen.

156 Lagern & servieren

Die besten **Korkenzieher** transportieren den Korken **senkrecht** aus der Flasche und haben einen **spiralförmig** gedrehten **Wendel**.

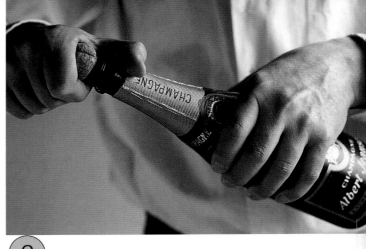

① FOLIE UND AGRAFFE Folie entfernen und Flasche in einem 45° Winkel geneigt in eine sichere Richtung weisen lassen. Mit dem Daumen auf dem Korken die Agraffe lösen und beim Entfernen die Hand über die Flasche halten.

② HERAUSDREHEN DES KORKENS Befördern Sie den Korken durch vorsichtiges Drehen aus der Flasche. (Dabei den Korken festhalten und die Flasche drehen, damit der Korken nicht bricht.)

Haben Sie Ihren Champagner glücklich entkorkt (siehe oben), halten Sie die Schräglage der Flasche noch einen Moment bei, um ein Überschäumen zu verhindern. Der Champagner schäumt auch beim Eingießen weniger leicht über, wenn Sie das Glas schräg gegen die Flasche halten; ein sanft auf den Glasrand gelegter Finger verhindert, dass es übergeht.

DAS RICHTIGE GLAS

Der Handel bietet für spezielle Weine und Rebsorten bestimmte Gläser, die Sie aber nicht unbedingt brauchen. Nicht einmal für Weißwein und Rotwein brauchen Sie verschiedene Gläser. Ein gutes Allzweckglas hat einen Stiel, so dass Sie den Wein nicht mit der Hand erwärmen, und eine ausreichend große, tulpenförmige Schale, die sich nach oben leicht verjüngt. Es besteht aus feinstem, farblosem Glas, damit Sie auch sehen, was Sie trinken. Im Idealfall sollte ein Glas nie mehr als bis zu einem Drittel gefüllt werden; ist es aber eines von der kleinen Sorte, können Sie auch bis zur Hälfte gehen.

Champagner verdient ein schlankeres, flötenförmiges Glas, in dem sich die Bläschen besser halten (keinesfalls eine Schale, in welcher der Wein schal wird). Guter Sherry oder Portwein sollte in der traditionellen Copita serviert werden.

GLÄSER SPÜLEN

Weingläser müssen sorgfältig gepflegt werden. Verwenden Sie zum Spülen heißes Wasser mit einem Minimum an Spülmittel. Geben Sie die Gläser ruhig in die Spülmaschine, aber möglichst nicht zusammen mit fettigen Tellern und

Ein um den Stiel eines Holzlöffels gewickeltes Tuch erleichtert das Trocknen eines engen Glases von innen.

Töpfen. Öffnen Sie unmittelbar nach dem Programmablauf die Tür, so dass der Dampf entweichen kann. Leinentücher sind zum Trocknen besser geeignet als Baumwolltücher. Stellen Sie die Gläser mit der Öffnung nach oben in den Schrank, nicht umgekehrt, da sie sonst einen muffigen Geruch annehmen. Wenn sie länger nicht benutzt wurden, müssen sie ohnehin gespült werden.

WEIN LÜFTEN

Zahllose Fachleute haben sich schon den Kopf darüber zerbrochen, ob Wein »atmen« muss und ob er dekantiert werden sollte. Eindeutige Ergebnisse liegen bisher nicht vor. Unstrittig ist, dass Sie einen Wein, den Sie zum Lüften geöffnet haben, auch trinken müssen; ebenso unstrittig ist aber auch, dass der Wein sich dadurch nicht verändert, weil er nur mit wenig Luft in Berührung kommt. Befürworter des Dekantierens meinen, dass ein Wein, der mit Luft in Berührung kommt, eine Art Schnell-Reife durchläuft und dadurch weicher sowie aromatischer wird. Die Gegner antworten, dass ein Wein, ist er erst

Die Versuchung, mehrere unterschiedliche Gläser zu kaufen, ist groß. Als Grundausstattung genügt ein ausreichend großes Allzweckglas für Rot- und Weißwein (links), eine große Copita für Sherry, Port und Weißwein in geringer Menge (Mitte) sowie eine Schaumwein-Flöte (rechts).

einmal im Glas, ohnehin belüftet wird, und Luftkontakt überhaupt keinen Einfluss auf den Wein hat. Ich vertrete den Standpunkt, dass sich hochwertige, konzentrierte, junge Weine durch das Dekantieren »öffnen« – manchmal sogar Weißweine wie Burgunder. Es kann dazu beitragen, tanninreiche, junge Rotweine wie Barolo, Ribera del Duero und kalifornischen Cabernet Sauvignon weicher zu machen.

ABLAGERUNGEN

Ein Pluspunkt des Dekantierens ist, dass man Rotwein oder Port von den Ablagerungen trennt, ehe diese ins Glas gelangen. Billige Weine und Markenweine für den Massenmarkt sind in der Regel gefiltert, so dass sie keine Ablagerungen ausbilden. Der Trend für Weine mit auch nur dem geringsten Qualitätsanspruch geht jedoch dahin, nur sehr sanft, wenn überhaupt, zu filtern. Manche Rebsorten, Grenache etwa oder Pinot noir, entwickeln kaum Ablagerungen, aber Trauben, die dunkle, körperreiche Weine ergeben, z.B. Cabernet Sauvignon, Syrah/Shiraz oder Brunello,

bilden oftmals schon nach drei Jahren Ablagerungen aus. In manchen Fällen weist das Etikett auf mögliche Ablagerungen hin: »ungefiltert« oder »nonfiltré«. Oft jedoch sind Sie auf sich selbst gestellt und müssen sich auf der Basis von Alter, Qualität und Typ des Weins Ihr eigenes Urteil bilden – oder Sie halten die Flasche gegen eine Lichtquelle. Wurde der Wein liegend gelagert, sind die Ablagerungen meist ganz deutlich an der Unterseite, oft in der Nähe der Schulter der Flasche, zu sehen.

Eine gute Lichtquelle ist auch für den Vorgang des Dekantierens selbst unerlässlich. Halten Sie dabei Ihre Hand ruhig, und sorgen Sie dafür, dass die Flasche mindestens 36 Stunden vorher aufrecht gestanden hat. Sie sollten langsam und gleichmäßig gießen und auf den letzten Rest Wein am Boden der Flasche (etwa drei bis vier Zentimeter) verzichten. Junger Wein kann problemlos im Voraus dekantiert werden, wohingegen sehr alte Weine erst kurz vor dem Servieren dekantiert werden sollten, da ihre Aromen unter Umständen schnell verblassen.

ROTWEIN SERVIEREN

Die einzig richtige Servier-Temperatur gibt es für keinen Wein – diese kann unter anderem nämlich auch von der Jahreszeit abhängig sein. Oft werden Weine leider mit einer Temperatur serviert, die ihnen nicht gerecht wird. Weiß- und Roséweine werden zuweilen in einen Zustand aromaloser Kältestarre versetzt; Weißweine werden aber auch, besonders wenn es heiß hergeht, manchmal viel zu warm serviert. Rotwein wird

Beim Dekantieren dringen Ablagerungen bis zum Flaschenhals vor. Benutzen Sie ein starkes Licht, um rechtzeitig zu stoppen.

dagegen auf jeden Fall zu warm serviert, wenn man das altbekannte Diktat von der »Zimmertemperatur« zu wörtlich nimmt – was auch in der Gastronomie nicht selten vorkommt. Dass dieses aus einer Zeit stammt, in der es noch keine Zentralheizung gab, wird dabei übersehen.

Unsere heutige durchschnittliche Raumtemperatur von 21 °C ist höchstens für die körperreichsten, eichenfassgereiften Roten aus der Neuen Welt gut. Aber selbst diesen würde oft eine Temperatur von 18 °C besser bekommen. Mittelschwere klassische Rotweine wie Bordeaux sollten noch etwas kühler serviert werden, und Pinots noirs (einschließlich Burgunder) abermals eine Stufe kühler. Beaujolais, leichte Rotweine sowie mittelschwere, dabei in einem modernen, tanninarmen, weichen Stil gehaltene Rotweine können kühl serviert werden. Eine halbe bis eine ganze Stunde im Kühlschrank, je nach Kühlschranktemperatur und Ausgangstemperatur des Weins, reicht aus, um derartige Weine optimal zu temperieren. Wenn es schnell gehen soll, empfiehlt sich ein Eimer Eiswasser.

WEISSWEIN SERVIEREN

Auch Weißwein kühlt man am besten in Eiswasser herunter, es sei denn, Sie verfügen über eine spezielle Kühlmanschette, die im Kühlschrank aufbewahrt und bei Bedarf über die Flasche gestülpt wird. Im Winter können sich auch Garten oder Balkon als hilfreich erweisen. Natürlich können Sie Wein auch in der Tiefkühltruhe abkühlen, was aber mit unangenehmen Überraschungen verbunden ist, sollten Sie den Wein einmal vergessen. Einen kalten Rotwein können Sie in einem Eimer mit lauwarmem, notfalls auch warmem Wasser erwärmen. Weißwein sollte bei einer Temperatur zwischen 6 °C und 11 °C serviert werden – prüfen Sie das mit einem Weinthermometer. Für preiswerte und/oder tendenziell körperarme Weiße (darunter viele italienische und deutsche Weine sowie Muscadet) kommt eher das untere Ende dieser Spanne in Frage. Dasselbe gilt für die meisten moussierenden Weißen und Rosés, wohingegen Jahrgangschampagner und rote Schaumweine aus Australien nicht zu kühl serviert werden sollten.

Bei körperreicheren Weißweinen (weißer Burgunder, hochwertige Chardonnays aus der Neuen Welt) sollte die Temperatur eher am oberen Ende besagter Spanne liegen, bei Sauvignon blanc, Riesling, anderen aromatischen Weißen ohne Eiche, Manzanilla sowie bei Fino Sherrys irgendwo in der Mitte. Überhaupt empfiehlt es sich, Wein, gleich welcher Art, eher zu kühl als zu warm zu servieren, da er sich im Glas ohnehin erwärmt (es sei denn, Sie sitzen im Keller).

ESSEN UND WEIN
Die Reihenfolge, in der Sie zwei oder mehr Weine servieren, hängt zu einem großen Teil von den gereichten Speisen ab.

Es gibt jedoch eine Faustregel: Ein Wein sollte niemals durch den unmittelbar vorausgehenden Wein überwältigt werden. Leichter Wein wird demnach vor schwereren Weinen (mit mehr Alkohol oder mehr Körper) serviert, trockener Wein vor Süßwein, Weißwein vor Rotwein – und natürlich wurden und werden diese Regeln immer wieder umgangen. Die klassischen Ausnahmen sind öliger Süßwein wie Sauternes als

Lauwarmer Wein schmeckt nicht; deshalb werden diese Kühler direkt aus dem Eisfach genommen.

Begleiter zu Gänseleber oder anderen fetten Pasteten; Sherry zusammen mit Suppe; Sancerre zu Ziegenkäse; federleichter Asti und andere moussierende Muscatweine zu Puddings. Wenn Sie Brot und/oder Wasser zur Neutralisierung des Gaumens reichen und vernünftige Pausen zwischen den Gängen einhalten, stellen diese Weine keine unüberwindbaren Probleme dar. Ein deutscher Wein als Begleiter zu einem Fischgang würde wahrscheinlich nach Sauternes zu Gänseleber seine Wirkung verlieren, ein guter Chardonnay oder Chablis hat dagegen genug Körper, um damit fertig zu werden.

DIE PASSENDE GELEGENHEIT
Bedenken Sie nicht nur die Speisen – die Jahres- oder Tageszeit ebenso wie der Anlass geben die Richtung vor. Ein Zinfandel mit 14,5 Prozent Alkohol ist nicht unbedingt der beste Wein für ein Mittagessen, noch dazu für einen Gast, der sonst nur eher neutrale italienische Weißweine trinkt; Vinho verde neigt dazu, an einem grauen Winterabend seinen Reiz zu verlieren; ein sommerlicher Garten ist kein passender Ort, um einen erhabenen Tropfen zu servieren – die wertvollen Aromen würden sich sofort verflüchtigen. Etwas in der Richtung Sauvignon blanc aus Neuseeland ist viel eher geeignet.

OFFENE FLASCHEN
Nachdem ich alle möglichen Hilfsmittel ausprobiert habe, die eine offene Weinflasche angeblich luftdicht verschließen, bin ich zu dem Schluss gekommen, dass diese Mittelchen entweder nicht funktionieren oder aber ihre Wirkung in keinem Verhältnis zu Aufwand und Preis steht. Es bleibt also nur, den Wein, wie gehabt, zu verkorken und wieder in den Kühlschrank zu stellen.

Wenn Sie weniger als die Hälfte einer Flasche übrig haben, lohnt es sich, den Wein in eine (sorgfältig gespülte) halbe Flasche umzufüllen, um den Luftanteil zu verringern. Es rentiert sich sogar, extra zu diesem Zweck eine halbe Flasche Wein zu kaufen. Die meisten Weine kann man so problemlos zwei bis drei Tage aufbewahren. Eine andere Möglichkeit ist, geringe Mengen übrig gebliebenen Weins in Eiswürfelbehältern tief zu kühlen, um sie bei Bedarf zum Kochen zu verwenden.

Einzig einen Sektflaschenverschluss benutze ich regelmäßig. Schaumweine behalten ihre Lebendigkeit auch dann, wenn man sie offen in den Kühlschrank stellt, sie oxidieren jedoch und nehmen Gerüche an. Was die Silberlöffel betrifft: einen Schaumwein lebendig und frisch zu erhalten, vermögen sie nicht. Das ist ein Gerücht.

Lagern & servieren

In einem hart umkämpften Markt konkurrieren Erzeuger auf der ganzen Welt – mit Weinen von immer besserer Qualität.

Weine der Welt

Frankreich

Französische Erzeuger verfügen über eine einzigartige Vielfalt an Böden, Mikroklimaten und Rebsorten – und über jahrhundertelange Erfahrung.

① BORDEAUX

② BURGUND

③ CHAMPAGNE

④ LOIRETAL

⑤ RHÔNETAL

⑥ ELSASS

⑦ PROVENCE

⑧ LANGUEDOC-ROUSSILLON

⑨ DER SÜDWESTEN

⑩ JURA & SAVOYEN

Rechts, von oben links im Uhrzeigersinn: Rebkultur im Bordelais; Traubenlese von Hand; Clos de Vougeot, eine der illustren Grand-Cru-Lagen in Burgund; St-Emilion – von hier kommen einige der berühmten Garagenweine (siehe S. 167).

Welchen Wein auch immer Sie bevorzugt trinken – aus Italien, Spanien, Australien oder Neuseeland –, der Stil und die Aromen wurden wahrscheinlich von Frankreichs Weinen beeinflusst. So stammt die Idee, Wein in kleinen Fässern aus neuer Eiche auszubauen, ebenso ursprünglich aus Frankreich wie die Trauben, die die Weine der Neuen Welt prägen – etwa Chardonnay, Cabernet Sauvignon, Merlot, Syrah und Sauvignon blanc.

Das heißt nicht zwangsläufig, französische Weine seien die besten der Welt. Die Weine der Spitzenklasse sind zwar auf Grund ihrer Subtilität, Komplexität und ihres Alterungspotenzials schwer zu schlagen, aber es gibt immer mehr Weine, die ihnen ebenbürtig sind. Die auf der Qualitätsskala weiter unten angesiedelten klassischen französischen Weine wirken, verglichen mit ähnlichen Weinen aus der Neuen Welt, bisweilen streng, auch wenn heute selbst die engstirnigsten, traditionellsten Winzer und Regionen frischere, fruchtigere Weine als früher erzeugen.

APPELLATIONEN UND KLASSIFIKATIONEN

Was für Frankreich in den letzten Jahren in vielerlei Hinsicht zu einem Hemmschuh geworden ist, ist sein altbewährtes, oft kopiertes, aber auch ziemlich starres AC-System. Appellation Contrôlée, eine Bezeichnung, die Sie auf dem Etikett fast jeden Spitzenweins finden werden, ist die höchste Qualitätskategorie nach dem französischen Weingesetz. Aber damit ist nicht in jedem Fall eine Qualitätsgarantie verbunden: Fast alle französischen Spitzenweine sind AC-Weine, nicht alle AC-Weine aber weisen auch Spitzenqualität auf – bei weitem nicht alle. Ursprünglich war das Gütesiegel Appellation Contrôlée dazu gedacht, Authentizität zu garantieren, indem es Herkunft, Rebsorte, zum Teil auch Anbau- und Verarbeitungsmethoden festlegte.

Je weiter nach unten man auf der Liste der Kategorien kommt, um so lockerer werden die Vorschriften. Den zweiten Rang nehmen die zahlenmäßig geringen VDQS-Weine ein (Vin de Qualité Supérieure). Ihnen folgen die beliebten Landweine, die Vins de pays. Innerhalb dieser stetig anwachsenden Kategorie sind die Regelungen so locker, dass sich dort auch ehrgeizige Erzeuger wohl fühlen, die mit Stilen jenseits der AC-Vorschriften experimentieren. Am unteren Ende der Qualitätsskala befinden sich die einfachen Vins de table.

164   Weine der Welt

Teure Fässer aus neuer Eiche auf Château Ausone in St-Emilion, das als Premier Grand Cru classé eingestuft ist

Empfohlene Erzeuger

Abgesehen von den klassifizierten Gewächsen der jeweiligen Region, achten Sie auf folgende (Ch. = Château, Dom. = Domaine):

Rotwein
Ch. d'Aiguilhe, Ch. d'Archambeau, Ch. Canon (Canon-Fronsac), Ch. Canon-de-Brem, Ch. Carbonnieux, Ch. la Dauphine, Ch. la Grave (Fronsac), Ch. Landiras, Ch. Marsau, Ch. Meyney, Ch. les Ormes-de-Pez, Ch. les Ormes-Sorbet, Ch. de Pez, Ch. Potensac, Ch. Poujeaux, Ch. Puygueraud, Ch. Sociando-Mallet, Ch. de Sours, Ch. Thieuley, Ch. la Tour-de-By, Ch. Tour de Mirambeau, Clos Floridène, Calvet, Dourthe, Sirius

Trockener Weißwein
Ch. Bonnet, Ch. Reynon, Ch. de Sours, Ch. Thieuley, Ch. Tour de Mirambeau, Calvet, Dourthe

Süßer Weißwein
Ch. Cérons, Ch. Loubens, Ch. Loupiac-Gaudiet, Ch. Reynon, Dom. du Noble

JAHRGÄNGE

Der Jahrgang spielt in dem oft regnerischen Klima von Bordeaux eine wichtige Rolle. Große Rotwein-Jahrgänge sind die Jahre mit einem langen, warmen, trockenen Herbst. 2000 war superb, der feinste seit 1990; 1998, 1996 und 1995 waren gute, 1991 und 1992 schlechte Jahrgänge. Die besten Süßwein-Jahrgänge waren 1999, 1997, 1996 und 1990, die schlechtesten 1991, 1992, 1993.

Bordeaux

Denkt ein Nicht-Franzose an französischen Wein, fällt ihm meist zuerst Bordeaux ein.

Diese ausgedehnte Region im Südwesten erzeugt mehr AC-Weine als jede andere Region in Frankreich. Sie erzeugt auch mehr feine Weine als jedes andere Land. Aber Bordeaux-Wein ist keineswegs gleich Bordeaux-Wein. Das gesamte Bordelais ist eine AC-Region, so dass jeder Wein, egal ob rot, weiß oder rosé, auch ein AC-Wein ist. Er kann gut sein, gelegentlich sehr gut und seinen Preis wert. Ein Großteil der Bordeaux-Weine ist aber noch immer ziemlich mittelmäßig. Lassen Sie sich nicht durch das Gütesiegel Bordeaux Supérieur täuschen. Damit ist lediglich ein etwas höherer Alkoholgehalt verbunden.

APPELLATIONEN

An gehobener Qualität interessierte Weintrinker halten sich am besten an den einfachen Rat, dass die hochwertigen Weine – also jene, auf die der Ruf der Region gründet – nicht als Bordeaux gekennzeichnet sind. Das gesamte Gebiet ist in knapp 20 Appellationen unterteilt, und ein Wein mit einer dieser Appellationen als Herkunftsnachweis ist meist interessanter als ein lediglich als Bordeaux gekennzeichneter Wein – allerdings können Sie sich selbst darauf nicht immer verlassen.

Das Médoc und sein geringfügig überlegener Nachbar Haut-Médoc sind zwei der wichtigsten AC-Regionen in Bordeaux. In beiden wird nur Rotwein angebaut. Weitere Appellationen sind Graves und die hochwertigere Enklave Pessac-Léognan; beide erzeugen gute bis hervorragende Rot- und Weißweine.

St-Emilion und Pomerol sind nur für Rotwein zuständig. Die ausgedehnte Appellation Entre-Deux-Mers ist eine Quelle ehrlicher, trockener Weißweine (sowie roter AC-Bordeaux). Fronsac und Canon-Fronsac sind beides Regionen im Aufwind und erzeugen nur Rotweine, was genauso für die winzige, jedoch beeindruckende Appellation Côtes des Francs gilt. Rotweine aus Côtes de Bourg und Premières Côtes de Blaye sind rustikaler (letztere AC liefert auch Weißwein in geringen Mengen), während die Roten der AC Côtes de Castillon – St-Emilion ist nicht weit – bemerkenswert geschmeidig und fruchtig sind. Süße Weißweine kommen hauptsächlich aus Sauternes, Barsac, Cérons, Ste-Croix-du-Mont, Loupiac und Cadillac. Das Haut-Médoc verfügt über weitere Unter-Appellationen: sechs Gemeinden mit eigenem AC-Status, nämlich St-Estèphe, St-Julien, Margaux, Pauillac, Moulis und Listrac. Diese Weine gelten als die feinsten Weine des Bordelais, Moulis und Listrac stehen in Qualität und Ansehen dabei am Schluss.

KLASSIFIKATIONEN

Einige dieser AC-Regionen gehen noch einen Schritt weiter; für ihre Weine gilt ein eigenes Klassifikationssystem. Ausschlaggebend dafür ist die Qualität. Die

166 Weine der Welt

berühmteste Klassifikation wurde 1855 für das Haut-Médoc erlassen. Danach werden die 60 Spitzen-Châteaux in fünf Kategorien eingeteilt: von Premier Grand Cru classé (oder Erstgewächs) bis zu Cinquième Grand Cru classé (oder Fünftgewächs). Selbst Weine, die als fünftes Gewächs eingestuft sind, sollten von sehr hoher Qualität sein. Unterhalb der Crus classés im Médoc und Haut-Médoc liegen die Crus bourgeois, darunter wiederum Tausende nicht qualifizierter Bordeaux-Weingüter: die Petits Châteaux.

Die Süßweine in den Appellationen Sauternes und Barsac werden nach Premier Cru supérieur (ausschließlich Château d'Yquem), Premier Cru und Deuxième Cru klassifiziert. Die Region Graves markiert rote wie weiße Spitzenweine ohne weitere Unterteilung als Cru classé; aus der Reihe fällt Château Haut-Brion, das als eines der ersten fünf Spitzengewächse die Médoc-Klassifikation von 1855 mit anführt.

In St-Emilion sind die Spitzenweine die Premiers Grands Crus classés (noch ein Mekka für Kapitalanleger); ihnen folgen die Grands Crus classés, diesen wiederum eine Vielzahl von Grands Crus sehr uneinheitlicher Qualität, die trotz ihrer hehren Bezeichnung selten besser sind als ein Cru bourgeois aus dem Médoc.

Obwohl Pomerol einige der feinsten und berühmtesten Rotweine des Bordelais erzeugt (vor allem Château Pétrus und Le Pin), kommt es ganz ohne Klassifikation aus. Die Regionen Pomerol und St-Emilion wurden in den letzten Jahren zum Hauptlieferanten der so genannten Garagenweine. »Vins de garage« sind Weine, die auf kleinsten Weinbergen angebaut und in geringen Mengen erzeugt werden – vielleicht 1000 Kisten pro Jahr oder weniger.

REBSORTEN

Der Standard-Verschnitt für roten Bordeaux besteht aus Cabernet Sauvignon, Merlot und Cabernet franc. Gelegentlich gesellt sich ein Hauch Petit Verdot, manchmal auch Malbec dazu. Aber während Cabernet Sauvignon einem Haut-Médoc oder einem Graves das typische Aroma von schwarzer Johannisbeere oder Zedernholz verleiht, ist Merlot heute die überwiegende Sorte.

Merlot macht einen Wein vollmundig und üppig. Dieser Stil ist heute weltweit in Mode. Der Merlot-Anteil in den Weinbergen des Bordelais nimmt so auch stetig zu. Gleichzeitig tragen moderne Techniken der Weinbereitung dafür Sorge, dass selbst Weine mit mehr Cabernet Sauvignon opulenter geraten als in früheren Zeiten.

Weißer Bordeaux ist traditionell ein Verschnitt von Sémillon und Sauvignon blanc, manchmal mit einem Hauch aromatischer Muscadelle-Traube. Viele trockene Weiße bestehen heute aber auch aus 100 Prozent Sauvignon blanc und sind somit extrafrisch. Sémillon, der die Weine fett und schwer werden lässt, bildet das Rückgrat der großen Süßweine; darüber hinaus ist er wichtig für trockene, zum Altern bestimmte Weißweine.

Fast jeder relativ preiswerte Bordeaux, egal ob rot oder weiß, kann gleich nach dem Kauf getrunken werden. Manchem Roten schaden allerdings auch ein oder zwei zusätzliche Jahre in der Flasche nicht. Crus bourgeois und Weine ähnlichen Kalibers brauchen in der Regel eine Reifezeit von mindestens drei Jahren; die Crus classés verdienen eigentlich ein ganzes Jahrzehnt auf der Flasche, sind aber zunehmend schon nach fünf Jahren verführerisch gut. Weißweine der Spitzenklasse aus Pessac-Léognan verdienen ebenfalls zehn Jahre, obgleich weniger gute schon früher geöffnet werden können. Spitzenweine aus Sauternes und Barsac können Jahrzehnte alt werden, sind ebenso oft aber schon in jungen Jahren so deliziös, dass, so möchte man meinen, nur wenige Exemplare diese Chance erhalten.

Von Weinbergen umgeben, ist St-Emilion ein Mekka für Weinenthusiasten und außerdem eine der schönsten Städte des Bordelais.

Burgund

Großer roter Burgunder ist unwiderstehlich seidig. Wo immer in der Welt Pinot noir angebaut wird, ist man bestrebt, dieser Qualität nahe zu kommen.

Mit seinem für Burgund typisch gemusterten Dach wurde Château de Corton-André zu einem weithin bekannten Wahrzeichen der Côte d'Or.

Empfohlene Erzeuger

Ghislaine Barthod, J.-M. Boillot, Champy, Robert Chevillon, J. Drouhin, René Engel, J. Faiveley, J. C. Fourrier, Ch. de Fuissé, Geantet-Pansiot, Anne Gros, L. Jadot, Michel Lafarge, Dom. des Comtes Lafon, Laroche, Dominique Laurent, Dom. Leflaive, Olivier Leflaive, Bonneau du Martray, Hubert de Montille, François Raveneau, Tollot-Beaut, Verget

Beaujolais
Duboeuf, Eventail de Vignerons Producteurs, Jacky Janodet, M. Lapierre, Loron, Sarrau, Louis Tête

JAHRGÄNGE

Die besten Jahrgänge des letzten Jahrzehnts für weißen Burgunder sind 2000, 1999, 1996, 1995 und 1992; die besten roten Jahrgänge sind 2000, 1999, 1996, 1995 und 1990. Keine verheerenden Jahre, aber die schlechtesten für Weißweine, waren 1991 und 1993; die schlechtesten für Rotweine 1992 und 1994. Selbst die Spitzenweine sind in der Regel nach zehn Jahren trinkreif; einfache Weine sollten Sie besser sofort trinken.

Roter Burgunder kann intensiv aromatisch, sollte aber nie schwer sein: Die dunklen, dicken Burgunder von früher wurden zweifelsohne mit Weinen südlicherer Lagen verstärkt. Weißer Burgunder ist wahrscheinlich der berühmteste Chardonnay der Welt, wenn auch dieser ominöse Begriff nur selten auf den Etiketten erscheint.

APPELLATIONEN UND KLASSIFIKATIONEN

Burgund ist eine eher kleine Region. Noch kleiner ist sein Herz, die Côte d'Or, ein überschaubarer, in die Côte de Beaune und die Côte de Nuits unterteilte Reihe von Hügeln, auf die sich der Ruf der Region gründet. Hier bildet jedes größere Dorf eine eigene Appellation. Die besten Einzellagen sind als Grand Cru deklariert, jede Grand-Cru-Lage wiederum darf den Status einer Appellation Contrôlée (AC) für sich beanspruchen. Die nächste Stufe sind die Premiers Crus; auf den Etiketten erscheint der Name der AC des jeweiligen Dorfes, an den sich die Bezeichnung für den Weinberg anschließt.

Nordwestlich der Côte d'Or liegt Chablis, die Heimat der stahligsten – und am seltensten wirklich erfolgreich kopierten – Chardonnays der Welt. Auch hier werden die Spitzenweine als Grand Cru beziehungsweise Premier Cru deklariert. Weine von den Randgebieten der Appellation Chablis dürfen sich lediglich Petit Chablis nennen, und oft fehlt ihnen auch der Charakter eines echten Chablis. Aus der Region kommen einige leichte Rotweine wie der auf Pinot noir basierende Irancy sowie ein Sauvignon blanc (Sauvignon de St-Bris).

Südlich an die Côte d'Or schließt sich die Côte Châlonnaise an. Die Qualität hier ist unterschiedlich, die besten Weine sind relativ günstig. Die wichtigsten Appellationen sind Montagny, das ausschließlich Chardonnay produziert; Bouzeron, berühmt für seinen weißen Aligoté; Mercurey, Rully und Givry (Rot- und Weißweine). Crémant de Bourgogne, ein nach dem Champagnerverfahren hergestellter Schaumwein, wird ebenfalls hier, ebenso aber im weiter südlich gelegenen Mâconnais erzeugt. Das Spektrum der Stillweine aus dem Mâconnais reicht von sehr gewöhnlichem Mâcon blanc bis hin zu seriöseren Chardonnays von gewissenhaften Erzeugern in den Appellationen Pouilly-Fuissé, Viré Clessé und St-Véran oder aus Dörfern, denen es gestattet ist, ihren Namen an den der Region zu hängen (zum Beispiel Mâcon-Milly). Ein Auslaufmodell ist Mâcon rouge, der wie Beaujolais aus Gamay gekeltert wird, aber nicht über dessen Charme verfügt.

Das südlicher gelegene Beaujolais ist ein großes Gebiet, deren bessere Weine aus der Nordhälfte der Region kommen. Die feinsten stammen aus zehn Dörfern, die als die Crus bekannt sind und jeweils eine eigene AC bilden (wie etwa Fleurie, Brouilly oder Morgon). Die nächste Qualitätsstufe bilden die Weine mit der Etikettierung Beaujolais-Villages. Diese sind fast immer besser als die einfachen AC-Weine. Beaujolais Nouveau ist der junge Wein des jeweiligen Jahres und keinesfalls von vornherein zu verachten.

Der Kauf von Burgunder wird dadurch erschwert, dass jeder Weinberg zwischen diversen Erzeugern und Weinbereitungsstilen aufgeteilt ist; Sie sollten daher immer zuerst auf den Namen des Erzeugers und erst dann auf den des Weinbergs achten.

Rechts: Einbringen der Pinot-noir-Ernte im Weinberg Les Breterins in Auxey-Duresses, einem der unbekannteren Dörfer an der Côte d'Or Unten: Rebbestände in Montée de Tonnerre, einer der Premier-Cru-Lagen in Chablis. Es hat sich gezeigt, dass der stahlige Charakter von Chardonnay aus Chablis in anderen Regionen kaum nachzuahmen ist.

Champagne

Alain Terrier, Chef de Caves bei Laurent-Perrier, begutachtet den Hefesatz in einer Flasche mit reifendem Champagner.

Empfohlene Erzeuger

Paul Bara, Billecart-Salmon, Bollinger, Charles Heidsieck, Deutz, Fleury, Jacquesson, Krug, Larmandier Bernier, Pol Roger, Louis Roederer, Ruinart, Salon, Veuve Clicquot, Vilmart

Jean-Pierre Girondin, Chef de Caves bei Taittinger, rüttelt Jéroboams (Flaschen mit drei Liter Inhalt) auf.

Häufig wird Schaumwein generell als Champagner bezeichnet, aber das ist falsch: Schaumwein wird überall auf der Welt produziert, Champagner kommt ausschließlich aus der Champagne.

Der Kauf von Champagner wird dadurch erschwert, dass die AC Champagne alle Qualitätsstufen abdeckt. Die besten Dörfer werden als Grands Crus eingestuft, die nächstbesten als Premiers Crus, und nur Weine, die aus diesen Trauben bereitet wurden, dürfen das Gütesiegel auf dem Etikett tragen. Viele der teuersten Weine jedoch kümmern sich nicht um derartige Details; sie verlassen sich ausschließlich auf ihren Ruf und ihren Namen.

MIT ODER OHNE JAHRGANG

Gravierender sind die Unterschiede zwischen den Jahrgängen. Jahrgangslose Champagner sind Verschnitte mehrerer Jahrgänge. Sie kommen trinkreif in den Handel, wenn auch eine zusätzliche Reifezeit von sechs Monaten oft nicht schadet.

Jahrgangschampagner werden nur in den besten Jahren und in wesentlich geringeren Mengen erzeugt. Öffnen Sie einen, der noch zu jung ist, finden Sie einen verschlossenen, spröden Champagner vor. In vielen Fällen kommen die Flaschen noch vor der Trinkreife in den Handel: Diese Weine müssen bis zu fünf Jahre nachreifen. Das Nonplusultra sind die *de luxe* oder Prestige Cuvées: Es sind in der Regel noch knappere und noch teurere Jahrgangsweine. Der beste Jahrgang seit 1990 ist der 1996er. Zu unterscheiden ist auch zwischen Erzeuger-Champagnern und den großen Marken. Letztere kommen von Champagnerhäusern, von denen Moët & Chandon das größte und bekannteste ist.

Erzeuger sind kleine Familienbetriebe mit eigenen Weinbergen, die wesentlich geringere Mengen auf den Markt bringen. Ein grundsätzlicher Qualitätsunterschied ist nicht auszumachen.

REBSORTEN UND STILE

Champagner wird aus drei Trauben hergestellt: aus Chardonnay sowie den zwei roten Sorten Pinot noir und Pinot meunier. Ein Großteil, Rosé inbegriffen, ist ein Verschnitt aus allen drei Sorten. Chardonnay trägt Eleganz und Alterungspotenzial bei, Pinot noir Gewicht, Pinot meunier Ausgewogenheit. Ein wichtiger Stil ist auch Blanc de Blancs, der ausschließlich auf Chardonnay basiert, während ein Blanc de Noirs dagegen ausschließlich aus roten Trauben gekeltert wird.

Zu unterscheiden ist auch zwischen trocken und süß, wenngleich diese Begriffe leicht Verwirrung stiften können. Der trockenste, nur von wenigen Erzeugern hergestellte Stil nennt sich *extra brut*; der trockene Stil mit der größten Popularität ist *brut*; *extra dry* bezeichnet einen weniger trockenen Champagner; *sec* ist noch weniger trocken; *demi-sec* eher süß; *doux* schließlich süß.

Loiretal

Diese Region ist gerade für jene Weine bekannt, die an den beiden Enden des Flusses erzeugt werden – Sancerre am Oberlauf des Stroms und Muscadet an der Atlantikküste.

Diese Windmühle überragt die Chenin-blanc-Reben, aus denen in Bonnezeaux feine Süßweine gekeltert werden.

Empfohlene Erzeuger

Patrick Baudoin, Bossard, Bouvet-Ladubay, Ch. de Fesles, Confrèrie d' Oisly et Thesée, Coulée de Serrant, D. Dagueneau, Dom. des Aubuisières, Filliatreau, Huët, H. Pellé, Jo Pithon, Sauvion, Vacheron

JAHRGÄNGE

Weine von der Loire sollten jung getrunken werden, mit Ausnahme der besten Rotweine, süßen Weißweine und Savennières. 1990, 1995, 1996 (ganz besonders), 1997 und 2000 waren gute Jahrgänge, jene von 1991–1994 weniger gute.

Der Weinberg La Châtellerie des Hauses Joseph Mellot wird von der Stadt Sancerre überragt.

Zwischen diesen beiden Weinen liegt eine breite Vielfalt von Weiß-, Rot- und Roséweinen, Stillweinen wie Schaumweinen, alle mit einem auffallend frischen Charakter.

REBSORTEN

In Sancerre und den benachbarten Pouilly-Fumé, Menetou-Salon und Quincy ist Sauvignon blanc tonangebend. Der Anbau von Sauvignon blanc setzt sich in Richtung Westen fort; Sauvignon de Touraine ist eine preiswerte, vernünftige Alternative zu Sancerre. In Vouvray und Montlouis gewinnt Chenin blanc an Bedeutung für trockene, trockene bis süße sowie süße Weiß-, Still- und Schaumweine. Für die Alltagsrotweine aus der Touraine spielt Gamay eine mehr oder weniger überragende Rolle, was auch die Etiketten signalisieren, aber eine Menge anderer Sorten ist mit im Spiel; zu Rosé de Loire wird verarbeitet, was gerade zur Verfügung steht. Seriösere Rotweine von Cabernet franc kommen aus Bourgueil, St-Nicolas-de-Bourgueil und Chinon.

Das weiter westlich gelegene Savennières liefert erstklassige trockene Chenin-blanc-Weine, während jene von den Coteaux de Layon lieblich bis süß sind. Hervorragende langlebige Süßweine sind Quarts de Chaume und Bonnezaux. Die Schaumweine aus Saumur basieren auf Chenin blanc. Um fast alle Rosés aus Anjou macht man am besten einen großen Bogen, aber die Rotweine (hauptsächlich von Cabernet franc) aus Saumur, Anjou, Anjou-Villages und ganz besonders Saumur-Champigny können klasse sein. Der beste Muscadet kommt aus dem Raum Sèvre-et-Maine.

Château Grillet, eine der kleinsten Appellationen Frankreichs, erzeugt ungemein teuren Viognier.

Empfohlene Erzeuger

Nördliche Rhône
Albert Belle, Chapoutier, Chave, Cave des Clairmonts, A. Clape, Colombo, Cuilleron, Ch. Curson, Delas, Graillot, Guigal, Jaboulet, Jamet, Jasmin, A. Perret, Rostaing, Vernay

Südliche Rhône
Chapoutier, Ch. de Beaucastel, Ch. de Fonsalette, Ch. Fortia, Ch. de l'Isolette, Ch. Rayas, Clos des Papes, Dom. du Cayron, Dom. de la Mordorée, Dom. Ste-Anne, Jaboulet, La Vieille Ferme, Vieux Télégraphe

JAHRGÄNGE

Was bei einer so warmen Region vielleicht überraschen mag: Die Jahrgänge fallen für den Norden und den Süden unterschiedlich aus. Der Norden erreichte glänzende Ergebnisse in den Jahren 1990, 1991, 1995, 1997, 1998 und 1999, schlechte Ergebnisse in den Jahren 1992 und 1993; der Süden erreichte glänzende Ergebnisse in den Jahren 1990, 1995, 1998 und 1999, schlechte Ergebnisse in den Jahren 1991 und 1992. Der 2000er ist vielversprechend für beide.

Rhônetal

Von der Rhône kommen entschiedene, sogar mächtige Weine. Körperreiche Rotweine überwiegen, es gibt auch eine Hand voll faszinierender, üppiger trockener Weißweine.

Die einzige regionale und sehr ausgedehnte Appellation ist Côtes du Rhône, während die bedeutenden Dörfer im Rhônetal ihre eigene Appellation haben. Obwohl es keine offizielle Klassifizierung der Weinberge gibt, besteht kein Mangel an Spitzenweinen.

DER NORDEN

Auf den steilen Granithängen des Nordens gedeihen mächtige, langsam reifende Rotweine, die oftmals in kleinen Mengen von Syrah bereitet werden. Der feinste und langlebigste Wein ist der Hermitage, dicht gefolgt von den Weinen der Côte-Rôtie; der Cornas ist muskulös, obschon rustikaler; St-Joseph und Crozes-Hermitage sind etwas leichter. Besonders Letzterer bietet oft ein gutes Preis-Leistungs-Verhältnis.

Die drei weißen Trauben der Rhône erbringen ähnlich körperreiche Weine. Die berühmte Viognier wird entweder sortenrein abgefüllt oder sie wird in kleinen Mengen rotem Côte-Rôtie beigemischt, dem sie zu mehr Duftigkeit verhilft. Die beiden anderen weißen Rhône-Trauben Marsanne und Roussanne werden für weißen Hermitage verschnitten, für Crozes-Hermitage, St-Joseph und den moussierenden St-Péray.

DER SÜDEN

Im Süden werden 13 Rebsorten angebaut, aber nur wenige Erzeuger haben alle im Programm. Grenache, Mourvèdre und der dumpfere Carignan sind die wichtigsten Rotwein-Trauben. In der AC Côtes du Rhône findet Syrah zunehmend Verbreitung. Seinen Platz hat Syrah auch in der führenden AC der südlichen Rhône, Châteauneuf-du-Pape. Ebenso verwenden die preiswerteren Alternativen Gigondas, Vacqueyras und Lirac Syrah im Verschnitt. Lirac produziert neben den Rotweinen noch Rosé; berühmt jedoch für seinen schweren, trockenen Rosé ist vor allem Tavel. Mehr als eine Skurrilität in dieser Umgebung ist der gespritete, süße Muscatwein Beaumes-de-Venise. Die anderen Weißweine dieser Region erscheinen neben den Roten wie eine trockene, robuste Zweitbesetzung; teuer, aber aromatisch und interessant ist weißer Châteauneuf-du-Pape.

CÔTES DU RHÔNE-VILLAGES

Côtes du Rhône kommt zum Großteil aus dem Süden. Die wenigen Exemplare aus dem Norden (die Erzeugeradresse dient als entscheidender Hinweis) sind meist kerniger und besser strukturiert. Côtes du Rhône-Villages (aus dem Süden) ist vollmundiger und fruchtiger, besonders wenn er aus einem der Dörfer kommt, deren Name auf dem Etikett genannt ist, wie in Côtes du Rhône-Villages Sablet (andere Dörfer sind Cairanne, Rasteau, Séguret, Valréas oder Vinsobres). Côtes du Ventoux ist ebenfalls gut.

Mit Gewürztraminer bestockter Grand-Cru-Weinberg des Hauses Zinnkoepfle; sie ergeben höchst exotische elsässische Weine.

Empfohlene Erzeuger

Paul Blanck, Marcel Deiss, Rolly Gassman, Hugel, Albert Mann, Schlumberger, Schoffit, Trimbach, Turckheim co-op, Zind-Humbrecht

JAHRGÄNGE

Die Jahrgänge 1990 und 1997 waren außergewöhnlich, jene von 1993 bis 2000 durchweg gut, wenn auch der 1994er uneinheitlich war. Wärmere Jahre kommen oft den Riesling-Weinen zugute, kühlere Jahre ergeben feineren Gewürztraminer. Süßweine werden nicht in jedem Jahr erzeugt.

Empfohlene Erzeuger

Ch. de Pibarnon, Ch. Routas, Ch. de Selle, Ch. du Seuil, Ch. Simone, Ch. Vignelaure, Dom. Ott, Dom. Templer, Dom. de Trévallon

JAHRGÄNGE

Alle Roséweine und die meisten Weißweine sollte man jung trinken; die seriöseren Rotweine (aus einer guten Mischung Mourvèdre, Cabernet Sauvignon und Syrah, dazu etwas neue Eiche) altern oftmals recht gut. Jahrgangsbedingte Schwankungen sind gering.

Elsass

Das von französischen und deutschen Rebsorten geprägte Elsass erzeugt Weißweine, die, obschon unverkennbar französisch, eine Würzigkeit haben, wie sie nirgendwo in Frankreich vorkommt.

Elsässische Weine werden nach der Rebsorte benannt. Für alle gilt die Grund-Appellation Elsass; ausgenommen davon sind 50 Spitzenweine, welche die AC Alsace Grand Cru auf dem Etikett führen.

Leider sind nicht alle Grand-Cru-Weine so gut wie sie sein sollten. Die größte Unsicherheit beim Kauf elsässischer Weine ist mit der Frage nach ihrer relativen Süße verbunden. Theoretisch sind alle Weine trocken, es sei denn, auf dem Etikett ist etwas anderes vermerkt. Praktisch können die Weine auch lieblich sein oder sogar süß – ohne Hinweis auf dem Etikett.

Die besten für Grand-Cru-Lagen zugelassenen Rebsorten sind Riesling, Gewürztraminer, Pinot gris und Muscat. Die ersten drei altern gut. Sonstige Rebsorten sind Sylvaner, Pinot blanc und Pinot noir (für eher leichte Rote). Verschnitte tragen den Namen Edelzwicker oder Gentil (ein neuer Begriff). Crémant d'Alsace ist ein angenehmer Schaumwein.

Provence

In den letzten Jahren wurde die Provence von der Weinrevolution in Languedoc-Roussillon überschattet.

Im Vergleich zu seinem dynamischen Nachbarn erscheint die Provence teuer und leicht konservativ. Es gab keinen vergleichbaren Zustrom australischer *flying winemakers* und weniger Experimente im Bereich der Vins de pays. Dennoch herrscht kein Mangel an interessanten Erzeugern. Ihre Weine haben oft mehr Finesse als die in Languedoc-Roussillon.

Die wichtigsten Appellationen sind Côtes de Provence, Coteaux d'Aix-en-Provence, Les Baux de Provence sowie die etwas rustikalere AC Coteaux Varois. Bandol ist zwar klein, aber berühmt für seine Rotweine; Cassis (nur Weißweine), Bellet und Palette sind ebenfalls klein, aber en vogue und daher teuer. Am berühmtesten sind die Rosés, am besten aber sind die Rotweine auf der Basis von Grenache, Cinsaut, Mourvèdre, Syrah und Cabernet Sauvignon. Weißweine, die zwar eine Minderheit bilden, qualitativ jedoch sehr verbessert wurden, werden von mehreren Sorten bereitet, etwa von der charaktervollen heimischen Rolle-Traube sowie etwas Chardonnay.

Weine der Welt 173

Languedoc-Roussillon

Kaum eine Region hat im Lauf der letzten Jahrzehnte eine derartige Dynamik entwickelt wie dieser ausgedehnte Küstenstreifen am Mittelmeer.

Die Kellerei des Guts Mas de Daumas Gassac, das als »Lafite des Languedoc« bezeichnet worden ist.

Empfohlene Erzeuger

Abbotts, Alquier, Caves de Mont-Tauch, Chais Baumière, Ch. de Lastours, Comte Cathare, Dom. Clavel, Dom. Gauby, Dom. du Mas Blanc, Mas de Daumas Gassac, Mas Jullien, Dom. Virginie, Voulte Gasparet

JAHRGÄNGE

Die Jahrgänge sind weitgehend stabil, 1998 war exzeptionell und 2000 war gut. Die meisten Weine können getrunken werden, sobald sie im Handel sind.

Das Languedoc-Roussillon hat sich selbst neu erfunden: eine Quelle überaus fruchtiger, dennoch im traditionell erdigen Stil des Südens gehaltener Rotweine; als Quelle modischer, sortenreiner, roter und weißer Vins de pays; und als Quelle einer kleinen Elite von Spitzenweinen, für die Mas de Daumas Gassac bahnbrechend war.

Die Appellationen sind meist sehr groß. Es werden fast überall dieselben Sorten angebaut. Ein AC-Wein ist nicht unbedingt besser als ein Vin de pays – und auch nicht immer teurer. Fitou und Faugères sind Appellationen mit überdurchschnittlich hohen Zielen, so auch die Gemeinde Pic St-Loup in den Coteaux du Languedoc. Corbières und Minervois sind zwar von uneinheitlicher, in ihren besten Exemplaren aber von sehr guter Qualität. Coteaux du Languedoc, Côtes du Roussillon und Côtes du Roussillon-Villages sind riesige Appellationen, die ein breites Qualitätsspektrum abdecken. Vins doux naturels (gespritete Weine) auf der Basis von Grenache werden in Banyuls und Maury bereitet, gespritete Muscatweine unter anderem in Frontignan und Rivesaltes.

Grenache, Mourvèdre, Syrah, Carignan und Cinsaut sind die traditionellen roten Trauben. Daneben haben sich auch Cabernet Sauvignon und Merlot eingeschlichen.

Unten links: Aimé Guibert, Pionier des Weinbaus und Inhaber von Mas de Daumas Gassac
Unten rechts: Weinberge im Languedoc

Der Südwesten

An der südlichen Atlantikküste, zwischen Bordeaux und der spanischen Grenze, gibt es, grob gesagt, zwei Arten von Wein: die Bordeaux-ähnlichen aus dem Norden und den »Rest«.

Das Château de Monbazillac, eines von mehreren Besitztümern der örtlichen Weingenossenschaft

Empfohlene Erzeuger

La Chapelle l'Enclos, Ch. du Cèdre, Ch. de la Jaubertie, Ch. Montus, Ch. du Plat Faisant, Ch. Richard, Ch. Tirecule la Gravière, Ch. de Tiregand, Clos Triguedina, Clos Uroulat, Clos d'Yvigne, Dom. Bru-Baché, Dom. Cauhape, Dom. du Garinet, Robert Plageoles, Producteurs Plaimont, La Tour des Gendres

JAHRGÄNGE

Trockene Weißweine sollten jung getrunken werden; viele Rotweine und die besten süßen Weißweine entwickeln sich in der Flasche.

Östlich von Bordeaux, entlang der Dordogne, liegen die Regionen Bergerac, Monbazillac, Montravel, Pécharmant, Rosette und Saussignac; Côtes de Duras, Côtes du Marmandais und Buzet liegen etwas weiter südlich und näher an Entre-Deux-Mers. In diesen Regionen werden hauptsächlich die Sorten Merlot, Cabernet Sauvignon, Sémillon und Sauvignon blanc angebaut, das bekannte Bordeaux-Quartett. Auch die Weinstile sind ähnlich, obschon die Rotweine meist etwas weicher sind. Die Weißweine variieren zwischen frischen, trockenen Sauvignons blancs in Bergerac und Duras sowie süßen, Sauternes ähnlichen Weinen in Saussignac und Monbazillac. Entfernt man sich von Bordeaux auf die Pyrenäen zu, dann wechseln auch die Rebsorten und die Stile der erzeugten Weine. Die roten Bordeaux-Trauben weichen Malbec (insbesondere in Cahors, wo dieser manchmal Cot oder Auxerrois genannt wird), Tannat (in Madiran, Béarn und dem baskischen Irouléguy), Negrette in den Côtes du Frontonnais, Duras in Gaillac, Fer Servadou (oder Braucol) und mehreren anderen. Wenn diese Roten etwas gemeinsam haben, dann gewisse wilde Aromen und eine Tendenz zu robusten Tanninen.

Ebenso einzigartig sind die weißen Sorten. Gros Manseng und Petit Manseng, die Hauptsorten in Jurançon, sowie Pacherenc du Vic-Bihl ergeben hocharomatische Weine. Aus Mauzac wird Gaillac bereitet.

Vins de pays

Vins de pays werden in ganz Frankreich erzeugt, ihre Herkunft geht jedoch nicht unbedingt aus dem Etikett hervor. Sie sind entweder nach einer von vier riesigen Regionen benannt, nach einem von vierzig Départements oder nach einer von 95 Zonen. In aller Munde sind jene aus dem Süden, wo *flying winemakers* unter Ausnutzung der lockeren Vin-de-pays-Regelungen Weine von internationalem Zuschnitt erzeugen. Darüber hinaus gibt es traditionell produzierte, immens teure Vins de pays mit Kultstatus. Andere wiederum sind billig und gewöhnlich. Viele Weine, besonders aus dem Süden, machen nach und nach so manches wieder gut.

Sonstige

Jura und Savoyen erzeugen Weine, die man, abgesehen von Vin jaune, im Ausland nur selten sieht, aber jeder, der sich dort aufhält, probieren sollte. Am auffälligsten ist der Vin jaune (der die AC l'Etoile oder Château-Chalon haben kann). Es ist ein intensiv aromatischer, Sherry-ähnlicher, gelber Wein, der sich scheinbar endlos hält. Er wird aus Sauvignon blanc gekeltert. Letztere findet auch für die trockenen Weißen Côtes du Jura und Arbois Verwendung. Vin de Savoie, Seyssel, Bugey und Crépy sind knackig-frische Weine, die jung getrunken werden; die Weißen werden von Sorten wie Jacquère, Chasselas, Chardonnay und Roussette bereitet, die Roten von Pinot noir und der etwas schwereren Mondeuse-Traube.

Italien

Die Weine Italiens wurden seit jeher ausschließlich von einheimischen Sorten bereitet. In den letzten Jahren machen sich auch internationale Sorten einen Namen.

① PIEMONT & DER NORDWESTEN

② TOSKANA & MITTELITALIEN

③ VENEZIEN & DER NORDOSTEN

④ DER SÜDEN & DIE INSELN

Italienische Rotweine sind unverwechselbar. Das hängt einerseits mit der Vielfalt heimischer Trauben zusammen, andererseits mit der Art ihrer Behandlung. Kennzeichnend für alle ist jene Note von bitterer Kirsche, die ihnen einen ganz besonderen Reiz verleiht. Die Weißweine sind vielschichtiger: Die meisten sind leicht und eher neutral, der Norden jedoch verfügt über einige unglaublich aromatische Weine. Im ganzen Land versuchen sich Erzeuger an eichenfassgereiften Chardonnays. Daneben gibt es die Tradition der Passito-Weine – Süßweine aus Trauben, die vor der Vergärung getrocknet werden, um ihren Zuckergehalt zu steigern. Vin Santo und die roten und weißen Recioto-Weine des Nordostens gehören in diese Kategorie, werden aber in der Regel auf dem Etikett nicht als Passito bezeichnet.

APPELLATIONEN UND KLASSIFIKATIONEN

Die höchsten Qualitätsprädikate für italienischen Wein sind Denominazione di Origine Controllata (DOC) und Denominazione di Origine Controllata e Garantita (DOCG) – die Entsprechung zur französischen Appellation Contrôlée. In manchen Fällen ist nur der Name der Herkunftsregion angegeben – Barolo beispielsweise; oder das DOC-Siegel besteht aus den Namen von Rebsorte und Region – Nebbiolo delle Langhe zum Beispiel. Der entscheidende Unterschied zwischen DOC und DOCG besteht darin, dass DOC lediglich die Herkunft, die Verwendung bestimmter Sorten und die Verarbeitungsmethode garantiert, während DOCG zusätzlich eine Qualitätsgarantie beinhaltet. Einige der hochwertigen »Tafelweine« aus der Toskana, die von nicht-einheimischen Sorten bereitet und in neuer Eiche ausgebaut werden, sowie vergleichbare Weine aus dem übrigen Italien bevorzugen aber noch immer die Bezeichnung Vino da Tavola (VdT), obwohl sie sich nach einer Änderung der Bestimmungen auch mit dem Gütesiegel DOC oder DOCG schmücken dürften. Zwischen diese beiden Extreme fällt die Kategorie Indicazione Geografiche Tipiche (IGT). Sie wurde geschaffen, um die neuen Super-Tafelweine einordnen zu können, findet jedoch wenig Anklang.

In einigen DOCs und DOCGs werden die besseren Lagen gesondert behandelt und auf den Etiketten auch entsprechend hervorgehoben, wie in Soave Classico. In einigen gibt es die Kategorie Riserva für Weine, die besonders lange gelagert wurden – von ihnen kann man meist bessere Qualität erwarten.

Rechts, von oben links im Uhrzeigersinn: terrassierte Weinberge in den Cinqueterre in Ligurien; Frühjahrsschnitt der Reben bei Frascati; ausgedehnte Weinberge östlich von Marsala auf Sizilien

Piemont & der Nordwesten

Aus dieser Ecke stammen einige der großartigsten Rotweine Italiens sowie einige der delikatesten Weißweine.

Die Bäume wurden extra gepflanzt und tragen traditionelle Pergolen, an denen die Reben gezogen werden.

Empfohlene Erzeuger

Altare, Bava, Braida, Ca' del Bosco, Ceretto, Clerico, Aldo Conterno, Giacomo Conterno, Fontanafredda, Angelo Gaja, B. Giacosa Prunotto, Sandrone, Scavino, Vajra, Vietti, R. Voerzio

JAHRGÄNGE

Jahrgangsschwankungen machen sich im Norden bemerkbar, besonders was den spät reifenden Nebbiolo betrifft. Große Barolo- und Barbaresco-Jahre waren 1990, 1996, 1997, 1998, 1999 und 2000; Ausrutscher waren 1991, 1992 und 1994.

Von den drei bedeutendsten roten Trauben ist Nebbiolo sicherlich die erhabenste. Barbera wird gemeinhin als die zweitbeste erachtet. Aus ihr lassen sich einfache Alltagsrotweine gewinnen, aber auch langlebige Weine von großer Komplexität. Dolcetto schließlich erbringt lebhafte, fruchtige Weine, die eher jung getrunken werden sollten. Alle drei werden sortenrein für DOC- oder DOCG-Weine abgefüllt, können aber auch in IGTs und VdTs auftauchen, die wiederum Verschnitte aller möglichen Sorten sein können – Cabernet Sauvignon zum Beispiel. Andere, in geringeren Mengen angebaute rote Trauben sind Bonarda, Brachetto (für rote Schaumweine), Freisa, Pinot nero und Grignolino.

ROTE TRAUBEN

Die Heimat von Nebbiolo ist die DOCG Barolo im Piemont, woher auch die feinsten Weine dieser Sorte kommen. Im Lauf der letzten Jahrzehnte sind Preise und Qualität stark angestiegen, wenn auch die Preise zur Jahrhundertwende leicht nachgaben. Diese an Teer erinnernden Weine gehören zu den dunkelsten und komplexesten Italiens. Es sind auch mit die langlebigsten, obwohl die meisten heute früher trinkreif werden. Barbaresco ist geringfügig leichter. Gattinara, Ghemme, Carema und Spanna (alle DOCs) kommen von den Randzonen. Sie können gut sein, ein einfacher DOC Nebbiolo delle Langhe ist aber oft die bessere Wahl.

Die besten DOCs für Barbera sind die Barbera d'Alba und Barbera d'Asti genannten im Piemont. Hier werden die Weine oft in Eiche ausgebaut, um der für Barbera typischen Säure die Spitze zu nehmen. Diese Weine gehören zu den zeitgemäßesten Italiens, ohne dass sie den charakteristischen italienischen Biss vermissen lassen. Dolcetto wird in sieben Zonen angebaut, darunter Alba und Dogliani, wo er dichtere, festere Weine ergibt, sowie Asti, wo die Weine delikater sind.

WEISSE TRAUBEN

Der berühmteste Weißwein im Nordwesten ist der leichte, aromatische, oft moussierende Moscato. Andere Sorten sind Arneis (mit Birnenaromen, teuer), Cortese (besonders für den modischen Gavi), Erbaluce, Favorita, Vermentino und der allgegenwärtige Trebbiano.

Die Weine der weiter östlich gelegenen Lombardei werden außerhalb ihrer Heimat weniger oft gesehen als jene aus dem Piemont, aber die Schaumweine aus der Franciacorta und der elegante, abgerundete weiße Lugana sind sehr erfolgreich. Weine aus den Regionen Oltrepò Pavese und Alpine Valle d'Aosta sind eine Verkostung wert.

Toskana & Mittelitalien

Der Weinberg Monte Oliveto liegt direkt zu Füßen der von ihren mittelalterlichen Türmen beherrschten Stadt San Gimignano.

Empfohlene Erzeuger

Altesino, Antinori, Argiano, Avignonesi, Banfi, Biondi-Santi, Costanti, Fonterutoli, Fontodi, Frescobaldi, Isole e Olena, Lungarotti, Ornellaia, Le Pupille, Sassicaia, Selvapiana, Tenuta di Capezzana, Tenuta San Guido, Teruzzi & Puthod, Volpaia

JAHRGÄNGE

Gute Jahrgänge in der Toskana sind nicht unbedingt identisch mit denen in anderen Teilen Italiens. Jahrgangsunterschiede sind aber eher bei der Wahl ernsthafter Rotweine als bei Weißweinen zu berücksichtigen. Für Letztere ist das unmittelbar zurückliegende Jahr in der Regel das beste. Für Sangiovese war 1990 ein hervorragendes Jahr, ebenso 1997 und 1999. 1995 war sehr gut; 1991 und 1992 waren enttäuschend.

Die besten Weine Mittelitaliens sind die Rotweine, die zum Großteil auf Sangiovese basieren. Die Weißweine, undenkbar ohne Trebbiano, sind fast alle leichte, neutrale Alltagsweine.

Weitere Rotweintrauben sind Cabernet Sauvignon, Merlot, Lambrusco (für den gleichnamigen), Montepulciano, Sagrantino und Canaiolo; weitere Weißweintrauben sind Vermentino, Vernaccia, Sauvignon blanc, Malvasia, Greco und Grechetto. Die Rebsorten werden selten auf Etiketten erwähnt.

ROTE TRAUBEN

Die berühmteste Region ist natürlich Chianti. Die Weine von dort haben im Lauf der letzten 20 Jahre enorme Fortschritte gemacht, was auf verbesserte Arbeitsmethoden zurückzuführen ist. So werden sie heute, verdientermaßen, weltweit entsprechend ernst genommen. Brunello di Montalcino und Vino Nobile di Montepulciano (beide DOCG), sozusagen Nachbarn des Chianti, sind etwas schwerer als dieser. Vino Nobile di Montepulciano ist nicht zu verwechseln mit der robusten, fruchtigen Montepulciano-Traube, die in den Abruzzen und in den Marken, in der DOC Rosso Cònero, sortenrein abgefüllt wird.

Morellino di Scansano ist etwas leichter und pflaumiger als Chianti, während Carmignano, dem ein kräftiger Schuss Cabernet Sauvignon beigemischt ist, oftmals komplex und elegant ist. Der Torgiano aus Umbrien war einmal sehr in Mode, wurde aber qualitativ unter anderem vom Chianti und dem von Sagrantino bereiteten Sagrantino di Montefalco, Umbriens neuem Stern, überholt.

Zu den nicht von Sangiovese bereiteten Rotweinen aus diesem Teil Italiens gehört auch der leichte, moussierende rote oder weiße Lambrusco. Für den Export bestimmte Weine werden leider nur allzu oft gesüßt, weshalb ihnen der durch die Säure bedingte typische Biss des Originals gänzlich fehlt.

Normaler Chianti kann ein paar Jahre nach der Lese mit Genuss getrunken werden, ein Riserva jedoch, viele Einzellagen-Weine und Rote aus Bolgheri brauchen länger.

WEISSE TRAUBEN

Die beliebtesten Weißweine Mittelitaliens sind der Vernaccia di San Gimignano (nussig, aromatisch und von Vernaccia bereitet), Galestro (leicht und spritzig), Est! Est!! Est!!!, Frascati (von Trebbiano und Malvasia) und Orvieto (dieselben beiden Sorten, aber auch mit Beimengungen heimischer Sorten). Als Faustregel gilt: Je mehr Malvasia der Wein enthält, um so voller und nussiger ist er. Dieselben Trauben finden auch für Vin Santo Verwendung. Chardonnay wird meist als VdT eingestuft und bisweilen zu sehr hohen Preisen gehandelt.

Weine der Welt 179

Das mittelalterliche Schloss von Soave, in der Nähe von Verona, überragt die Weinberge einer Region, deren Ruf sich gerade erholt.

Empfohlene Erzeuger

Allegrini, Anselmi, Bolla, Dal Forno, M. Felluga, Gini, Gravner, Jermann, Lageder, Maculan, Masi, Pieropan, Pojer & Sandri, Quintarelli, Mario Schiopetto, Tedeschi, Zenato

JAHRGÄNGE

Die meisten dieser Weine sind für den baldigen Genuss bestimmt, kaufen Sie also möglichst junge Jahrgänge. Eine Ausnahme bilden die Reciotos und Amarones aus Venetien, die ein Flaschenalter von mehreren Jahren verdient haben und oft noch viel länger halten. Gute neuere Jahrgänge sind 1990, 1993, 1995, 1997 und 2000.

Venetien & der Nordosten

Die feinsten Weißweine Italiens kommen aus dem Nordosten: intensiv, aber nie schwer, zuweilen sehr duftig, immer mit sauberen Aromen. Die Roten haben einen leicht bitteren Unterton.

Die Vielfalt der Trauben ist immens. An weißen Sorten findet man Chardonnay, Gewürztraminer (oder Traminer), Müller-Thurgau, Pinot grigio, Pinot bianco, Riesling Italico, Riesling Renano (der echte Riesling), Silvaner, den hocharomatischen Goldmuskateller, Ribolla, Garganega, Trebbiano (die beiden Letzteren sind die Basis für Soave), Tocai Friulano, den nussigen Verduzzo und Prosecco (das Rückgrat für den weichen Schaumwein selbigen Namens).

Die roten Sorten, von Merlot und den beiden im Nordosten stark verbreiteten Cabernets abgesehen, sind weniger geläufig. Dazu gehören Lagrein, Vernatsch und Schiava (die Grundlage für fast alle Rotweine in Trentino/Südtirol) sowie Moscato rosa. In Friaul-Julisch-Venetien ist der robuste Refosco heimisch. Valpolicella wird aus Corvina, Rondinella und Molinara gekeltert, ein Trio, das, wenn die Trauben von Einzellagen stammen, in der Hand eines guten Erzeugers Weine mit saftiger, dennoch reicher Kirschfrucht ergibt – ein meilenweiter Unterschied zu billigem Massen-Valpolicella. Bardolino, obschon auf demselben Verschnitt beruhend, ist in der Regel leichter.

VERSCHNITTWEINE

Die meisten DOC-Weine aus Friaul-Julisch-Venetien sowie Trentino/Südtirol sind Sortenweine und als solche etikettiert. Das ändert sich mit den Verschnittweinen Venetiens, wozu auch die berühmten Weine von rosinierten Trauben gehören. Nach dieser Methode bereitet, erreichen Valpolicella und Soave ganz neue Höhen. Recioto di Soave und Recioto di Valpolicella sind süß, konzentriert und komplex; Amarone della Valpolicella wird aus rosinierten Trauben bereitet, die trocken ausgegoren werden. Das Ergebnis ist ein faszinierender, bittersüßer, voller und rauchig-trockener Wein. Ripasso di Valpolicella liegt dazwischen und wird auf dem Hefesatz vergoren.

Mauro Lunelli aus dem Haus Ferrari in Trient zwischen den Chardonnay-Reben, die die Grundlage für die berühmten Schaumweine dieser Marke bilden

Der Süden & die Inseln

Die vulkanischen Böden des Monte Vulture geben der Basilicata ihren unverwechselbaren Rotwein, Aglianico del Vulture.

Empfohlene Erzeuger

Marco de Bartoli, Calatrasi, Candido (Salice Salentino), Cantina Sociale di Copertino, Donnafugata, Duca di Salaparuta, Fratelli d'Angelo, Librandi, A. Mano, Mastroberardino, Planeta, Regaleali, Sella & Mosca, Settesoli, Spadafora, Terre di Ginestra

JAHRGÄNGE

Jahrgangsbedingte Schwankungen halten sich in Grenzen. Die meisten Weißweine sollten innerhalb von ein oder zwei Jahren getrunken werden (eine Ausnahme ist Fino di Avellino). Die Rotweine kommen trinkreif in den Handel; Rote auf der Basis von Aglianico (wie der Taurasi) und Negroamaro altern gut.

Die Qualitätsrevolution in Süditalien und auf Sizilien liegt noch nicht so lange zurück wie jene in der Toskana und im Piemont. Ihre Folgen waren aber vielleicht noch tiefgreifender.

Die besten Rotweine sind heute üppig und vollmundig, die Weißweine immer sauber und frisch, in manchen Fällen duftig und gleichzeitig komplex. Zwangsläufig haben die Preise angezogen, im Vergleich zu anderen Regionen aber immer noch sehr mäßig.

REBSORTEN

Die Rotweine sind insbesondere interessant, weil sie größtenteils von im Süden heimischen Sorten bereitet werden: Aglianico, Negroamaro, Malvasia nera, Primitivo, Gaglioppo, Monica, Nero d'Avola, Cannonau (Grenache) und Carignano (Carignan). Aber auch Montepulciano und Sangiovese, Italiens Hauptsorten, kommen vor. Daneben gibt es den roten, Muscat-ähnlichen Aleatico, der in Apulien zu starken, süßen Rotweinen verarbeitet wird. Von den internationalen Sorten hat Syrah auf Sizilien wahrscheinlich das größte Potenzial.

Im Süden ließen sich Einbrüche von Chardonnay (zum Teil sehr erfolgreich) und Sauvignon blanc nicht vermeiden. Es gibt die in Italien unvermeidlichen Sorten Trebbiano und Malvasia, aber auch heimische weiße Trauben sind noch immer weit verbreitet, darunter Fiano, Greco und Falanghina in Kampanien sowie Catarrato, Grillo und Inzolia auf Sizilien. Muscat wird zu Süßweinen verarbeitet, vor allem Moscato di Pantelleria von der Insel Pantelleria.

Die meisten Weine, von wenigen Sorten-DOCs abgesehen – etwa Aglianico del Vulture (aus der Basilicata), Primitivo di Manduria (aus Apulien), Fino di Avellino (aus Kampanien) und Moscato di Pantelleria – werden aus einem Trauben-Cocktail gekeltert. Der berühmte Taurasi aus Kampanien dagegen besteht meist sortenrein aus Aglianico. Negroamaro ist die wichtigste Traube hinter den mächtigen, würzigen, schokoladigen Aromen der apulischen Weine Salice Salentino, Copertino und Brindisi; Gaglioppo, der zwar flott ist, aber wenig Finesse zeigt, ist die wichtigste Traube für Cirò aus Kalabrien.

GESPRITETE WEINE

Die andere große Tradition des Südens – vielmehr eine Tradition der Inseln – sind gespritete Weine. In erster Linie steht Marsala. Dieser Wein hat sehr unter Modeerscheinungen gelitten. Es war »in«, gesüßten Marsala mit Eiern, Sahne, Kaffee und so weiter zu aromatisieren. Heute konzentrieren sich die Marsala-Erzeuger auf eine Rückkehr zu trockener wie auch süßer Qualität, der Andrang internationaler Kunden hält sich aber noch in Grenzen.

Weine der Welt

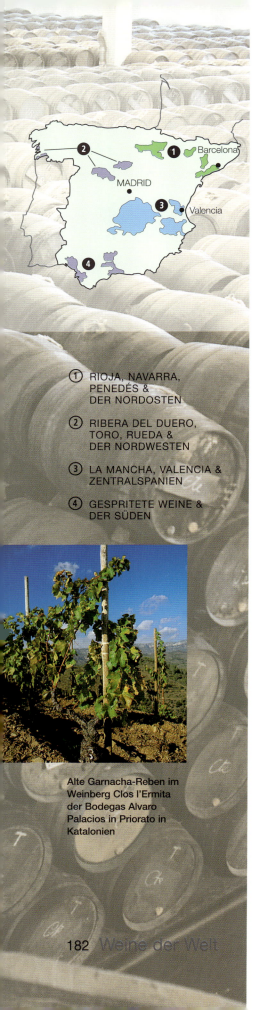

① RIOJA, NAVARRA, PENEDÉS & DER NORDOSTEN

② RIBERA DEL DUERO, TORO, RUEDA & DER NORDWESTEN

③ LA MANCHA, VALENCIA & ZENTRALSPANIEN

④ GESPRITETE WEINE & DER SÜDEN

Alte Garnacha-Reben im Weinberg Clos l'Ermita der Bodegas Alvaro Palacios in Priorato in Katalonien

Spanien

Spanischer Wein befindet sich im Umbruch. Neue Stile stehen neben einer Erneuerung traditioneller Weine.

Die elegant verblichenen, vanillewürzigen Roten, die seit jeher als typisch für Spanien galten, gibt es noch, sie werden aber zunehmend durch einen lebhafteren Stil mit vermehrt klarer Frucht und frischer Eiche verdrängt. Dadurch verlagerte sich die Aufmerksamkeit von den traditionellen Regionen, insbesondere Rioja, auf Regionen, in denen möglicherweise schon seit Jahrhunderten Wein gemacht wird, die aber, wie Priorato, erst jüngst »entdeckt« wurden.

Weißwein ist noch nie Spaniens Stärke gewesen. Nachdem sich der Geschmack von den dunkelgelben, oxidierten Weinen der Vergangenheit abgewandt hatte, bemühten sich die meisten Regionen, moderne, interessante Alternativen zu finden. Die einzige leuchtende Ausnahme war der Nordwesten mit seinen Albariños.

APPELLATIONEN UND KLASSIFIKATIONEN

Spaniens Appellationssystem ist ein nur begrenzt verlässlicher Führer zu den besten Weinen. Es gibt über 50 DO-Regionen (Denominación de Origen), die keinesfalls alle dieselbe Qualität liefern. Die Region Rioja ist höher eingestuft, nämlich als DOCa (Denominación de Origen Calificada), was der italienischen DOCG entspricht. Zwischen den Klassifikationen DO und DOCa befinden sich die Vinos comarcales und die Vinos de la tierra – grob die Entsprechung zu den französischen Vins de pays. Am untersten Ende folgt Vino de mesa oder Tafelwein. Einige angesehene und teure Weine, die rein geografisch in keine DO einzuordnen sind, werden nach den beiden letzten Kategorien klassifiziert. In vielen DO jedoch ist die Auswahl der Sorten nicht so streng reglementiert wie etwa in Frankreich oder Italien, so dass für die Erzeuger kein Bedarf besteht, das Regelsystem zu verlassen, nur um zu experimentieren.

Hilfreich bei Rotweinen ist eine grundlegende Klassifizierung nach dem Alter, wenn auch die Details von Region zu Region schwanken. *Joven* (jung) oder *sin crianza* (nicht gelagert) sind Hinweise auf Weine, die nicht in Eiche ausgebaut wurden – die also frisch und fruchtig sind. Crianza-Rotweine sind zwei Jahre gelagert, davon sechs Monate oder ein Jahr in Eiche. Reservas wurden in der Regel drei Jahre gereift, davon ein oder zwei Jahre in Eiche; Gran Reservas wurden noch länger gelagert – in der Regel zwei Jahre im Fass und drei Jahre auf der Flasche.

Rioja, Navarra, Penedés & der Nordosten

Als Windschutz gepflanzte Zypressen in den Weinbergen der Bodegas del Senorio de Sarra in Navarra

Empfohlene Erzeuger

Agramont, Finca Allende, Artadi, Chivite, Clos l'Ermita, Clos Mogador, Clos de l'Obac, Codorníu, CVNE, Enate, Freixenet, Guelbenzu, Marqués de Murrieta, Marqués de Riscal, Martínez Bujanda, Ochoa, Raimat, Remelluri, La Rioja Alta, Roda, Torres, Viñas del Vero

JAHRGÄNGE

Der beste Rioja-Jahrgang der 90er-Jahre war 1994, dicht gefolgt von 1995. Ebenfalls gut waren 1996, 1997, 1999 und 2000. 1991 war nur mäßig.

Bei spanischem Rotwein denkt man zuerst an Rioja. Aus dem Herzland des spanischen Weinbaus kommen einige der traditionellsten Weine des Landes – aber auch einige der modernsten.

Die roten Rebsorten dieser Regionen sind genauso für ganz Spanien bekannt: Tempranillo, Garnacha, Graciano, Cariñena, Monastrell und natürlich der Jet Set – Cabernet Sauvignon, Merlot und etwas Pinot noir. Weiße Sorten sind Viura, Parellada, Xarello, Chardonnay, Sauvignon blanc und Gewürztraminer. In Penedés und Somontano sind die internationalen Sorten besonders gefragt, während Rioja bisher an den traditionellen Sorten festgehalten hat.

APPELLATIONEN

Rioja ist im Begriff, sich von Grund auf zu wandeln. Die Weißweine sind schon seit Jahren frisch und leicht, während die Rotweine eine Zeitlang nicht zu wissen schienen, ob sie am alten Prinzip verblichener Aromen und langer Lagerung in Eiche festhalten oder fruchtiger werden sollten. Heute schlägt das Pendel eindeutig in Richtung Modernisierung aus, und selbst die konservativsten *Bodegas* (Kellereien) produzieren Weine neuen Stils. Einige ersetzen die Fässer aus amerikanischer Eiche, die lange Zeit für die Vanillearomen des Rioja gesorgt haben, durch französische Eiche. Andere haben die alten Kategorien Reserva und Gran Reserva zu Gunsten von Cuvée-Namen aufgegeben.

Der Regionalcharakter wird stärker herausgestellt. Während die *Bodegas* früher Weine aus allen drei Subregionen – Rioja Alavesa, Rioja Alta und Rioja Baja – verschnitten haben, tauchen heute mehr und mehr Einzellagen-Weine auf.

Navarra erzeugt eigene Weine im Rioja-Stil, daneben beeindruckende Cabernets Sauvignons und Chardonnays sowie eine Menge guter Rosado-Weine.

Zu Füßen der Pyrenäen liegt Somontano. Es ist mit seinen aufregenden, modernen Rot- und Weißweinen ein neuer Stern unter Spaniens Regionen. Costers del Segre, eine Region, die von dem Erzeuger Raimat beherrscht wird und die in den 80er-Jahren zu Ruhm gelangte, ist noch immer eine verlässliche Quelle für Cabernet Sauvignon und Chardonnay. Penedés liefert einen Großteil des spanischen Cava (nach dem Champagnerverfahren hergestellter Schaumwein), der zu einem unglaublichen internationalen Erfolg geworden ist. Die Produktion von Stillweinen in Penedés wird von Torres beherrscht, einem Unternehmen, das dort erstmals internationale Sorten eingeführt hat und heute die alten in einem neuen Licht zu sehen beginnt und damit experimentiert.

Die derzeit gefragteste Rotweinregion ist Priorato. Ihre massiven, konzentrierten Weine von sehr alten Rebstöcken erzielen hohe Preise.

Weine der Welt 183

Ribera del Duero, Toro, Rueda & der Nordwesten

Im Nordwesten befinden sich die zwei besten Weißweinregionen Spaniens: Rías Baixas und Rueda.

Empfohlene Erzeuger

Alion, Belondrade y Lurton, Félix Callejo, Martín Códax, Condes del Albarei, Marqués de Griñon, Marqués de Riscal, Pazo de Seoane, Pesquera, Pingus, Protos, Senorio de Nava, Teofilo Reyes, Vega Sicilia

JAHRGÄNGE

Besonders Ribera del Duero ist Schwankungen unterworfen, wirklich schlechte Jahrgänge sind selten. 1994 und 1996 waren besonders erfolgreich; 1990, 1991, 1995, 1997, 1998 und 1999 waren gut.

Die Albariños von Rías Baixas sind von schöner Pfirsichfrucht und schwungvoller Säure; Rueda, der aus Verdejo und Sauvignon blanc gekeltert wird, ist mild nussig, mit einem grasigen, an Reineclauden erinnernden Duft.

Dennoch stehen die Rotweine im Mittelpunkt der Aufmerksamkeit, insbesondere die der Region Ribera del Duero, eines der bedeutendsten Anbaugebiete Spaniens. Bis in die 80er-Jahre gründete sein Ruhm fast ausschließlich auf einem Wein, dem berühmten Vega Sicilia. Er hatte eine dermaßen starke Nachfrage, dass er so gut wie ständig rationiert war. Die besten Ribera-del-Duero-Weine verbinden Rioja ähnliche Eleganz mit größerer Konzentration und Kraft. Sie altern gut, aber die Qualität schwankt – zweifelsohne auf Grund der rasanten Entwicklung.

Die wichtigste rote Traube, das Rückgrat von Ribera del Duero wie auch der Nachbarregion Toro, ist Tempranillo, ergänzt von Garnacha, Mencía, geringen Mengen von Cabernet Sauvignon und Merlot. Toro ist die rustikalere Variante von Ribera del Duero; Tempranillo, so fest wie er nur sein kann.

La Mancha & Valencia

Hier handelt es sich hauptsächlich um Regionen für einfache, junge Alltagsweine.

Empfohlene Erzeuger

Agapito Rico, Bodegas Castaño, Casa de la Viña, Señorío del Condestable, Félix Solís (Viña Albali), Castilla de Liria, Nuestro Padre Jesús del Perdón co-op (Yuntero), Rodriguez y Berger, Los Llanos, Vinícola de Castilla

JAHRGÄNGE

Geringe Jahrgangsschwankungen.

Die Airen-Pflanzungen in La Mancha werden nach und nach durch Tempranillo sowie Cabernet Sauvignon, Syrah, Petit Verdot und Merlot ersetzt, um daraus hauptsächlich weiche, junge, aber auch ernsthaftere Rotweine zu gewinnen. Dieselben roten Sorten in wechselnden Kombinationen mit Bobal, Garnacha und Monastrell werden ebenso in Jumilla, Almansa und Yecla angebaut, wo sie robuste, auch mehr und mehr fruchtige Weine ergeben. Die Rotweine aus Valencia sind meist saftig und etwas leichter. In Valdepeñas haben Reservas à la Rioja eine lange Tradition.

Weiße Sorten sind Viura und Chardonnay, die insbesondere in Ribera del Guadiana angebaut werden, sowie Moscatel, aus dem ein einfacher, mit Malzzucker aromatisierter Süßwein bereitet wird.

184 Weine der Welt

Gespritete im Süden

Im Süden Spaniens dominiert Sherry. Es gibt einige Tafelweine, die aber kaum trinkbar sind, wohingegen die Qualität von Sherry sehr hoch ist – was man den Spaniern nicht zu sagen braucht.

Eine hohe Pergola von Reben spannt sich zwischen den Gebäuden der Bodegas González Byass in Jerez, Andalusien.

Empfohlene Erzeuger

Argüeso (Herederos), Barbadillo, González Byass, Domecq, Bodegas Lopez Hermanos, Vinícola Hidalgo, Lustau, Osborne, Valdespino, Williams & Humbert

Lagerhallen der Kellerei La Palma des Hauses Osborne in Puerto de Santa Maria, nahe Cádiz

In Spanien selbst hat Sherry nicht das Image-Problem wie im Ausland. Spanische Konsumenten lieben ihren Sherry pikant-trocken; die für den Export nachgesüßten Sherrys werden erst gar nicht getrunken. Nachgesüßt werden sie alle, egal ob Manzanilla, Fino, Amontillado oder Oloroso.

KLASSIFIKATIONEN

Die übliche Sherry-Traube ist Palomino. Was zählt, ist aber der Stil und nicht die Rebsorte. Manzanilla ist am leichtesten und delikatesten. Er kommt aus Sanlúcar de Barrameda und besticht durch sein salziges, hefeartiges Aroma. Wie der fast ebenso leichte Fino sollte er gekühlt getrunken werden. Sechs Monate nach der Flaschenabfüllung beginnt der Wein abzubauen, kaufen Sie also nur in einem gut gehenden Laden.

Amontillado ist dunkler, robuster, nussig und, wenn er nicht gesüßt wurde, klar und elegant. Oloroso ist noch dunkler und voller, mit Aromen von Trockenfrüchten und Nüssen. Oloroso gibt es ebenso in hochwertigen süßen Versionen. Sie werden in Spanien meist als *dulce* etikettiert (im Gegensatz zu *seco* für trockene Sherrys). Alles was den englischen Zusatz *cream* trägt, ist aus kommerziellen Gründen nachgesüßt. Spanische Bezeichnungen wie *muy viejo* (sehr alt) scheinen vielleicht vage, sind aber gemeinhin ein Hinweis auf einen ernsthaften Wein. Sherrys sind in der Regel ohne Jahrgang.

ANDERE GESPRITETE WEINE

Neben der gängigen Sherry-Traube Palomino gibt es einige dunkle, sirupartige Dessert-Sherrys, die von Pedro Ximenéz gekeltert werden. Dieselbe Traube wird in Montilla-Moriles für leichtere, nicht ganz so pikante Sherry-ähnliche Weine angebaut.

Dieser Stil wird auch in Condado de Huelva gepflegt. Málaga war ehemals die zweitwichtigste Region für gespritete Weine in Spanien. Die verbliebenen *Bodegas* erzeugen immer noch gute, volle Weine mit Aromen von Rosinen und Toffee.

Weine der Welt

Portugal

Moderne, zeitgemäße Weine kommen heute in zunehmendem Maße auch aus Portugal. Sie basieren auf einer Fülle charaktervoller Rebsorten.

Glücklicherweise waren die malerischen Namen einiger dieser Trauben kein Hemmnis, z.B. Borrado das Moscas (Fliegentüpfchen) und Esgana Cão (Hundewürger). Portugals beste Weine sind, von wenigen Ausnahmen abgesehen, seine üppigen, schokoladigen Rotweine – etwas eleganter im Norden, etwas breiter aromatisiert im Süden. Viele Regionen haben stilistisch jedoch noch nicht zu sich selbst gefunden. Mode-Güter verlangen unverhältnismäßig hohe Preise, aber die große Mehrheit bietet ein sehr gutes Preis-Leistungs-Verhältnis.

APPELLATIONEN UND KLASSIFIKATIONEN

Das Appellationssystem gleicht dem anderer europäischer Länder. An der Spitze liegt die Denominação de Origem Controlada oder DOC (mit einer eigenen Kategorie Reserva für extra lang gelagerte Weine besserer Qualität). Es folgt die Indicação de Proveninência Regulamentada (IPR); darunter befindet sich die Kategorie Vinho regional (VR), den Abschluss bildet Vinho de mesa (Tafelwein).

① DER NORDEN, DER DOURO & PORT
② DÃO, BAIRRADA & ZENTRALPORTUGAL
③ DER SÜDEN
④ MADEIRA

Rechts: die Region Douro heute – weitläufige, der Landschaft angepasste Terrassen der Quinta do Noval

186 Weine der Welt

Der Norden, der Douro & Port

Traubenlese mit Hilfe traditioneller Körbe auf der Quinta do Bonfim, dem Flaggschiff unter den Gütern des Hauses Dow's

Empfohlene Erzeuger

Churchill, Cockburn, Dow, Ferreira (Barca Velha), Fonseca Guimaraens, JM da Fonseca, Graham, Niepoort, Quinta do Côtto, Quinta do Crasto, Quinta do Noval, Quinta da Rosa, Quinta de Vesuvio, Ramos Pinto, Smith Woodhouse, Taylor, Warre

JAHRGÄNGE

Die Jahrgänge im nördlichen Portugal fallen sehr unterschiedlich aus. Die bedeutendsten Jahrgänge der letzten zehn Jahre waren 1991, 1992, 1994 und 1997. Die Tafelweine aus dem Dourotal sind beständiger, obschon 1993 ein Desaster für alle Weine war, während 1994 und 1997 außergewöhnlich gut waren. Vinho verde sollten Sie so jung wie möglich trinken.

Im äußersten Nordwesten wird Vinho verde angebaut, der einzige für den Export relevante Weißwein des Landes.

Noch bis vor kurzem war Vinho verde zum Großteil tatsächlich rot, dazu bitter, säuerlich, ein Genuss nur für den Kenner. Diese Weine werden in immer geringeren Mengen noch für den heimischen Markt bereitet. Exportiert wurden und werden die scharfen, leichten, trockenen Weißweine, wenn auch auf den Etiketten heute zuweilen die Rebsorte angegeben ist, insbesondere Alvarinho.

PORTWEIN

Port kommt von den steilen Granithängen des südlich der Vinho-verde-Region gelegenen Dourotals. Es werden zig Rebsorten angebaut, darunter auch eine kleine Minderheit weißer Sorten. Die bedeutendsten sind Touriga nacional, Touriga franca, Tinta barocca, Tinta roriz und Tinta cão. Aus ihnen werden Portweine und zunehmend feine rote Tafelweine gekeltert. Letztere tragen das Gütesiegel DOC Douro, noch bessere Weine sind als Reserva gekennzeichnet.

Port wird hergestellt, indem die Gärung des noch jungen Weins durch die Zugabe von Branntwein gestoppt wird; dadurch ergibt sich ein süßerer und stärkerer Wein. Man teilt Port in mehrere Kategorien ein. Vintage ist die crème de la crème, Wein aus einem Spitzenjahrgang, der zwei Jahre nach der Lese abgefüllt wird und danach auf der Flasche weiterreift. Vintage ist der teuerste Portwein und trägt den Namen des Handelshauses – Dow's, Taylor's, Sandeman und so weiter. Single Quinta Port ist ähnlich. Er wird in den Jahren bereitet, die von den Handelshäusern nicht als Jahrgang deklariert werden, und zwar von den Trauben des besten Weinguts (oder Quinta) eines Handelshauses. Es handelt sich also hier nicht um einen Verschnitt von Spitzenweinen. Single-Quinta Ports, etikettiert als Quinta de irgendwas, sind leichter und können etwas früher getrunken werden – in einem Alter von sieben oder acht Jahren statt von mindestens zehn Jahren, die echter Vintage Port benötigt.

Vintage Ports bilden Ablagerungen aus und müssen dekantiert werden. Dasselbe gilt für Crusted Port, einem Verschnitt mehrerer Jahrgänge – eine sehr kleine und lohnenswerte Kategorie. Portweine der viel größeren Kategorie Late bottled Vintage (LBV) werden gefiltert und kommen trinkreif in den Handel. Ausnahmen werden als *unfiltered* deklariert.

Port vom Typ Vintage ist ein Verschnitt verschiedener Jahrgänge, der in den Handel kommt, sobald er die Trinkreife erreicht hat. Trotz des Namens haben die Weine nicht den Charakter von Vintage Port, eher den eines besseren Ruby. Ruby Port ist

Weine der Welt 187

simpel, jung, rot und süß – die unterste Sprosse der Qualitätsleiter und auf einer Stufe mit den billigsten Tawny Ports. Billige Tawny Ports sind junge Rubys, deren Farbe durch die Zugabe weißen Ports und mit Hilfe anderer Tricks angeglichen wurde.

Echter Tawny Port ist etwas anderes. Nach langjähriger Reife im Holzfass verblasst seine Farbe zu einem matten ziegelrot (englisch *tawny*); er entwickelt einen mehr und mehr nussigen, rosinenartigen Charakter. Die Besten ziert eine Altersangabe – *10, 20, 30* oder *40 years old*. Ähnlich ist Colheita Port, der jedoch im Gegensatz zu Tawny ein Jahrgangswein ist. Servieren Sie beide Arten leicht gekühlt.

Dão, Bairrada & Zentralportugal

Viele Jahre waren Dão und Bairrada die besten Tafelweine Portugals. Durch die Entwicklungen im Norden und Süden wurden sie überholt und beginnen gerade erst wieder anzuziehen.

Roter Dão besteht aus einem Trauben-Cocktail mit dem obligatorischen Fünftel Touriga nacional. Andere Sorten sind Bastardo, Jaen, Tinta roriz, Tinta pinheira, Alfrocheiro preto und noch weitere. Die feuchtere Region Bairrada verlässt sich hauptsächlich auf eine Sorte, die tanninreiche Baga.

Der Stilunterschied ist dennoch gering. Barraida ist meist fruchtbetonter – ein reifer Charakter von schwarzer Johannisbeere und Himbeere. Dão ist dagegen strenger: Alles lediglich eine Frage der Weinbereitung. Dão hat trotz jüngster Fortschritte noch ein gutes Stück Wegs vor sich, was auch für die geringen Mengen Weißwein der Region gilt. Bairrada produziert eine begrenzte Menge moderner, knackiger, herber Weißweine.

Der führende Bairrada-Erzeuger Luis Pato in seinem Weingut Quinta da Cha

Empfohlene Erzeuger

Casa da Saima, Casa de Santar, Caves Aliança, Caves São João, Luis Pato, Quinta dos Roques, Sogrape

JAHRGÄNGE

Früher wurden Rotweine lange gelagert, heutige Weine müssen kaum abliegen, nachdem sie in den Handel gekommen sind. Schwankungen zwischen den Jahrgängen sind gering; 1993 war allerdings mäßig, während 1997 hervorragend war.

Der Anbau anderer Feldfrüchte neben Wein ist, wie hier in den stürmischen Hügeln der Region Dão, überall in Portugal üblich.

188 Weine der Welt

Empfohlene Erzeuger

Bright Bros, Cartuxa, Caves Aliança, Cortes de Cima, Herdade de Esporão, Herdade de Mouchão, JM da Fonseca, JP Vinhos, Quinta de Abrigada, Quinta da Boa Vista, Quinta do Carmo, Quinta da Lagoalva, Quinta de Pancas, Reguengos de Monsarez co-op

JAHRGÄNGE

Zu den selteneren, traditionelleren Stilen gehören die langlebigen Roten und öligen Weißen von Colares, die säuerlichen Weißen von Bucelas sowie die rosinenartigen gespriteten Weine von Carcavelos. Andernorts sind moderne Stile die Regel.

Der Süden

In ganz Portugal befindet sich der Weinsektor im Fluss, die tiefgreifendsten Veränderungen haben dabei die südlichen Regionen Alentejo, Ribatejo und Estremadura zu verzeichnen.

Gegenwärtig ist mit den Angaben DOC, IPR und VR nicht von vornherein auch ein Qualitätsunterschied verbunden. Der Name des Erzeugers sowie einer oder mehrerer Rebsorten auf dem Etikett sind ein verlässlicher Hinweis auf Stil und Qualität. Hier werden fast alle in Portugal üblichen Trauben angebaut – Touriga nacional, João santarem (alias Trincadeira, Castelão, Periquita und so weiter), Alfrocheiro preto unter den roten Sorten; Arinto, Esgana cão und Fernão pires unter den weißen. In der Region Terras do Sado finden sich auch internationale Sorten, insbesondere Cabernet Sauvignon und Chardonnay.

Madeira

Die gespriteten Weine werden seit mehreren hundert Jahren in die ganze Welt exportiert. Tradition bedeutet aber noch keine Sicherheit: Heute müssen die Weine um Absatzmärkte kämpfen.

Das Problem ist nicht die Qualität. Vielmehr werden gespritete Weine heute generell weniger getrunken.

KLASSIFIKATIONEN

Die verwendeten Rebsorten sind theoretisch auch die Sorten, welche die vier Madeira-Stile bestimmen: Sercial für die trockensten und strengsten Weine; Verdelho für nicht ganz so trockene; Bual für liebliche; Malmsey oder Malvasia für sehr süße Weine. Ein Madeira, der eine dieser Stilarten für sich in Anspruch nimmt, muss zu 85 Prozent aus der genannten Sorte bestehen. Nennt sich dagegen ein Madeira nur *dry* oder *medium*, steckt die Tinta-negra-mole-Traube dahinter. Es steht außer Zweifel, dass diese Traube nicht so erlesen ist wie die anderen, sie ergibt dennoch oft charaktervolle Weine. Das Aroma von Madeira rührt darüber hinaus vom Alterungsprozess her und nicht von der Rebsorte. Der Süßegrad wird in der Kellerei festgelegt, der faszinierende, fast säuerliche Geschmack dagegen entsteht während der vielen Jahre, die der Wein in alten Fässern verbringt, sowie dadurch, dass der Wein über längere Zeit erwärmt wird (*estufagem*-Prozess). Das geschieht in warmen Lagerhallen oder mittels spezieller Öfen.

Madeira ist berühmt für seine lange Haltbarkeit. Heute können Weine gekauft werden, die 100 Jahre oder noch älter sind.

Lange gereift und lange haltbar – Madeira-Fässer bei Adegas de São Francisco

Empfohlene Erzeuger

Blandy, Cossart Gordon, Henriques & Henriques, Leacock, Rutherford & Miles

JAHRGÄNGE

Drei oder vier Jahre alter Madeira ist eher simpel, ein zehn oder 15 Jahre alter Wein weist den typischen Madeira-Geschmack auf. Blandy erzeugt einen jüngeren Jahrgangsstil, der als *harvest*, nicht als *vintage* deklariert ist.

Weine der Welt 189

Deutschland

Die deutschen Weine haben in den letzten Jahren einen Wandel durchgemacht, der sie zunehmend auch zum Exportartikel werden lässt.

Es ist gelungen, einen neuen Stil trockenerer, zeitgemäßerer Weine zu kreieren. Die Entwicklung geht wieder hin zu den feinen, rassigen, eleganten Weißweinen, die Deutschlands Ruf als Weinland ursprünglich begründet haben. Wenn man an der Quelle sitzt, kann man sich freuen.

APPELLATIONEN UND KLASSIFIKATIONEN

Das deutsche Klassifizierungssystem ist präziser als das jedes anderen europäischen Landes – aber auch komplizierter. Die meisten europäischen Länder geben Herkunft und Rebsorte an. Deutsche Etiketten informieren zusätzlich über den Reifegrad der Trauben bei der Lese.

Nach dem Gütesiegel QbA (Qualitätswein bestimmter Anbaugebiete), das in etwa der französischen AC entspricht, ist Deutschland in 13 Regionen eingeteilt: Ahr, Baden, Franken, Hessische Bergstraße, Mittelrhein, Mosel-Saar-Ruwer, Nahe, Pfalz, Rheingau, Rheinhessen, Saale-Unstrut, Sachsen, Württemberg. Eine Stufe weiter unten folgt die Klassifikation Landwein, die deutsche Entsprechung zum Vin de pays; für sie gelten in Deutschland 20 von den »bestimmten Anbaugebieten« unabhängige Herkunftsangaben. Die einfachste Kategorie umfasst die Tafelweine. Experimentierfreudige Erzeuger benutzen sie oft für Weine, die den geltenden Bestimmungen nicht entsprechen.

Jedes der 13 Anbaugebiete ist in Bereiche unterteilt, die wiederum in Großlagen differenziert werden. Die kleinste Einheit sind die Einzellagen. Wählen Sie immer einen Einzellagen-Wein. Bereich-Weine sind leicht zu erkennen: Sie führen das Wort Bereich im Etikett wie in »Bereich Bernkastel«; Großlagen-Weine dagegen sind nicht als solche gekennzeichnet. Die Großlagen von den Einzellagen zu unterscheiden, ist das größte Problem beim Kauf deutscher Weine. Die meisten Spitzenerzeuger verzichten auf die Kategorie Großlage. Es gibt Bestrebungen, die Großlage durch eine neue, exakt umrissene Herkunftsangabe zu ersetzen: die Ursprungslage. In diese Richtung geht auch das erste deutsche System von Premier-Cru-Lagen, das im Rheingau mit der Bezeichnung Erstes Gewächs, beginnend mit dem Jahrgang 1999, eingeführt wurde.

Weine von einer Einzellage tragen den Namen der Gemeinde und, an zweiter Stelle, den des Weinbergs auf dem Etikett.

Empfohlene Erzeuger

Graf Adelmann, Bassermann-Jordan, Bercher, Georg Breuer, Bürklin-Wolf, Diel, Dönhoff, Gunderloch, Fritz Haag, Dr. Heger, von Hövel, Johner, Toni Jost, Karthäuserhof, von Kesselstatt, Koehler-Ruprecht, Künstler, Leitz, Dr. Loosen, Egon Müller-Scharzhof, Müller-Catoir, J.J. Prüm, Salwey, Willi Schaefer, von Schubert/Maximin Grünhaus, Selbach-Oster, Robert Weil, Weingut Bürgerspital zum Hl. Geist, Zilliken

JAHRGÄNGE

Deutsche Rieslinge altern extrem gut in der Flasche und brauchen sogar einige Jahre, bis sie sich von ihrer besten Seite zeigen. Junger Riesling schmeckt oft verschlossen und mager. Andere Sorten sind meist früher trinkreif. Deutschland hatte in jüngster Zeit eine außergewöhnlich gute Serie von Jahrgängen: Keiner im letzten Jahrzehnt war inakzeptabel und 1990, 1993, 1995 sowie 1997 waren von besonders hoher Qualität.

Rechts, von oben links im Uhrzeigersinn: Steillagen am Mittelrhein, zu steil für jede Maschine; der Weinberg Bassgeige über Oberbergen in Baden; das Kloster St. Hildegardis und der Weinberg Klosterberg bei Rüdesheim im Rheingau

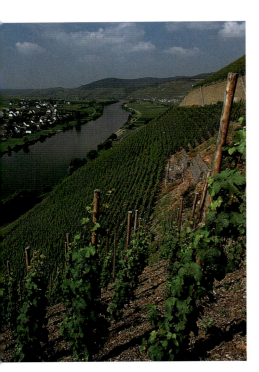

Eine mit Riesling bestockte Steillage des Hauses Brauneberger Juffer, einem der vornehmsten der Mosel

Wenden wir uns jetzt dem Reife- und Süßegrad zu. Für Weine höherer Qualität als QbA gibt es eine weitere Kategorie, nämlich QmP, Qualitätswein mit Prädikat. Man unterscheidet zwischen sechs Klassen von QmP: Mit zunehmendem Reifegrad der Trauben sind die Prädikate Kabinett (reife Trauben), Spätlese (reifere Trauben), Auslese (ausgewählte, extrareife Trauben), Beerenauslese (von einzeln gelesenen, edelfaulen Beeren), Trockenbeerenauslese (von edelfaulen, eingetrockneten Beeren), Eiswein (von gefrorenen Trauben). Kabinettweine sind in der Regel trocken bis lieblich; Spätlesen sind lieblich; Auslese-Weine sind lieblich bis süß; alle anderen sind sehr süß.

Aber das gilt nicht mehr zwangsläufig, da viele Erzeuger ihre Weine heute trockener ausbauen, insbesondere in den südlicheren Regionen Pfalz, Franken und Baden. Diese Weine werden als trocken oder halbtrocken bezeichnet, ein Stil, in dem Weine vom Typ Kabinett, Spätlese, ja sogar Auslese angeboten werden. Doch diese Begriffe gehören nun der Vergangenheit an. Nach einem neuen System werden trockene und halbtrockene Weine nach ihrer Qualität und nicht mehr nach dem Süßegrad eingeteilt: Als Classic bezeichnete Weine kommen von einer bestimmten Region; als Sélection bezeichnete Weine sind trockene Weine höchster Qualität von einer Einzellage einer bestimmten Region. Das neue System soll sich mit dem alten nicht mischen (Begriffe wie trocken, Spätlese und so weiter fallen weg). Als Faustregel: Achten Sie einfach darauf, ob eine Rebsorte angegeben ist; bei Weinen von geringer Qualität werden Sie nie eine Rebsorte auf dem Etikett finden.

REBSORTEN

Die feinste Traube ist Riesling – weitaus die beste im Rheingau, an Mosel-Saar-Ruwer und in anderen Anbaugebieten. Ausnahmen sind die Pfalz und Baden, wo die Pinot-Familie – Pinot blanc, gris und noir – einen ähnlichen Rang einnimmt, sowie Franken, wo die beste Traube meist Silvaner ist. Pinot blanc wird oft Weißburgunder genannt; Pinot gris kann als Ruländer oder (bei trockenen Weinen) als Grauburgunder erscheinen, während Pinot noir als Spätburgunder bekannt ist. Weitere Qualitäts-Trauben sind Rivaner, Gewürztraminer (oft Traminer genannt), Scheurebe und, in geringerem Umfang, Kerner. Vermeiden Sie allzu preiswerten Müller-Thurgau. Große Fortschritte haben in den letzten Jahren die Rotweine gemacht, wobei Spätburgunder die beeindruckendsten Weine liefert; ebenfalls überzeugend sind Dornfelder und Lemberger.

Mosel-Saar-Ruwer, Rheingau und Baden sind die berühmtesten Anbaugebiete mit einer hohen Konzentration von Spitzengütern. Von Mosel-Saar-Ruwer kommen einige der leichtesten, delikatesten, dabei konzentrierten sowie langlebigen Rieslinge Deutschlands; Rheingau-Rieslinge sind kräftiger, ebenso wie jene von der Nahe. Weine aus Rheinhessen sind weicher; besonders zu empfehlen ist Silvaner, etikettiert als RS (Rheinhessen Silvaner). Schlanker sind Rieslinge vom Mittelrhein. Weine aus Baden oder der Pfalz können ziemlich gewichtig sein. Die unverwechselbaren Silvaner aus Franken präsentieren sich trocken und leicht erdig; die Rotweine aus Sachsen sind durchaus eine Probe wert. Eine traditionelle Rotwein-Region ist die Ahr, die sich heute zunehmend vom traditionell süßen Stil entfernt. Auch Württemberg produziert hervorragende Rotweine.

Österreich

Das österreichische Klassifizierungssystem hat mit dem deutschen vieles gemeinsam, doch die Weinstile unterscheiden sich gewaltig.

Wie in Deutschland beruht das Klassifizierungssystem auf dem Reifegrad der Trauben und den Sorten selbst. Bedingt jedoch durch die südlichere Lage sind die Weine voller und hochprozentiger. Der Schwerpunkt liegt auf trockenen Weinen.

APPELLATIONEN UND KLASSIFIKATIONEN

Österreichische Qualitätsweine sind hochwertiger als einfache Qualitätsweine bestimmter Anbaugebiete (QbA) in Deutschland; Kabinett in Österreich verspricht als Unterkategorie von Qualitätsweinen mehr Qualität. Die folgenden Prädikate bezeichnen Weine mit zunehmendem Reife- und Süßegrad: Spätlese; Auslese; Beerenauslese; Strohwein (hergestellt aus Trauben, die vor dem Keltern auf Strohmatten getrocknet wurden, um den Zuckergehalt zu steigern), auf einer Stufe mit Eiswein; Ausbruch (Süßweine von edelfaulen Trauben); Trockenbeerenauslese.

Österreichische Qualitätsweine vom Typ Kabinett, oft auch Spätlese, sind gemeinhin trocken. Eine rote Auslese kann ebenfalls trocken sein – achten Sie auf das Etikett. Weine des Typs Strohwein und darüber hinaus sind süß bis sehr süß. Die Wachau hat eigene Qualitätskategorien für trockene Weine. Mit zunehmendem Reifegrad und Körper sind dies Steinfelder (leicht, frisch), Federspiel und Smaragd.

Die weitaus häufigste Sorte ist der Grüne Veltliner. Er liefert die Grundlage für viele leichte, trockene Verschnittweine, ergibt aber auch einige der feinsten (aromatischen, stahligen, pfeffrigen) Weißweine Österreichs, insbesondere in der Wachau, im Kremstal und Kamptal. Welschriesling ist im Bereich guter süßer und auch trockener Weine eine feste Größe, während Müller-Thurgau an Bedeutung verliert. Andere weiße Sorten sind Chardonnay (auch Morillon oder Feinburgunder genannt), Riesling, Neuburger, Muskat Ottonel, Traminer, Pinot gris, Pinot blanc und Sauvignon blanc.

Weißenkirchen in der schönen Wachau, wo feiner Riesling und ebenso feiner Grüner Veltliner gedeiht

Weine der Welt 193

Zwei kuriose Sorten werden ausschließlich in der Thermenregion angebaut: Zierfandler (oder Spätrot) und Rotgipfler. Die häufigste rote Sorte ist der einheimische Zweigelt mit seinen Kirscharomen, dicht gefolgt von Blaufränkisch und Blauem Portugieser. Interessanter sind der Pinot noir ähnliche St. Laurent und Blauer Burgunder (Pinot noir). Cabernet Sauvignon ist ein modischer Neuimport.

Österreichische Rotweine haben im Lauf der letzten Jahre beständig an Körper und Substanz gewonnen, was dazu führte, dass sie heute manchmal zu viel an Eiche und Extrakt aufweisen. Auch die Preise sind hoch, da der Inlandsmarkt schier unersättlich ist. Die besten Weine kommen fast alle aus dem wärmeren Süden, vor allem dem Burgenland. Das Burgenland ist auch die Heimat der üppigen Süßweine Österreichs, die oftmals Sauternes ähnlicher sind als deutschen Süßweinen. Aber auch trockene Weine werden erzeugt. Alle drei Stile werden ebenso im Neusiedlersee-Hügelland, auf der anderen Seite des Sees, produziert. Andere bedeutende Regionen sind das Donauland, das Weinviertel, Carnantum und das Traisental, die Steiermark und auch Wien.

Die Schweiz

Hohe Preise bremsen den Export von Weinen aus der Schweiz, sehr zum Bedauern der Erzeuger in Wallis und Waadt, den Hauptanbaugebieten.

Die Französisch sprechenden Kantone der Schweiz haben ein Appellation-Contrôlée-System für ihre besten Weine, das allmählich auch für die Deutsch und Italienisch sprechenden Kantone übernommen wird. Die besten Merlots aus dem Tessin tragen das VITI-Siegel.

Die Haupttraube in den Französisch sprechenden Teilen ist Chasselas (oder Fendant im Wallis), eine weiche, relativ neutrale Sorte. Silvaner (alias Johannisberg im Wallis), Pinot gris, Pinot blanc und Ermitage (Marsanne) sind die anderen bekannten Trauben, die neben charaktervollen und oft aromatischen einheimischen Sorten wie Amigne, Petite Arvine und Humagne blanche angebaut werden. Rotweine werden von Pinot noir und Gamay gekeltert, die als Verschnitt den einfachen, fruchtigen Dôle ergeben; geringe Mengen Syrah lassen auf Vielversprechendes hoffen. Den Schwerpunkt in der Deutsch sprechenden Schweiz bilden Blauburgunder (Pinot noir) und Riesling-Sylvaner (Müller-Thurgau). Das Tessin baut auf den alteingesessenen Merlot.

Empfohlene Erzeuger

Bovard, Caves Imesch, Frères Dubois, Domaine Les Hutins, Rouvinez, Hans Schlatter, Werner Stucky, Tamborini, Testuz

JAHRGÄNGE

Die Qualität ist in den letzten Jahren im ganzen Land gestiegen, wovon die Rotweine besonders profitiert haben. Die Jahrgänge fallen unterschiedlich aus, aber seit 1995 waren sie alle gut.

England & Wales

Für Kontinentaleuropäer klingt es unglaublich, ist aber wahr: Es gibt an die 400 Weinberge in England und Wales.

Empfohlene Erzeuger

Breaky Bottom, Chapel Down, Chiddingstone, Davenport, Denbies, Nyetimber, Ridge View, Sharpham, Three Choirs, Valley Vineyards, Warden Abbey

Die Briten sind eifrige Weintrinker, im Umgang mit ihren eigenen Weinen aber erstaunlich ungnädig. Vielleicht schreckt sie immer noch die Erinnerung an die faden, lieblichen Weißweine ab, die in den frühen 80er-Jahren im Umlauf waren. Es gibt aber eine gute Nachricht: Englische Weine haben sich von Grund auf geändert. Viele, die in den 60er- und 70er-Jahren Weinberge anlegten, hatten keine Ahnung vom Weinbau und von der Weinbereitung. Erst als die Winzer den Wein mehr als Geschäft denn als Hobby betrachteten, änderte sich die Situation.

REBSORTEN

Im feuchten englischen Klima ist es unerlässlich, die wärmsten und trockensten Lagen mit dem besten Wasserabfluss zu suchen. Diese finden sich in erster Linie im Süden und Osten. Frühe Anpflanzungen bestanden aus Müller-Thurgau, Bacchus und Schönburger sowie der Hybride Seyval blanc. Diese Sorten dominieren heute noch, Riesling, Chardonnay, Pinot noir und Pinot gris sind jedoch sehr im Kommen.

Der Stil der Weine wird größtenteils durch das Klima bestimmt. Ein paar Erzeuger halten an Rotwein fest. Einige rühmen sich sogar mit etwas Cabernet Sauvignon. Aber der überwiegende Teil der Produktion besteht aus Weißwein. Der frühere lieblich-blumige deutsche Stil hat sich hin zu einem kräuterwürzigen Stil gewandelt, der eher an Loire-Weine denken lässt. Malolaktische Gärung und Ausbau in Eichenfässern tragen heute oft dazu bei, der Säure ihre Spitze zu nehmen. Sehr gut können die seltenen süßen Weißweine sein, am Vielversprechendsten jedoch erscheinen Englands Schaumweine. Darunter sind jene am besten, die Champagner schamlos nachahmen. Sie werden mit derselben Methode und von den gleichen Trauben bereitet, auch die Böden sind weitgehend ähnlich.

Für die Schaumweinerzeugung bestimmte Trauben (Pinot noir und Meunier) in Nyetimber in Sussex

Chapel Down hat seinen Sitz in Tenterden in Kent, kauft aber zusätzlich auch Trauben aus anderen Grafschaften.

Weine der Welt 195

Östlicher Mittelmeerraum

Schwindende Absatzmärkte für ihre traditionellen Weine haben viele Winzer im östlichen Mittelmeerraum zum Umdenken gezwungen.

Griechenland

Wenn Sie sich unter griechischem Wein in erster Linie Retsina vorstellen, liegen Sie damit heute nicht mehr richtig. Noch bis vor kurzem standen die Griechen am Rande der umwälzenden Veränderungen, die im südlichen Europa stattgefunden haben. Mittlerweile tun sie ihr bestes um aufzuholen. Wie in Portugal, Südfrankreich und Süditalien wurde auch hier eine idyllisch verschlafene Weinindustrie wach gerüttelt.

Angesichts des Problems sinkender Inlandsnachfrage nach Retsina erkannten viele Erzeuger, dass ihnen nur die Wahl blieb, sich aufs Altenteil zurückzuziehen oder aber auf Qualität zu setzen.

Die besten roten Trauben sind der würzige, kirschähnliche Xynomavro, der in den Weinen von Naoussa und Goumenissa im Alter einen wildartigen Charakter annimmt; der tiefrote, pflaumige Agiorgitiko aus Nemea; die Mavrodaphne-Traube, die für gespritete Weine verwendet wird; und der kräuterwürzige Limnio. Weiße Trauben überwiegen gegenüber roten. Am bekanntes-

Der Weinmacher Evanghelos Gerovassiliou; Weinlese in Sithonia

ten sind der aromatische Moscophilero, der hinter den trockenen, muscatähnlichen Weinen aus Mantinia steht; die in Cephalo-nia heimische spritzige, zitronige Robola; und Assyrtiko, die verführerische Spezialität von Santorin.

Von den bekannten Sorten wird Muscat zur Bereitung von Süßweinen, etwa dem berühmten Samos, verwendet; Chardonnay, Cabernet Sauvignon, Merlot und Syrah sind auf dem Vormarsch – manchmal auch, mit guten Ergebnissen, in Verschnitten mit Sorten wie Agiorgitiko.

Großbetriebe wie Kourtakis, Boutari, Tsantalis und Achaia Clauss sind in der Regel verlässlich, die besten Weine kommen eindeutig von kleinen Gütern. Empfehlenswert sind Erzeuger wie Antonopoulos (für Chardonnay), Domaine Carras, Gaia, Gentilini, Gerovassiliou, Ktima, Kyr-Yanni, Kosta Lazaridi, Domaine Mercouri, Strofilia und Tselepos.

Libanon

Im Gegensatz zu gängigen Vorstellungen gibt es im Libanon mehr zu entdecken als das berühmte Château Musar. Die beiden anderen großen Kellereien des Landes, Ksara und Kefraya, machen Weine, die im internationalen Vergleich durchaus mithalten können; besonders gut ist der Comte de M., Kefrayas Verschnitt aus Cabernet Sauvignon, Syrah und Mourvèdre. Libanons vornehmster Wein bleibt aber doch der Musar. Serge Hochars eigenwilliger Verschnitt von Cabernet Sauvignon, Cinsaut und Carignan kommt aus der Bekaa-Ebene, wo die Höhenlage die Hitze drosselt. Das Ergebnis ist ein Wein, der, abhängig vom Jahrgang, zuweilen über die zedernartige Eleganz von Bordeaux verfügt, in Verbindung mit der Kraft, Wärme und Würzigkeit der südlichen Rhône. Die Weine, die nach sieben Jahren in den Handel kommen, entwickeln sich noch viele Jahre lang weiter.

Cabernet Sauvignon, Cinsaut und Grenache auf Serge Hochars Weingut in der Beeka-Ebene in Libanon

Israel

Früher kamen aus Israel nur pappsüße koschere Rotweine. Das hat sich geändert. Ein Großteil des Landes ist zu heiß für Reben, aber in höheren Lagen wie den Golanhöhen, Galiläa und den Hügeln um Jerusalem ist Weinbau mehr als möglich. Die Weine werden größtenteils von Cabernet Sauvignon, Chardonnay und den üblichen »Globetrottern« bereitet; die besten von ihnen haben viel mit den Weinen aus Kalifornien gemein. Die beiden führenden Erzeuger sind die Golan Heights Winery (mit den Marken Yarden und Gamla) sowie die Domaine du Castel in der Nähe von Jerusalem, deren Weine mit Bordeaux verwechselt werden könnten. Andere lohnenswerte Güter sind die Baron Wine Cellars, Dalton, Margalit und Tishbi.

Türkei

Die Türkei ist der viertgrößte Traubenanbauer der Welt. Ein Großteil der Ernte wird als Tafeltrauben verkauft; zu Wein verarbeitet werden nicht einmal drei Prozent. Erzeuger wie Kavaklidere und Doluca machen gelegentlich vernünftige Weine. Sie sollten aber nicht zu viel erwarten.

Zypern

Der bekannteste Wein aus Zypern ist der Commandaria, der aus sonnengetrockneten Mavrodaphne- und Xynisteri-Trauben bereitet wird und deshalb recht üppig ist.

Die Tafelwein-Produktion wird von vier Genossenschaften beherrscht, mit KEO und ETKO an der Spitze. Wirklich aufregend ist kaum ein Wein, aber die unter den Marken Ancient Isle, Island Vines und Mountain Vines verkauften Roten und Weißen sind durchaus passabel.

Weine der Welt 197

Rechts: Traubenlese von Hand in der bulgarischen Region Suhindol

198 Weine der Welt

Osteuropa

Auf Grund mangelnder Investitionen konnten die meisten Regionen in Osteuropa ihr volles Potenzial bisher nicht entwickeln – mit wenigen Ausnahmen.

Bulgarien

Eichenfassgereifter Cabernet Sauvignon aus Bulgarien gehörte zu den Erfolgsstorys der 80er-Jahre. Allerdings war das vor der langwierigen Neustrukturierung der Besitzverhältnisse wie auch der Genossenschafts-Kellereien in der postkommunistischen Ära. Heute befinden sich einige gut ausgestattete Kellereien in privater Hand. Sie profitieren vom Einsatz ausländischer Berater, aber solange nicht mehr Erzeuger größere Anbauflächen besitzen, ist es unrealistisch, entscheidende Fortschritte für die Weine zu erwarten.

In der Regel kommen die Weine ziemlich jung in den Handel. Oft sind es gerade die weniger ambitionierten, jünger und frischer abgefüllten Rotweine, die den besten Eindruck machen. Die beständigsten Weine sind der Oriachovitza von Cabernet Sauvignon und Merlot (aus der Kellerei Stara Zagora); der aus Merlot gekelterte Haskovo (Haskovo); Suhindol von Cabernet Sauvignon (Lovico Suhindol); Iambol von Cabernet Sauvignon (Iambol); und Yantra von Cabernet Sauvignon (Rousse). Im Auge behalten sollte man die neue, Blueridge genannte Kellerei der Domaine Boyar.

Bei den Weißweinen hatten die Fortschritte in der Weinbereitung zur Folge, dass die flachen, dumpfen Weine alten Stils heute kaum mehr zu finden sind. Dafür haben frische, junge Chardonnays von Rousse, Schwarzmeer-Pomorie und Slaviantzi oft ein gutes Preis-Leistungs-Verhältnis.

Bulgarien besitzt zwar ein Appellations-System, aber besser fahren Sie, wenn Sie sich an die Rebsorte und den Erzeuger halten.

Ungarn

Die legendären, mit Schimmel bewachsenen Keller von Tokaj – Gyula Borsos füllt ein Probierglas mit goldenem, süßem Aszú.

Ungarn ist das einzige osteuropäische Land, bei dem Investoren Schlange stehen. Das Interesse konzentriert sich hauptsächlich auf die Region Tokaj im Nordosten, denn von dort kommt der sagenumwobene, aus edelsüßen Trauben (in erster Linie Furmint) hergestellte Tokaji aszú. Die Weine werden, auf einer von drei bis sieben Bütten (*puttonyos*) reichenden Skala, nach ihrem Süßegrad eingeteilt. Es gibt auch eine erstmals um 1700 vorgenommene Einteilung der Weinberge in Lagen erster, zweiter und dritter Klasse. Die besten Erzeuger sind Disznókö, Megyer, Oremus, Pajzos, Royal Tokaji Wine Company und István Szepsy.

Einer der meistbeachteten ungarischen Erzeuger ist das Haus Hilltop Neszmély. Hier bereitet Akos Kamocsay u.a. die besten Sauvignons blancs Osteuropas. In Eger, der Heimat von Stierblut, gehören Tibor G'al und Vilmos Thummerer zu den führenden Rotweinerzeugern. In der Region Villány arbeitet der österreichische Winzer Franz Weninger mit dem gefeierten Erzeuger Attila Gere zusammen. In der Nähe des Plattensees ist der australische Weinmacher Kym Milne für das verlässliche, preislich reelle Sortiment Chapel Hill zuständig.

Rumänien

Rumänien ist der klassische Fall eines Landes mit enormem Potenzial, das auf Grund fehlender Investitionen nicht zur Geltung kommen kann. Dennoch zeigen ein manchmal pflaumiger Pinot noir (meist von der Region Dealul Mare), ab und an ein saftiger Cabernet Sauvignon sowie frischer Gewürztraminer, was möglich wäre. Ein Betrieb, auf dem man ein Auge haben sollte, ist die Kellerei Prahova, die jüngst für eine Summe von drei Millionen Euro neu ausgestattet wurde. Im Moment sind die wahrscheinlich besten rumänischen Weine die sensationell preiswerten Süßweine aus Cotnari und Murfatlar (manchmal mit der Sorte Tamiîosa auf dem Etikett).

Bei Cernavoda, östlich von Konstanza gelegene Weinberge in der Region Murfatlar in Rumänien, einer Quelle preiswerter Süßweine

Sonstige

Innerhalb der Staaten des ehemaligen Jugoslawien ist Ljutomer in Slowenien berühmt für Laski Rizling. Die Region hat auch bessere Weißweine zu bieten. In Kroatien wird neben anderen interessanten Sorten die rote Sorte Plavac Mali angebaut, die angeblich mit Zinfandel verwandt ist. Der in Kalifornien ansässige Kroate Mike Grgich erzeugt hier anständige aber recht teure Weine.

Sowohl in der Slowakei wie auch in Tschechien sind die bevorzugten Sorten für Rotweine Frankovka (Blaufränkisch) und St. Laurent, populäre weiße Sorten sind Welschriesling, Pinot blanc, Pinot gris und der leichte, würzige Irsay Oliver.

Auf tschechischer Seite gehören die Weißen der Marke Moravenka des Erzeugers Znovin Znojmo und Bohemia Sekt zu den Highlights. Auf slowakischer Seite ragen die Weine der Genossenschaft Vino Nitra und die Süßweine von Tokaj heraus.

Moldawien verfügt über ausgedehnte, mit bekannten Sorten bestockte Weinberge. Dabei wird kaum ein bemerkenswerter Tropfen exportiert, abgesehen von einigen *flying-winemaker*-Weinen aus der Kellerei Hincesti, dem einen oder anderen Cabernet Sauvignon aus Cricova und einigen älteren Jahrgängen des roten Negru de Purkar.

① NEUSÜDWALES
② SÜDAUSTRALIEN
③ VICTORIA
④ WESTAUSTRALIEN
⑤ QUEENSLAND/TASMANIEN

JAHRGÄNGE

Obwohl die Trauben in Australien problemlos reifen, gibt es Schwankungen bei den Jahrgängen, die mit der Anlage von Weinbergen in kühleren Zonen nur um so deutlicher werden. Angesichts der Größe des Landes sind pauschale Angaben unmöglich, dennoch lässt sich sagen, dass 1998 landesweit ein gutes Jahr für Rotweine war; auch 2000 war generell ein Erfolg (mit den bemerkenswerten Ausnahmen Barossa und McLaren Vale). 1995 war erfolglos.

Fast alle australischen Weine kommen trinkreif in den Handel. Nur wenige werden mit zunehmendem Flaschenalter besser. Die besseren Rieslinge und Sémillons können mindestens fünf Jahre liegen. Die meisten Rotweine mit einem Preis von mehr als zehn Euro pro Flasche profitieren von mindestens zwei Jahren im Keller (Pinot noir ausgenommen). Die besten Cabernet Sauvignon- und Shiraz-Weine können noch länger reifen.

200 Weine der Welt

Australien

Verlässlichkeit und intensive Aromen gepaart mit einfachen, lesbaren Etiketten sind Bestandteile des Geheimrezepts hinter dem weltweiten Erfolg.

Die australischen Erzeuger gehören zu den technisch versiertesten der Welt. Nachdem sie über die letzten 15 Jahre hinweg der Welt gezeigt haben, wie Weine gemacht und vermarktet werden, richtet sich ihre Aufmerksamkeit nun vom Keller auf den Weinberg. Viele etablierte Regionen haben sich für Trauben wie Sauvignon blanc oder Pinot noir als zu warm erwiesen. Also suchte und fand man kühlere Regionen, etwa die Adelaide Hills. Andernorts werden knorrige alte Rebstöcke – im Barossa Valley gibt es mehr als 100 Jahre alte Bestände – nach Jahren der Nichtbeachtung neu entdeckt. Die geringen Mengen dunkelfarbiger, hocharomatischer Weine, die sie ergeben, erzielen auf dem Weltmarkt hohe Preise. Extensive Neuanpflanzungen haben in den 90er-Jahren dazu geführt, dass preiswertere Weine nicht mehr einzig aus Sultana und Trebbiano gekeltert, sondern nun von Chardonnay, Cabernet Sauvignon und Merlot bereitet werden.

Dabei ist Australien keineswegs perfekt. Weinen, die technisch völlig einwandfrei sind, fehlt es oft an der »Seele«, die einen großen Wein von einem guten unterscheidet. Auch wenn Sie Subtilität suchen, werden Sie sich erst durch eine Menge ziemlich vodergründiger Weine hindurchtrinken müssen, ehe Sie fündig werden.

APPELLATIONEN UND KLASSIFIKATIONEN

Fast alle australischen Weine werden nach der Rebsorte benannt, und so sind auch die Rebsorte(n) und der Erzeuger- oder Markenname die wichtigsten Hinweise auf Stil und Qualität. Daran wird sich so schnell nichts ändern, insbesondere da viele Weine weiterhin Verschnitte von Chardonnay aus mehreren Regionen und/oder Staaten sein werden. Dennoch wird das Appellationssystem, das zurzeit eingeführt wird, zu einer nachhaltigeren Betonung der Regionen sowie regionaler Unterschiede führen. Das dreistufige System von Geographical Indications (GI) wird die Herkunft von mindestens 80 Prozent der Trauben festlegen. Es gliedert sich in Staaten/Zonen, Regionen und Subregionen. Jeder Staat bildet seine eigene GI, während die Zonen Unterabteilungen in den jeweiligen Staaten sind. Regionen sind Distrikte innerhalb der Zonen, Subregionen sind weitere Unterteilungen. So ist zum Beispiel Lenswood eine Subregion der Adelaide Hills, die wiederum als Region zur Zone Mounty Loft Ranges gehören.

WEISSE SORTEN

Chardonnay wird ebenso häufig angebaut wie alle anderen weißen Qualitätssorten zusammen. Im Allgemeinen ergibt er reife, überaus fruchtige Weine, viele mit deutlichen Holznoten, aber Versionen ohne Eiche sind im Kommen. Auch der zitronige Sémillon erscheint mit und ohne Eichengeschmack: die üppigsten Weine mit den intensivsten Eichenaromen kommen aus dem Barossa Valley, die langlebigsten (trotz der Toastaromen gänzlich ohne Eiche) aus dem Hunter Valley. Die verschwenderisch süßen Sémillons von edelfaulen Trauben sollte man ebenfalls probieren. Eine weitere Süßwein-Sorte ist Riesling, allerdings wird er hauptsächlich für trockene oder trocken bis liebliche Weine mit deutlichen Anklängen an Zitrone verwendet. Andere lohnenswerte Weißweine sind der volle Marsanne mit seinen Aromen von tropischen Früchten sowie der reife und dennoch spritzige Verdelho.

ROTE SORTEN

Die am häufigsten angebaute Traube Shiraz ergibt körperreiche Rotweine mit Beerenaromen, oft auch mit den süß-würzigen Vanilletönen amerikanischer Eiche. Jene aus wärmeren Gegenden haben Anklänge an Schokolade und Lakritze, während in einem kühleren Klima die Aromen von Pfeffer und Eukalyptus mehr zur Geltung kommen. Nuancen davon überdecken auch oft die schwarze Johannisbeerfrucht bei australischem Cabernet Sauvignon. Shiraz/Cabernet Sauvignon-Verschnitte sind bewährt und beliebt, aber Merlot ist insbesondere als sortenreiner Wein auf dem Vormarsch. Die Freunde vollblütiger Shiraz-Weine sollten Grenache und Mourvèdre (manchmal als Mataro bezeichnet), aber auch Verschnitte dieser drei Sorten probieren. Liebhaber leichterer Weine kommen bei den australischen Pinots noirs auf ihre Kosten. Die meisten sind mit ihren in Eiche eingehüllten Erdbeeraromen gut zu trinken, einige wenige haben sogar Anklänge an die exotischen Aromen und die seidige Konsistenz eines guten Burgunders.

Pinot noir wird wie Chardonnay auch für Schaumweine verwendet. Die ambitionierteren weisen viel Finesse und hefeartige Komplexität auf.

Rechts: Der Weinberg »Hill of Grace«, hoch im Eden Valley in Südaustralien gelegen
Unten: Bis zum Horizont reichende Chardonnay-Anpflanzung in Cowra in Neusüdwales

Neusüdwales

Zwar behindert das feuchte Klima im Hunter Valley den Weinbau (besonders zur Zeit der Lese), aber der einzigartige, dort ohne Eiche bereitete Sémillon ist nach wie vor der Stolz des Landes.

Empfohlene Erzeuger

de Bortoli, Brokenwood, Evans Family, Lake's Folly, McWilliams, Rosemount, Rothbury, Tyrells

Shiraz aus dem Hunter Valley gehört ebenfalls zu den unverwechselbaren Regionalstilen. Mudgee macht sich zunehmend einen Namen für Rot- und Weißweine und könnte dem Hunter Valley Konkurrenz machen. Die angrenzenden Regionen Orange und Cowra werden zunehmend für ihren Chardonnay bekannt, während weiter im Süden, in der Nähe von Canberra, delikater Shiraz gedeiht. Die Murrumbidgee Irrigation Area (MIA), auch unter dem Namen Riverina bekannt, produziert große Mengen einfacher Alltagsweine sowie, bei Griffith, alkoholstarke, süße Sémillons.

Südaustralien

Die riesigen, bewässerten Flächen der Region Riverland liefern Massenweine. In diesem Teil Australiens befinden sich aber auch einige der besten und berühmtesten Regionen des Landes.

Empfohlene Erzeuger

Tim Adams, d'Arenberg, Ashton Hills, Wolf Blass, Grant Burge, Chapel Hill, Grosset, Hardy's, Henschke, Katnook, Leasingham, Peter Lehmann, Lindemans, Charles Melton, Mount Horrocks, Nepenthe, Orlando, Penfolds, Penley Estate, Petaluma, Primo Estate, St Hallett, Seaview, Shaw & Smith, Tatachilla, Torbreck, Veritas, Wirra Wirra, Wynns, Yalumba

Ganz oben: Darren de Bortoli gehörte in den 80er-Jahren zu den Erzeuger-Pionieren von süßem Sémillon in Riverina.
Oben: Frühling im Clare Valley, berühmte Region für Rieslinge

Südaustralien hat den großen Vorteil, dass die Vielfalt der dortigen geografischen Bedingungen den Anbau fast aller Sorten zulässt. Je nach Wunsch gibt es Lagen für Qualität oder Quantität.

Chardonnay, Sauvignon blanc und Pinot noir gedeihen in den Hügeln nordöstlich von Adelaide, während das Clare und das Eden Valley für ihre intensiven, trockenen, zitronigen Rieslinge berühmt sind. Padthaway im Süden wird für seine Weißweine, insbesondere Chardonnay, bewundert. Cabernet Sauvignon läuft in der historischen Region Coonawarra zur Höchstform auf, obwohl in neueren Distrikten entlang der Limestone Coast, Robe etwa, Mount Benson und Wrattonbully, eine ernsthafte Konkurrenz heranwächst. McLaren Vale, südlich von Adelaide, erzeugt Cabernet Sauvignon üppigeren Stils. Shiraz wird fast überall angebaut, aber keiner ist so berühmt wie die Shiraz-Weine von alten Reben aus dem Barossa Valley.

Oben rechts: Château Tahbilk, das älteste Weingut im Staat Victoria, wurde 1860 gegründet.

Rechts: Leeuwin Estate in der Region Margaret River, nahe am Indischen Ozean, erzeugt hervorragenden Chardonnay.

202 Weine der Welt

Empfohlene Erzeuger

Bests, Brown Brothers, Coldstream Hills, Dalwhinnie, Domaine Chandon, Mitchelton, Morris, Mount Langi Ghiran, Mount Mary, Yarra Yering

Empfohlene Erzeuger

Cape Mentelle, Cullens, Evans & Tate, Frankland Estate, Howard Park, Leeuwin Estate, Moss Wood, Pierro, Plantagenet, Vasse Felix

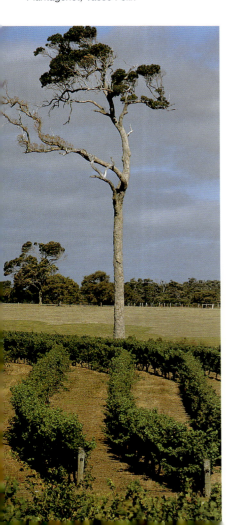

Victoria

Massenweine werden am Murray River im Nordwesten erzeugt, während die eigenwilligsten Weine des Staates, die »liqueur muscats« und »tokays«, aus Rutherglen im Nordosten kommen.

Zentral-Victoria ist übersät mit kleinen Weingütern. Die besten Cabernet Sauvignon- und Shiraz-Weine werden in Bendigo, Heathcote, den Grampians, den Pyrenees sowie im Goulburn Valley erzeugt; sie verbinden Intensität mit Finesse. Weiter südlich produzieren das Yarra Valley, Geelong und die Halbinsel Mornington feinen Pinot noir sowie Chardonnay.

Westaustralien

Aus dem heißen Swan Valley kommen einige schöne Chenins blancs und Verdelhos, aber der Schwerpunkt der Weinindustrie hat sich in die kühleren, südlicheren Regionen verlagert.

Margaret River ist eine Quelle reicher, mächtiger, dabei eleganter Cabernets Sauvignons und Chardonnays; daneben werden ein noch unterschätzter Shiraz produziert sowie Sémillon und Sauvignon blanc. Aus Great Southern kommen einige der besten Rieslinge Australiens (die jenen aus dem Clare und dem Eden Valley in Südaustralien den Rang streitig machen) sowie guter Shiraz und Cabernet Sauvignon. Pemberton, eine jüngere Region, wurde mit Chardonnay und Pinot noir erstmals bekannt, aber keiner der beiden konnte die Erwartungen ganz erfüllen. Möglicherweise wären Shiraz und Merlot die bessere Wahl für dieses Klima.

Sonstige

Queensland ist für den Weinbau größtenteils zu heiß. Ein paar Weinberge finden sich in höheren Lagen im Granite Belt; Sémillon und Shiraz von dort können erstaunlich gut sein. Tasmanien verfügt über das kühle Klima, in dem weiße Sorten wie Chardonnay, Riesling, Pinot gris, Sauvignon blanc und Gewürztraminer am besten gedeihen. Es gibt den einen oder anderen Betrieb, der Trauben für die Schaumweinindustrie auf das Festland liefert, aber auf internationalem Parkett reüssierte nur Pipers Brook.

Weine der Welt

Neuseeland

Weitab vom Äquator gelegen, ist dies das kühlste Weinland der südlichen Hemisphäre – und das zeigt sich in sauberen Aromen und Frische.

Gemessen an den Standards der südlichen Hemisphäre wurde das neuseeländische Klima lange Zeit als ungeeignet für ernsthaften Weinbau erachtet. So ungeeignet, dass man bis in die 70er-Jahre des 20. Jahrhunderts dem Land nur anspruchslose deutsche Trauben wie Müller-Thurgau zutraute. In den 80er-Jahren erzwang der phänomenale internationale Erfolg von Sauvignon blanc aus Marlborough ein Umdenken. Trotzdem vertraten viele den Standpunkt, dass Neuseeland immer ein Land für nur einen Wein bleiben würde, jedenfalls in puncto Qualität. Als später höchst viel versprechende Chardonnays und Schaumweine dazukamen, wurde klar, dass Neuseeland nicht auf Dauer eingleisig fahren würde. Aber die Rotweine würden es doch wohl nie zu etwas bringen? Angesichts überzeugend reifer Pinots noirs mussten die Pessimisten sich auch in diesem Punkt geschlagen geben. Wenigstens Cabernet Sauvignon und Merlot wären wirklich undenkbar? Dann kam der wunderbare Jahrgang 1998 ...

In Europa hat es Jahrhunderte gedauert, bis man wusste, welche Sorte wo am besten gedeiht (ganz zu schweigen davon, wie man sie behandelt); im Vergleich dazu ist der Erfolg, den Neuseeland nach nur 25 Jahren zu verzeichnen hat, schlichtweg bemerkenswert.

WEISSE TRAUBEN

Sauvignon blanc ist die Traube, die man zuallererst mit Neuseeland in Verbindung bringt, größtenteils Dank der manchmal atemberaubenden Weine aus Marlborough. Ein quirliger Cocktail aus Stachelbeere, Gras, Johannisbeerblättern und prickelnder Säure entspricht vielleicht nicht jedem Geschmack, bleibt aber auf jeden Fall nicht unbeachtet. Wenn Ihnen der Marlborough-Stil zu intensiv ist: Die Sauvignons blancs aus Hawkes Bay haben meist mehr Körper und eine eher tropische Frucht.

Sauvignon blanc füllt natürlich die Schlagzeilen. Am häufigsten angebaut wird trotzdem Chardonnay; die Sorte erbringt Stile, die von einfach und pfirsichartig bis hin zu Anklängen an Burgunder reichen. Chardonnay wird in fast allen Regionen angebaut, von Central Otago im Süden der Südinsel bis hinauf nach Gisborne und Northland auf der Nordinsel. Die besten sind wirklich hervorragend, aber Regionalcharakter lässt sich nur schwer ausmachen. Eiche, entschieden buttrige Aromen und gute Säure sind die wichtigsten Erkennungszeichen. Chardonnay, in

Empfohlene Erzeuger

Auckland und Umgebung: Babich, Collards, Corbans, Kim Crawford, Delegat's, Goldwater, Kumeu River, MatuaValley, Montana, Nobilo/Selaks, Stonyridge, Villa Maria

Canterbury: Giesen, Waipara West

Central Otago: Felton Road, Rippon

Gisborne: Minton

Hawkes Bay: Craggy Range, Esk Valley, Morton Estate, Ngatarawa, Sileni, Stonecroft, Te Mata, Trinity Hill, Unison

Marlborough: Cloudy Bay, Fromm, Huia, Hunters, Isabel Estate, Jackson Estate, Lawson's Dry Hills, Nautilus, Seresin, Vevasaur, Wairau River

Martinborough: Ata Rangi, Dry River, Martinborough Vineyards, Palliser

Nelson: Neudorf

JAHRGÄNGE

Der Jahrgang ist in Neuseeland von größerer Bedeutung als anderswo. Seit dem verregneten Jahrgang 1995 war die Witterung günstig; 1999 und 2000 waren gute Weißwein-Jahre, die besten Rotweine brachte 1998. Fast alle Weine kommen trinkreif in den Handel, aber die besten Verschnitte im Bordeaux-Stil können fünf Jahre lang aufbewahrt werden.

der Regel aus Marlborough, wird (mit oder ohne Pinot noir) auch zu Schaumweinen verarbeitet: Die preiswerteren kommen bei weltweiten Vergleichen mit allen anderen, preislich ähnlichen Weinen gut weg, während die teuersten sich in Qualität und Stil mit Champagner messen können. Weitere erfolgreiche weiße Trauben sind die »Aromatischen Drei«: Gewürztraminer, Pinot gris und Riesling. Letztere Sorte, die auf der ganzen Südinsel angebaut wird, ist vom Stil her mehr elsässisch als deutsch, mit mächtigen Zitrus- und Apfelaromen und oftmals beträchtlichem Alkoholgehalt.

ROTE TRAUBEN

Pinot noir ist der Star unter den roten Trauben Neuseelands. Die besten Weine verbinden eine volle Kirschfrucht mit samtiger Konsistenz. Beeindruckende Beispiele kommen von der Südinsel, aus Central Otago, Marlborough, dem Distrikt Waipara in Canterbury, und aus Nelson sowie aus Martinborough. Cabernet Sauvignon und Merlot gedeihen am besten in Hawkes Bay, ebenso in kleineren Bereichen rund um Auckland, wie zum Beispiel Northland und Waiheke Island; in den Verschnitten im Bordeaux-Stil von der Hawkes Bay, die zuweilen auch Malbec und Cabernet franc enthalten, dominiert aber immer öfter Merlot. Stellen Sie sich auf Weine mit gut definierten Aromen ein, oft mit einem grasigen (aber nicht mehr harten, grünen) Beigeschmack. Die besten ähneln feinem Bordeaux – manchmal auch vom Preis her. Von der Hawkes Bay kommen viel versprechende Syrah-Weine.

Das Weingut Cloudy Bay in Marlborough hat neuseeländischen Sauvignon blanc weltberühmt gemacht.

Wie hier, im Brancott Valley in Marlborough, ermöglicht der weite Abstand zwischen den Rebzeilen den Einsatz von Erntemaschinen.

Die USA

① KALIFORNIEN
② STAAT OREGON & STAAT WASHINGTON
③ STAAT NEW YORK

Außerhalb der USA sind die Weine Kaliforniens am bekanntesten. Die Vereinigten Staaten haben aber noch weitaus mehr zu bieten.

Empfohlene Erzeuger

Au Bon Climat, Beaulieu Vineyard, Beringer, Bonny Doon, Caio, Calera, Caymus, Chalone, Cline Cellars, Clos du Val, Diamond Creek, Dominus, Duckhorn, Fetzer, Frog's Leap, Gallo (nur das Sortiment aus Sonoma), Jade Mountain, Kendall-Jackson, Kistler, Robert Mondavi, Mumm Cuvée Napa, Joseph Phelps, Ravenswood, Ridge, Roederer Estate, Saintsbury, Schramsberg, Shafer, Sonoma-Cutrer, Stag's Leap Wine Cellars

JAHRGÄNGE & TRINKREIFE

Die meisten Weine kommen trinkreif in den Handel, wenn auch manchen Chardonnays ein zusätzliches Reifejahr auf der Flasche gut bekommt; die Eiche wird dann besser integriert. Die besseren Zinfandels, Merlots und Pinots noirs verändern sich meist eher, als dass sie sich verbessern. Die anspruchsvollsten Weine auf Cabernet Sauvignon-Basis müssen mindestens fünf Jahre liegen. Mit der Ausnahme von 1998 waren alle Jahrgänge der 90er Jahre gut. Die besten Rotweine brachten 1994 und 1997.

In den USA gibt es kein Klassifizierungssystem für einzelne Weinberge. Was es aber gibt, sind so genannte Approved Viticultural Areas (AVAs). Ist eine derartige Region auf dem Etikett angegeben, dann müssen mindestens 85 Prozent der Trauben von dort stammen; in der Wahl der Sorte ist der Erzeuger jedoch frei. Das System garantiert die Herkunft, nicht dagegen Stil oder Qualität; somit kommt es in der Neuen Welt in erster Linie auf die Rebsorte, die Marke oder den Namen des Erzeugers an.

Kalifornien

Kalifornien ist zwar das viertgrößte Erzeugerland der Welt, aber auf Grund hoher Inlandsnachfrage sind die Exportmengen verhältnismäßig gering.

Der große Durst der Amerikaner erklärt auch, warum vernünftige und dabei preiswerte Weine so rar sind – und warum es in den höheren Preisklassen nur eine Hand voll Erzeuger gibt, die ein wirklich gutes Preis-Leistungs-Verhältnis anbieten. Manch ein Weinmacher, der unbedingt zu den Besten gehören möchte, schießt dabei über das Ziel hinaus. Diese Weine sind dann zu reif, zu eichenintensiv und zu alkoholstark. Wenn Mächtigkeit gepaart mit Finesse auftritt, befinden sich die Weine durchaus auf europäischem Niveau.

WEISSE TRAUBEN

Das sonnige Klima zeigt sich in der Großzügigkeit der Weine. Die bedeutendste weiße Sorte ist Chardonnay, deren Spektrum von simpel und vordergründig süß bis hin zu opulent und butterig mit fast immer präsenten Holznoten reicht. Sauvignon blanc wird oft in Eiche ausgebaut (Fumé Blanc beispielsweise), und ist meist voller und weniger kräuterwürzig als in Frankreich oder Neuseeland. Die gegenwärtige Beliebtheit der Rhône-Trauben hat zur Folge, dass viele Güter stärker Viognier anbauen. Die besten dieser Weine kom-

Junge Chardonnay-Weinstöcke bei Forestville im Russian River Valley, Sonoma County

men in Kraft, Duft und Preis einem Condrieu gleich.

ROTE TRAUBEN

Cabernet Sauvignon, entweder pur oder in Kombination mit Merlot und Cabernet franc (ein manchmal Meritage genannter Verschnitt), liefert regelmäßig die besten Weine Kaliforniens. Je teurer die Weine, desto intensiver und langlebiger sind sie. Aber selbst die preiswerteren Cabernets Sauvignons haben oft Unmengen süßer, reifer Frucht, unterlegt mit Aromen von Oliven, Kräuter und Minze. Merlot dagegen fiel in den 90er-Jahren der Mode zum Opfer; die besten glänzen mit wundervoll üppigen, süß-rauchigen Aromen, aber zu viele sind unverbindlich und zu eichelastig.

Wie Viognier hat auch Syrah von der Rhône-Begeisterung und den Anstrengungen der Rhône Rangers, einer selbst ernannten Gruppe ehrgeiziger Winzer, profitiert. Verglichen mit den Originalen von der Rhône, haben die kalifornischen Syrah-Weine oft eine zusätzliche Aroma-Dimension, sind aber nicht ganz so überschäumend reif und würzig wie die meisten australischen Shiraz-Weine. Der größte Beitrag Kaliforniens zur Welt großer, würziger Rotweine sind seine brombeerigen, alkoholreichen Zinfandels, der Inbegriff ehrlicher, herzhafter Rotweine – als Rosé, amerikanisch *white* oder *blush*, jedoch der Inbegriff eines billigen Massenweins. Petite Sirah, eine andere etablierte Spezialität, erbringt noch massivere, kernigere Rotweine als Zinfandel. Die mittlerweile ebenso etablierte Barbera wird hauptsächlich für einfache Alltagsrotweine verwendet, während die andere italienische Traube, Sangiovese, von ambitionierteren Erzeugern favorisiert wird. Pinot noir ist so subtil wie ein kalifornischer Wein nur sein kann.

REGIONEN

Die berühmteste Region ist das Napa Valley, Heimat der besten kalifornischen Cabernets Sauvignons und Merlots. Howell Mountain, Stag's Leap, Oakville und Rutherford sind nur ein paar der AVAs in Napa. Am kühleren Südende liegt Carneros, wo für Schaumweine wie für Stillweine bevorzugt Pinot noir und Chardonnay angebaut werden. An Carneros schließt sich das Sonoma Valley an, das weniger Betriebe als Napa aufzuweisen hat, dafür aber unterschiedlichere Bedingungen, so dass hier alle möglichen Sorten beheimatet sind: von Pinot noir (in der AVA Russian River Valley) bis Zinfandel (Dry Creek Valley). Weiter im Norden liegen die Counties Lake und Mendocino, woher viele preiswerte Weine sowie einige feine Schaumweine kommen.

Die AVA Central Coast bietet vielfältige Anbaubedingungen. In den Sub-AVAs Monterey, Santa Maria Valley und Santa Ynez Valley ist es kühl genug für Pinot noir, während das warme Klima in Paso Robles und Santa Cruz in den körperreichen Cabernets Sauvignons und Zinfandels durchscheint. Das Central Valley nimmt einen Großteil Zentralkaliforniens ein, wo hauptsächlich billiger Fusel erzeugt wird. Eine Ausnahme sind die Sierra Foothills; hier finden sich hervorragende Zinfandels und alte Bestände mit Barbera, Petite Sirah sowie Grenache, die bei Erzeugern im ganzen Land gefragt sind.

Weine der Welt

Das Weingut Argyle im Willamette Valley in Oregon – seine Schaumweine sind berühmt.

Empfohlene Erzeuger

Oregon
Amity, Argyle, Beaux Frères, Broadley, Domaine Drouhin, Elk Cove, Erath, Eyrie, King Estate, Ponzi, Ken Wright

Staat Washington
Andrew Will, Canoe Ridge, Château Ste Michelle, Columbia Crest, Columbia Winery, Covey Run, l'Ecole No. 41, Hedges, Hogue Cellars, Leonetti

In der Nähe von Benton City gelegene Weinberge in der Region Yakima Valley im Staat Washington

Oregon & Washington

Während Kalifornien die amerikanische Pazifikküste beherrscht, produzieren Oregon und Washington Weine in einem eigenen, unverwechselbaren Stil.

Im Willamette Valley südlich von Portland, der Hauptstadt des Staates Oregon, ist das Klima ähnlich wie in Burgund. So ist es nicht weiter verwunderlich, dass es Pinot noir schon ziemlich weit gebracht hat (unter den Händen der burgundischen Weinmacherin Véronique Drouhin zum Beispiel), und dass die Weine, wie Burgunder, beträchtlichen Jahrgangsschwankungen unterliegen. Erstaunlicherweise bevorzugen viele Erzeuger Pinot gris, obwohl es beeindruckenden Chardonnay gibt. Wieder andere behalten sich ihren Chardonnay für Schaumweine im Champagnerstil vor. Eigentlich sollte Washington kühler und nässer sein als Oregon, aber das Hauptanbaugebiet Columbia Valley liegt östlich der Cascade Mountains. Es ist eine Halbwüste, in der Weinbau nur mit Hilfe künstlicher Bewässerung betrieben werden kann. Die Winter können extrem kalt sein, nur allzu oft gibt es strenge Fröste, denen die Reben reihenweise zum Opfer fallen. Dennoch kann auf Grund der langen Sonnenscheindauer Weinbau ernsthaft betrieben werden. Chardonnay, Sémillon und Riesling gedeihen alle, der Stolz des Columbia Valley aber sind die körperreichen Roten von Cabernet Sauvignon, Merlot und zunehmend auch Syrah.

Sonstige

In fast allen Staaten der USA wird Wein angebaut. Er deckt hauptsächlich den lokalen Bedarf. Ausnahmen sind Chardonnay und Riesling, die im Staat New York in der Umgebung der Finger Lakes angebaut werden (ich empfehle Lamoreaux Landing, Fox Run und Wagner), sowie Merlot und Chardonnay auf Long Island (ich empfehle Bridgehampton, Hargrave, Palmer, Peconic Bay und Pindar). Texas, Virginia und Maryland können alle mit einer blühenden Weinindustrie aufwarten.

Kanada

In puncto Qualität kann die noch junge Weinindustrie in Kanada nicht mit den USA konkurrieren. Dennoch gibt es Weine, die hoffen lassen.

In Ontario produzieren die Kellereien auf und in der Umgebung der Niagara Peninsula beeindruckende Rieslinge sowie Chardonnays. Bei Pinot noir haben nicht nur die Einheimischen die sich bietenden Möglichkeiten erkannt – die Boisset-Gruppe aus Burgund ist an einem Joint Venture mit Inniskillin beteiligt. Wesentlich weiter im Westen, in British Columbia (BC), ist das Okanagan Valley eine Verlängerung des Columbia Valley des Staates Washington (siehe gegenüberliegende Seite); es ist dort ähnlich trocken. Hier gibt es wärmere und kühlere Zonen, theoretisch sollte sich also ein Platz für jede Rebsorte finden lassen. Bis dato war man mit Merlot, Chardonnay und Pinot noir am erfolgreichsten.

So gut die trockenen Weine Kanadas sein können: Die größte Aufmerksamkeit ziehen die Eisweine auf sich, in der Regel von Riesling oder von der Hybridsorte Vidal bereitet. Manche sind pappsüß, aber die besten haben den für ein ausgewogenes Gleichgewicht erforderlichen Touch Säure. Erfreulicherweise wurde das EU-Einfuhrverbot für diese Weine 2001 aufgehoben.

Empfohlene Erzeuger

Château des Charmes, Henry of Pelham, Inniskillin, Marynissen, Mission Hill, Quail's Gate, Southbrook

Rechts: Die Weinberge von Quail's Gate profitieren von dem mäßigenden Einfluss des Okanagan Lake in British Columbia.

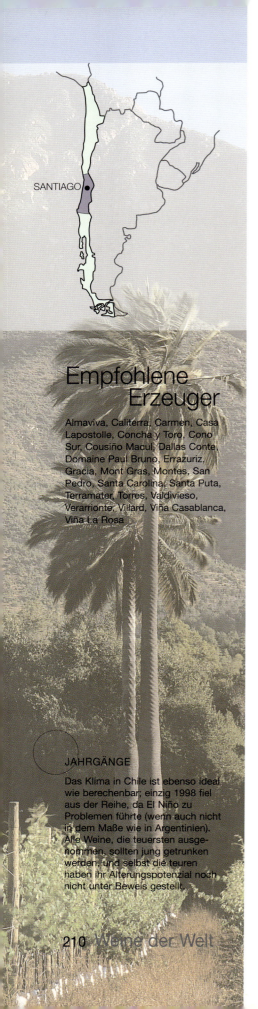

Chile

Chile machte sich erstmals einen Namen mit seinen Cabernets Sauvignons und Merlots. Sie boten samtige, saftige Aromen zu bezahlbaren Preisen.

Chiles Exportschlager, die fruchtigen Cabernets Sauvignons, Merlots und Carmenères sind nach wie vor verlässlich, aber der Schwerpunkt liegt heute mehr auf Premium-Weinen von sorgfältig ausgewählten Lagen. Beispielsweise Casablanca.

APPELLATIONEN UND KLASSIFIKATIONEN

Nach dem chilenischen Appellationssystem gliedert sich die Anbaufläche in Aconcagua im Norden (wo auch Casablanca liegt), das Zentraltal in der Mitte und die Region Bío-Bío (einschließlich Nuble und Chillán) im Süden. Das Zentraltal ist die weitaus größte und bedeutendste Region; es ist in Maipo, Rapel und Maule untergliedert, Regionen, die ihrerseits wieder untergliedert sind: Maipo teilt sich in Santiago, Talagante, Pirque, Llano del Maipo und Buin; Rapel in Cachapoal, Colchagua, Santa Cruz und Peralillo; Maule in Curicó (einschließlich Lontué), Talca, Cauquenes, Linares und Parral. So weit die offiziellen Regionen. Aber die chilenischen Weinmacher entdecken den Wert des *terroir* – und sei es nur als Marketinginstrument. So bestimmen sie ständig neue Täler in Tälern, neue Subregionen in schon bestehenden Subregionen.

Ob dann die Weine einer Subregion unbedingt besser sind als solche, deren Herkunft einfach mit Zentraltal angegeben ist, steht auf einem anderen Blatt. Es gibt zwar regionale Unterschiede in Chile, gegenwärtig sind die Unterschiede aber zwischen den einzelnen Erzeugern wahrscheinlich doch deutlicher – nicht zuletzt deshalb, weil selbst Subregionen in Chile riesig und somit keinesfalls homogen sind. Eine Ausnahme ist das kühle Casablanca Valley, das hervorragend für Weißweine geeignet ist; die frischesten, aromatischsten Sauvignons blancs kommen aus Casablanca.

REBSORTEN

Eine große Rolle spielt der Verschnitt der Trauben. Chilenische Weine werden sortenrein und als Verschnitt abgefüllt – aber selbst bei als sortenrein etikettierten Weinen kann es sich tatsächlich um Verschnitte handeln. Der Grund dafür ist, dass in Chile bis in die frühen 90er-Jahre hinein die Traube Carmenère für Merlot gehalten wurde. Erst 1996 klärten sich die Verhältnisse. Man schätzt, dass es sich bei 60 bis 90 Prozent der »Merlot«-Bestände in chilenischen Weinbergen tatsächlich

---

Empfohlene Erzeuger

Almaviva, Caliterra, Carmen, Casa Lapostolle, Concha y Toro, Cono Sur, Cousiño Macul, Dallas Conte, Domaine Paul Bruno, Errazuriz, Gracia, Mont Gras, Montes, San Pedro, Santa Carolina, Santa Puta, Terramater, Torres, Valdivieso, Verarrionte, Villard, Viña Casablanca, Viña La Rosa

JAHRGÄNGE

Das Klima in Chile ist ebenso ideal wie berechenbar; einzig 1998 fiel aus der Reihe, da El Niño zu Problemen führte (wenn auch nicht in dem Maße wie in Argentinien). Alle Weine, die teuersten ausgenommen, sollten jung getrunken werden, und selbst die teuren haben ihr Alterungspotenzial noch nicht unter Beweis gestellt.

um Carmenère handelt. Seit 1998 ist es legal, Weine als Carmenère zu etikettieren, trotzdem geraten beide Sorten in den Weinbergen oft durcheinander. Dasselbe passierte mit Sauvignon blanc und Sauvignonasse (oder Sauvignon vert), mit dem Unterschied, dass niemand seine Weine als Sauvignonasse etikettieren möchte, weil diese Sorte weniger Prestige besitzt. Abgesehen von dem dunklen, intensiven, samtigen Reiz der Sorte verleiht sie chilenischen Weinen einen eigenen Charakter, den sie bis dahin offenbar vermissten.

Neben Cabernet Sauvignon, Merlot, Carmenère und Sauvignon blanc werden Pinot noir, Malbec, Syrah, Chardonnay sowie etwas Sémillon und Gewürztraminer angebaut. Die Rotweine werden meist in einem geschmeidigen, betont fruchtigen Stil bereitet – sehr verführerisch, wenn auch am unteren Ende der Preisskala ein wenig monoton. Wenn Sie wirklich Charakter haben möchten, müssen Sie etwas tiefer in die Tasche greifen. Die Chardonnays haben tropische, ananasartige Fruchtaromen, neue Eiche verleiht ihnen Struktur: Achten Sie auf Weine aus Casablanca, wenn Sie mehr Komplexität und Eleganz anstreben. Gewürztraminer ist viel versprechend ausgewogen und aromatisch.

Oben: Edelstahltanks des Weinguts La Arboledas in der Region Caliterra im Colchaguatal

Unten: Weinreben – und Kakteen – auf dem Gut Don Maximiano in der Region Errazuriz im Acongaguatal

Argentinien

Argentinien produziert noch nicht sehr lange Weine, die auf den ausländischen Geschmack zugeschnitten sind, aber die Erzeuger machen große Fortschritte.

Der weltweite Erfolg Argentiniens ist zunächst auf die Höhenlage der besten Weinberge des Landes zurückzuführen. Sie gehören zu den am höchsten gelegenen Weinbergen der Welt und profitieren von einem gemäßigten Klima. Ein System kontrollierter Herkunftsbezeichnungen steckt noch in den Kinderschuhen, so dass auf den meisten Weinen einfach die Provinz angegeben ist.

REBSORTEN

Berühmtheit hat Argentinien vor allem wegen seines konzentrierten, reifen, würzigen Malbecs erlangt, der hier weitaus bessere Weine ergibt, als das in Bordeaux jemals der Fall war (besser auch als so manch ein Cahors).

Daneben gibt es Merlot, Cabernet Sauvignon und etwas Syrah sowie die italienischen Sorten Barbera, Bonarda und Sangiovese. Diesen Weinen fehlen meist der charakteristische Biss und die Intensität der Originale, vielleicht weil sie nicht so viel kosten dürfen. Ähnlich wird auch Tempranillo zu relativ günstigen Preisen angeboten. Rotweine sind die Stärke Argentiniens, daneben gibt es gute, eichenfassgereifte Chardonnays, geringe Mengen Viognier, Riesling sowie Sémillon. Der potenzielle Trumpf des Landes ist jedoch der unverwechselbare weiße Torrontes. Diese Muscat-ähnliche Traube erbringt schwere, parfümierte und oftmals alkoholreiche Weine. Insbesondere Salta, mit Weinbergen auf einer Höhe von bis zu 1500 Metern, ist für Torrontes geeignet.

Die größte Wein erzeugende Provinz ist Mendoza, in der sich die Appellation Luján de Cuyo befindet. Ihr folgt, am Ausstoß gemessen, die Provinz San Juan. Wein wird auch in La Rioja, Salta, Catamarca und in Río Negro sowie Neuquen in Patagonien erzeugt.

Die Anden liefern den Hintergrund für die Bodega La Rosa (Michel Torino) in der Provinz Salta.

Empfohlene Erzeuger

La Agricola, Alta Vista, Altos Los Hormigas, Balbi, Catena, Colomé, Etchart, Fabre Montmayou, Finca El Retiro, Finca Flichman, Humberto Canale, J&F Lurton, Nieto & Senetiner, Norton, Ricardo Santos, Valentin Bianchi, Viña Amalia, Weinert

JAHRGÄNGE & TRINKREIFE

Die Jahrgänge sind von durchgehend verlässlicher Qualität, es sei denn El Niño schlägt zu, was 1998 der Fall war. Die Weine kommen trinkreif in den Handel, die besten Roten halten sich durchaus fünf Jahre.

Uruguay

Die uruguayische Weinproduktion ist vom Umfang her der neuseeländischen vergleichbar. Die Regierung ist bestrebt, den Export anzukurbeln.

Die Spezialität des Landes sind Rotweine von Tannat. So wie Malbec in Argentinien geschmeidiger und saftiger ist als in seiner Heimat Cahors, ist auch Tannat in Uruguay reifer, weicher und zugänglicher als in Madiran. Andere rote Trauben sind Cabernet Sauvignon, Merlot und Cabernet franc, die teilweise mit Tannat verschnitten werden. Es gibt auch viel versprechenden Syrah. Weißweine spielen eine wesentlich geringere Rolle. Zu ihnen gehören Sauvignon blanc, Riesling, Gewürztraminer und Viognier sowie diverse Verschnitte dieser Trauben mit dem sonst langweiligen Ugni blanc.

Der Anbau konzentriert sich auf den Süden des Landes; die größte Region, nördlich von Montevideo, ist Canelones. Weitere bedeutende Regionen sind San José und Colonia im Westen sowie Rivera und Salto im Norden des Landes.

Empfohlene Erzeuger

Carrau (Castel Pujol und Cerro Chapeu), Castillo Viejo (Catamayor), Los Cerros San Juan, Filguera, Juanicó, De Luca, Pisano, Plaza Bidiella, Stagnari

JAHRGÄNGE & TRINKREIFE

Allgemein sind die Jahrgänge ziemlich stabil, aber sowohl 1998 wie auch 1999 litten unter den Auswirkungen von El-Niño-Stürmen, während 2000 der beste Jahrgang von allen sein soll. Weißweine sollten nach dem Kauf getrunken werden. Die Roten von Tannat können drei oder vier Jahre liegen, die allerbesten noch länger.

Mexiko

In Mexiko hat es schon Wein gegeben, bevor die ersten Reben nach Nord- oder Südamerika kamen. Heute werden sie weiterentwickelt.

Trotz hoffnungsvoller Weine hat Mexiko Mühe, mit Chile und Argentinien Schritt zu halten. In Baja California, der wichtigsten Weinregion, werden alle möglichen Sorten angebaut, von denen aber nicht alle für das heiße und trockene Klima geeignet sind. Meist gedeihen Rotweine wie Cabernet Sauvignon, Petite Sirah, Merlot, Malbec, Grenache und Zinfandel am besten. Auch etwas Nebbiolo und Carignan gibt es. Weiße Sorten werden für die Branntwein-Erzeugung angebaut.

Empfohlene Erzeuger

LA Cetto, Domecq, Santo Tomás

Weine der Welt 213

Südafrika

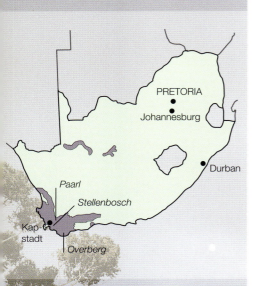

Trotz einer langen Tradition können südafrikanische Weine mit der Konkurrenz aus den Ländern der Neuen Welt nur bedingt mithalten.

Einer der Hauptgründe für den Rückstand Südafrikas ist historisch bedingt: die Isolation in der Zeit der Apartheid. Die Erzeuger in Südafrika waren von den technologischen Entwicklungen und den Wandlungen des Kundengeschmacks weitgehend abgeschnitten. Als die Apartheid Anfang der 90er-Jahre des 20. Jahrhunderts abgeschafft wurde, bestand eine tiefe Kluft zwischen den Kap-Weinen und jenen aus anderen Ländern der Neuen Welt.

Weitblickende Erzeuger hatten das schon früh erkannt und im Ausland nach Anregung gesucht. Ungeachtet ihres hohen Preises wurden in den 80er-Jahren in mehreren Kellern neue Fässer aus französischer Eiche angeschafft, was enorme Qualitätssteigerungen zur Folge hatte. Aber den Winzern mangelte es an vernünftigem Pflanzenmaterial. Noch heute machen Chardonnay, Sauvignon blanc, Cabernet Sauvignon und Merlot zusammen nur ein Fünftel der Gesamtanbaufläche aus. Winzer, die diese Sorten pflanzen möchten, gibt es genug, aber die Nachfrage übersteigt das Angebot bei weitem – es fehlt an Rebschulen.
Ein weiteres, nicht nur auf das Kap beschränkte Problem, bestand in einer Viruserkrankung, unter der die Weinberge lange Zeit zu leiden hatten und ein volles Ausreifen der Trauben verhinderte.

REBSORTEN

Wo talentierten Erzeugern gute, gesunde Reben zur Verfügung stehen, können die Weine immer hervorragend sein. Die besten dieser Weine verbinden die reifen Aromen eines sonnigen Klimas mit einer festeren, eleganteren Struktur in eher europäischem Stil. Beträchtliche Fortschritte wurden mit Cabernet Sauvignon, Merlot und Chardonnay gemacht, in jüngster Zeit auch mit Shiraz, der bis dahin grün, unreif, zugleich überhitzt und kantig war. Sauvignon blanc macht sich ebenfalls besser, in einem spritzigeren, mehr kräuterwürzigen Stil als die neuseeländische Variante.

Daneben verfügt Südafrika noch über zwei potenzielle Trümpfe – Pinotage und Chenin blanc. Der rote Pinotage ist eine eigene Kreuzung zwischen Pinot noir und Cinsaut. Das berühmte Verdikt, diese Weine würden wie »rostige Nägel« schmecken, trifft nicht mehr zu. Heutige Pinotage-Weine zeigen eher Aromen von Pflaume, Kirsche und Banane, in einem Stil, der von einfach, weich und saftig bis zu robust, körperreich, eichenfassgereift und alterungswürdig reicht. Chenin blanc (manchmal

Empfohlene Erzeuger

Constantia: Buitenverwachting, Klein Constantia, Steenberg

Stellenbosch: Beyerskloof, Neil Ellis, Grangehurst, Jordan, Kanonkop, Longridge, Meerlust, Mulderbosch, Rust-en-Vrede, Rustenberg, Saxenberg, Simonsig, Stellenzicht, Thelema, Vergelegen, Vriesenhof, Warwick

Paarl: Bellingham, Boschendal, Cabriere, Cathedral Cellars (gehört zur KWV), Fairview, Glen Carlou, La Motte, Plaisir de Merle, Savanna, Spice Route, Veenwouden, Villiera

Walker Bay: Beaumont, Bertino, Eksteen, Bouchard Finlayson, Hamilton Russell

Robertson: Graham Beck, Springfield, de Wetshof

JAHRGÄNGE

Von einigen Süßweinen abgesehen, sollten so gut wie alle Weißweine getrunken werden, wenn sie in den Handel kommen. Das gilt auch für die meisten Rotweine, während besserem Shiraz oder Pinotage sowie allen Weinen, die auf Cabernet Sauvignon oder Merlot basieren, eine Reifezeit von zwei bis drei Jahren gut bekommt. Sie halten noch einige Jahre länger, besonders so gute Jahrgänge wie 1998 und 2000. 1996 war kein gutes Jahr.

214 Weine der Welt

Stehen genannt) ist, obwohl mehr und mehr von modischeren Sorten verdrängt, noch immer die weitaus häufigste (Massen-)Sorte. Geringe Ertragsmengen von alten Reben können bei sorgfältiger Behandlung charaktervolle Weine ergeben, sowohl körperreiche, eichenfassgereifte trockene wie auch edelsüße Weißweine. Selbst die billigeren trockenen Weißweine, manchmal mit einem Schuss Colombard, können angenehm flott und frisch sein.

Unter der Voraussetzung, dass der Bedarf an neuem Rebmaterial zügig gedeckt wird, könnte sich Südafrika sehr bald auch auf dem Weinsektor als die Größe erweisen, die es im Bereich Sport jetzt schon ist. Ein Problem bleiben die sozialen Spannungen; auf jeden gut verdienenden nicht-weißen Industrieangestellten kommen immer noch Hunderte, die für Hungerlöhne in den Weinbergen arbeiten.

REGIONEN UND KLASSIFIKATIONEN

Seit dem Inkrafttreten des WO-Programms (Wine of Origin) in den frühen 70er-Jahren wurden annähernd 60 Appellationen unterschiedlicher Größe festgelegt. Die kleinsten, wie zum Beispiel Constantia oder Durbanville, sollen unverwechselbare Boden- und Klimaverhältnisse aufweisen. Dabei ist das WO-Gütesiegel kein Hinweis auf Qualität oder Stil; es garantiert lediglich, dass Herkunft, Sorte und Jahrgang den Angaben auf dem Etikett entsprechen.

Rechts: Lese von Chardonnay-Trauben
Unten: Paarl und umliegende Weinberge

Lange Fassreihen vor dem Keller des berühmten Weinguts Hamilton Russell in Hermanus in der Region Walker Bay

Das Weingut Boschendal im Groot Drakenstein Valley in Franschhoek in der Kapprovinz

Die berühmtesten Weinregionen Südafrikas konzentrieren sich in der Umgebung von Kapstadt. Constantia war im 18. Jahrhundert für seine Süßweine berühmt, während es heute mehr für Sauvignon blanc, Chardonnay, Cabernet Sauvignon und Merlot bekannt ist. In der östlich gelegenen Region Stellenbosch sitzt die Mehrheit der angesehensten Erzeuger des Landes. Es wurden dort 45 verschiedene Bodentypen gezählt, und zwischen den am Meer gelegenen Weinbergen (insbesondere jenen in Helderberg) und den weiter im Binnenland gelegenen herrscht ein deutlicher Temperaturunterschied. Stellenbosch präsentiert sich als bemerkenswerte Ideenschmiede. Fast alle Gremien der Weinindustrie sind hier ansässig.

Eine Ausnahme ist das nördlich von Stellenbosch gelegene Paarl. Hier hat die KWV (Co-operative Winegrowers Association) ihren Hauptsitz. Die KWV war viele Jahre lang einerseits für die Regulierung des Marktes zuständig, indem sie Produktionsstärke und Preise festlegte, andererseits erzeugte sie auch selbst große Mengen an Wein, »Sherry« und Brandy von Trauben ihrer 4600 Mitglieder. Ihre Kontrollfunktion hat sie eingebüßt, ist aber immer noch ein bedeutender Erzeuger.

Weiter im Inland liegen die Regionen Worcester und Robertson; erstere ist heiß und fruchtbar und produziert feine gespritete Weine. Robertson mit seinen Kalkböden ist für Chardonnay berühmt, der zu Still- und Schaumweinen verarbeitet wird. Die nach dem Champagnerverfahren hergestellten Weine tragen auf dem Etikett die Aufschrift *méthode cap classique*, es kann aber nicht behauptet werden, dass viele von ihnen bei einer Blindverkostung mit Champagner verwechselt werden könnten. Von Stellenbosch aus an der Küste entlang in Richtung Osten liegen Elgin und Walker Bay, die beide zu der größeren Region Overberg gehören. Kühle Winde vom Meer und die relativ hohe Lage lassen hier Sauvignon blanc, Chardonnay und Pinot noir gedeihen. Besonders aus Walker Bay kommen einige herausragende Chardonnays und Pinots noirs. Von den nördlich an der Westküste gelegenen Regionen ist Swartland die bekannteste.

Oben: Rebschnitt in einem Weinberg des Hauses Suntory in Japan

Indien & Ferner Osten

Die ostasiatischen Verbraucher zeigen ein wachsendes Interesse an westlichen Weinen, und die Erzeuger pflanzen mehr und mehr internationale Sorten.

Indien

Indiens bekanntester Wein ist der im Champagnerstil gehaltene Omar Khayyam von Château Indage in Maharashtra, der in den 80er-Jahren einer nichtsahnenden und erstaunten Weltöffentlichkeit präsentiert wurde. Heute schneidet er im Vergleich mit Schaumweinen etwa aus Neuseeland oder Australien ziemlich schlecht ab. Es wird auch etwas Stillwein erzeugt von Trauben wie Chardonnay, Cabernet Sauvignon und einer Sorte mit dem unwiderstehlichen Namen Bangalore Purple. Der einzige sonst noch erwähnenswerte Erzeuger von Stillweinen ist Grover Vineyards. Der Einfluss des Franzosen Michel Rolland, der Grover in Sachen Weinbereitung beraten soll, ist in den Weinen noch nicht spürbar.

China

In China werden mehr Trauben angebaut als in Chile, aber ein Großteil der Ernte wird verspeist. Es gibt viele merkwürdige chinesische Sorten, aber Wein westlicher Prägung, ob im Inland erzeugt oder importiert, wird immer beliebter. Nur ein geringer Teil der Inlandsproduktion wird exportiert. Die Weine, die in westlichen Regalen landen, stammen meist aus Joint-Ventures mit westlichen Firmen wie Dynasty, dem zu Pernod Ricard gehörenden Unternehmen Dragon Seal, und Huadong, dem Hersteller von Tsingtao-Weinen. Die größtenteils an der Nordostküste gelegenen Weinberge waren meist auf fettem Schwemmland angelegt, was ihnen nicht bekam.

Japan

Obwohl der japanische Geschmack seit jeher Süßweine bevorzugt, werden heute auf zehn Prozent der Weinbergfläche europäische Sorten zur Bereitung trockenerer Weine angebaut. Darüber hinaus gibt es erste Versuche, aus der einheimischen Koshu-Traube Weine in einem andeutungsweise elsässischen Stil zu bereiten. Große Firmen wie Château Mercian, Suntory und Sapporo beherrschen das Feld.

Weine der Welt 217

Glossar

Abboccato
italienisch für »lieblich«

Abocado
spanisch für »lieblich«

Adstringierend
ein pelziges Gefühl, das
besonders junge Weine im
Mund verursachen

Agricola Vitivinicola
Weingut in Italien

Amabile
etwas lieblicher als abboccato

Amarone
(Veneto, Italien) wörtlich
»bitter«;
in erster Linie zur Beschreibung von Recioto verwendet

AOC
siehe *Appellation Contrôlée*

Appellation Contrôlée
(AC/AOC) Qualitätsnachweis
für französische Weine, mit
dem Herkunft, Rebsorte und
Verarbeitung festgelegt sind;
ein Mindeststandard bezüglich
der Qualität ist jedoch nicht
gegeben

Asciutto
italienisch für »trocken«

Assemblage
französische Bezeichnung für
die Kunst, Weine verschiedener
Sorten zu verschneiden; wird
mit Bordeaux und Champagner
in Verbindung gebracht

Azienda
italienisches Weingut

Bourgogne
französisch für »Burgund«

Brut
trocken, hauptsächlich bei
Champagner und
Schaumweinen verwendet

Noch trockener sind als
»brut nature/sauvage/zéro«
bezeichnete Weine, während
»extra-sec« für etwas süßere
Schaumweine verwendet wird

Cantina (Sociale)
italienische Kellerei (Genossenschaft)

Cap classique
in Südafrika geläufige Bezeichnung für Schaumweine, die
nach der Méthode champe-
noise hergestellt wurden

Casa
italienisch/spanisch/portugie-
sisch für »Firma, Unternehmen«

Cava
in Spanien amtliche Bezeichnung für Schaumwein, der
nach der Méthode champe-
noise hergestellt wurde

Cave
französisch für »Keller«

Château
französisch für »Schloss«

Chêne
französisch für »Eiche«, wie in
»fûts de chêne« (Eichenfässer)

Clarete
spanische Bezeichnung für
leichte Rote

Classico
italienische Bezeichnung für
die besten Lagen innerhalb
einer DOC, z.B. Chianti
Classico, Valpolicella Classico

Climat
in Burgund zur Bezeichnung
einer Einzellage gängiger
Begriff

Clos
französisch für »ummauerter
Weinberg«

Colle/colli
italienisch für »Hügel«
(Einzahl und Mehrzahl)

Commune
französisch für »Gemeinde«

Consorzio
italienisch für »Erzeuger-
zusammenschluss«

Cosecha
spanisch für »Ernte« oder
»Jahrgang«

Côte(s), Coteaux
französisch für
»Hang«/»Hänge«

Criado y Embottelado (por)
spanisch für »erzeugt und
abgefüllt durch«

Crianza
spanisch »con crianza« steht
für »in Holz gereift« – diese
Weine sind einem Reserva
oder einem Gran Reserva oft
vorzuziehen.

Cultivar
in Südafrika geläufiger
Ausdruck für »Rebsorte«

Demi-sec
französisch für »halbtrocken«

**DLG,
Deutsche Landwirtschafts-
Gesellschaft**
Vereinigung, die die Bundes-
weinprämierung durchführt
und das Weinsiegel vergibt

**DO,
Denominación de Origen/
Denominação de Origem**
Geschützte Ursprungsbe-
zeichnung in Spanien bzw.
Portugal, die die Herkunft der
Trauben, die Rebsorten und
die Weinbereitungsmethoden
garantiert

**DOC,
Denominação de Origem
Controlada**
oberste Stufe der Qualitäts-
hierarchie in Portugal

**DOC(G),
Denominazione di Origine
Controllata (e Garantita)**
Ursprungsbezeichnung in
Italien, die Rebsorte und
Herkunft der Trauben garan-
tiert. Der Zusatz »Garantita«
soll höchste Qualität
garantieren.

**DOC,
Denominación de Origen
Calificada**
in Spanien jüngst geschaffene
Ursprungsbezeichnung für
Weine, die qualitätsmäßig über
den DO-Weinen stehen sollen

Domaine
französisch für »Weingut«

Doux
französisch für »süß«

Elaborado y Anejado por
Spanisch für »hergestellt
und gereift für«

Elever
in Burgund geläufige Bezeichnung für das Ausbauen von
Wein im Keller

En primeur
neuer Wein, besonders
Bordeaux

Enoteca
italienisch für »Weingeschäft«

Espumoso/espumante
spanisch bzw. portugiesisch
für »Schaumwein«

Fattoria
italienisch für »Weingut«,
besonders in der Toskana

218 Glossar

Fermentazione naturale
italienische Bezeichnung für einen von Natur aus moussierenden Wein, tatsächlich jedoch ein Hinweis auf das Cuve-close-Verfahren

Fût de chêne
französisch für »Eichenfass«

Imbottigliato nell'origine
italienisch für »Erzeugerabfüllung«

Jeunes Vignes
junge Reben

Late harvest
englische Bezeichnung für Spätlese

Maître de chai
französisch für »Kellermeister«

Marc
französisch für »Trester«

Mis en bouteille au château/domaine
französisch für »Erzeugerabfüllung«

Moelleux
französisch für »Süßwein«

Monopole
französisch für »Alleineigentum an einem Weinberg«

Mousseux
französisch für »Schaumwein«

Négociant
französischer Begriff für einen Händler, der Wein kauft, ausbaut und abfüllt

Négociant-manipulant (NM)
Händler, der Weine aufkauft, um sie für Champagner zu verschneiden; über die NM-Nummer auf dem Etikett zu identifizieren

Nouveau
neuer Wein, am gebräuchlichsten in Zusammenhang mit Beaujolais

Pasado/Pasada
spanischer Ausdruck für alte oder feine (fino) sowie für Amontillado-Sherrys

Pétillant
französische Bezeichnung für leicht moussierende Weine

Pourriture noble
französisch für »Edelfäule«

Primeur
neuer Wein, siehe auch *nouveau*

QbA
Qualitätswein bestimmter Anbaugebiete

QmP
Qualitätswein mit Prädikat

Quinta
portugiesisch für »Weingut«

Rancio
in Frankreich und Spanien üblicher Ausdruck für das eigenartige Aroma oxidierter, gespriteter Weine

RD, récemment dégorgée
eine von Bollinger eingeführte Bezeichnung für den Jahrgangs-Champagner des Hauses

Récoltant-manipulant (RM)
Weinbauer in der Champagne, der seinen Wein ausschließlich aus eigenen Trauben erzeugt

Récolte
französisch für »Weinlese«

Régisseur
im Bordelais geläufige Bezeichnung für Kellermeister

Remuage
französischer Fachbegriff für das Rütteln der Champagnerflaschen

Rosato
italienisch für »Rosé«

sec/secco/seco
französisch/italienisch/spanisch für »trocken«

Sélection des grains nobles
im Elsass geläufiger Ausdruck, entspricht dem deutschen Begriff »Beerenauslese«

Servir frais
französisch für »gekühlt servieren«

Sin crianza
spanisch für »nicht in Holz gereift«

Spumante
italienischer Schaumwein

Supérieure/superiore
französische/italienische Bezeichnung für Wein aus reiferen Trauben

Sur lie
französisch für »auf dem Hefesatz (gereift)«

Tenuta
italienisch für »Weingut« oder »Weinberg«

Tête de cuvée
französischer Begriff, der von Traditionalisten noch heute zur Bezeichnung des feinsten Weins eines Erzeugers verwendet wird

VDP
Verband Deutscher Prädikatsweingüter

VDQS
Vin Délimité de Qualité Supérieure

Vecchio
italienisch für »alt«

Velho/velha
portugiesisch für »alt«

Vendange tardive
französisch für »späte Lese«

VIDE
italienischer Zusammenschluss von Qualitätswein-Erzeugern

Vieilles Vignes
französisch für »alte Reben«

Vignoble
französisch für »Weinberg« oder sonst eine mit Reben bestockte Fläche

Village
französisch für »Dorf«

Vin de garde
französischer Begriff für einen Wein, der mit der Lagerung besser wird

Vin de paille
französisch für »Strohwein«; eine heute seltene Spezialität aus dem Jura

Vin de pays
einfache Landweine mit Angabe der mehr oder weniger weit gefassten geografischen Herkunft

Vin de table
französischer Tafelwein ohne Angabe der Herkunft

Vin doux naturel
gespriteter Dessertwein aus Frankreich

Vino da Tavola
italienisch für »Tafelwein«

Vino de la Tierra
Herkunftsbezeichnung in Spanien

Vino de Mesa
spanisch für »Tafelwein«

Vino novello
italienisch für »neuer Wein«

Viticulteur(-Propriétaire)
französisch für »Winzer, Besitzer eines Weinbergs«

Register

A

Ablagerungen 128–130, 131, 160
Abziehen 130
Agiorgitiko 56, 196, 197
Aglianico del Vulture 56, 88, 181
Albariño 13, 42, 78, 102
Alentejo 20, 189
Aligoté 48
Alkoholgehalt 68
 siehe auch Gärung
Almansa 184
alte Weine 26
Altesse 49
Alvarinho 42, 187
Amarone della Valpolicella
 20, 56, 90, 180
Anjou 18, 77, 171
Apulien 77, 81, 181
Aragonez 55
Argentinien, Weine aus 212
Aromen 64–67–70–71
Assyrtiko 13, 48, 197
Asti 16, 45, 178
Atmen 158, 160
Auktionen 138
Ausbruch 22
Australien
 Chardonnay, vergleichbare
 Weine 81
 Riesling, und Speisen 100, 102
 Shiraz 88, 102, 103, 109
 Weine aus 200–203
Auxerrois 52, 175
Auxey-Duresses 141

B

Baga 56, 188
Bairrada 48, 188
Bandol 20, 53, 86, 103
Banyuls 104, 133, 174
Barbaresco 20, 53, 88, 103
Barbera 18, 50, 88, 103, 207
Barbera d'Alba 90, 178
Barbera d'Asti 19, 90, 178
Bardolino 18, 84, 90, 180
Barolo 20, 26, 53, 71, 178
 und Speisen 103
 vergleichbare Weine 88
Barsac 22, 80, 107, 167

Beaujolais 18, 51, 71, 91, 168
Nouveau 70, 168
 und Speisen 102, 109
 vergleichbare Weine 84
Beaujolais-Villages 18, 104, 108,
 109, 168
Beerenauslese 22, 104, 105, 107,
 192
Bellet 15, 173
Benotung von Weinen 73
Bergerac 82, 85, 175
 Sec 77
Bergeron 49
Bianco di Custoza 81, 102
Bioweine 115
Blanc de blancs 16, 170
Blanquette de Limoux 16, 78
Blauburgunder 38, 85, 194
Blaufränkisch 56, 194
Bodentypen 112, 114–115
Bonarda 18, 56, 84, 90, 91
Bonnezeaux 22, 70, 105, 107, 171
Bordeaux 19, 26, 52, 82
 Region 166–167
 und Speisen 103, 109
 vergleichbare Weine 77, 85
 weiß 33, 77, 167
botrytisierte/edelsüße Weine 22,
 132
bouchet 50
Bouquet 64–66
Bourgogne Aligoté 13, 78, 79
Bourgogne Passe-Tout-Grains 51
Bourgogne Rouge 51
Bourgueil 18, 50, 104, 106, 171
Breton 50
Brindisi 57, 181
Brown Muscat 45
Brunello di Montalcino 20, 54,
 88, 89, 179
Bual 25, 109, 189
Bulgarien, Weine aus 198
Burgund 168–169
Burgund Mare 39
Burgunder 14, 19, 91
 und Speisen 103, 106, 109
 vergleichbare Weine 85
 weiß 31, 77, 100, 102, 104
Buschreben 120, 146
Buzet 19, 85, 175

C

Cabernet franc 36, 50, 104, 167,
 171
Cabernet Sauvignon 26, 36–37
 Chile 20, 100
 Frankreich 167, 174, 175
 Neuseeland 19, 205
 Osteuropa 15, 19
 Spanien und Portugal 183, 188
 und Speisen 102, 103, 107
 Ungarn 15
 USA 87, 201, 208
 vergleichbare Weine 85, 89, 91
Cadillac 80, 166
Cahors 70, 175
Calabrese 57
Cannonau 51, 181
Carema 88
Carignan 56, 172, 174, 181
Carignano del Sulcis 56, 86, 88
Carmenère 20, 56, 86, 89
Carmignano 54, 89, 178
Cassis 15, 173
Castelão 56, 189
Catarratto 48
Cava 16, 48, 78
Cenibel 55
Chablis 13, 14, 31, 141, 168
 und Speisen 100, 102, 103,
 109
 vergleichbare Weine 78, 79,
 82, 83
Chambertin 38, 85
Champagne 170
Champagner 16, 102, 108, 131
 Entkorken 156–158
 vergleichbare Weine 78
Chardonnay 14, 16, 30–31
 Australien 201, 202, 203, 204
 Frankreich 77, 168–169, 174
 Italien 178, 180
 Osteuropa 197
 Spanien und Portugal 184, 188
 und Speisen 100, 102, 103
 USA 206, 208
 vergleichbare Weine 77, 78, 81,
 83
Chassagne-Montrachet 77
Chasselas 48, 194
Château Cheval-Blanc 50
Château Pétrus 52, 167
Château-Grillet 172
Châteauneuf-du-Pape 14, 20, 49,
 51, 172
 und Speisen 102
 vergleichbare Weine 86, 88
Chenin blanc 14, 42, 80, 81, 171

Cheverny 81
Chianti 19, 54, 71, 104, 179
 vergleichbare Weine 89, 90
Chiaretto 56
Chiavennasca 53
Chile
 Cabernet Sauvignon 89, 100
 Weine aus 210–211
China
 Küche und Wein 108
 Weine aus 217
Chinon 18, 50, 84, 171
Chinon und Speisen 104, 106
Cinsaut 18, 56, 84, 174
Cirò 86, 181
Clairette 45, 48
Clos de Vougeot 38
Cloudy Bay 141
Collioure 20, 86
Colombard 43
Condrieu 14, 47, 70, 76, 172
 und Speisen 102
Constantia 79
Copertino 57, 86, 109, 181
Corbières 19, 20, 40, 174
Cornas 20, 40, 88, 172
Cortese 48
Corvina 56, 180
Cot 52, 175
Côte Chalonnaise 51, 18
Côte d'Or 168
Côte Roannaise 84
Coteaux d'Aix-en-Provence
 173
Coteaux du Giennois 51
Coteaux du Languedoc 86, 174
Coteaux du Layon 22, 42, 171
 und Speisen 104, 105, 107
Coteaux du Tricastin 86, 172
Coteaux Varois 173
Côte-Rôtie 40, 88, 103, 172
Côtes de Bourg 52
Côtes de Duras 13, 85, 175
Côtes de Provence 173
Côtes de Saint-Mont 77, 82, 85
Côtes du Forez 51
Côtes du Lubéron 19, 86, 172
Côtes du Rhône 71, 86, 172
Côtes du Roussillon 174
Côtes du Ventoux 19, 86, 172
Côtes du Vivarais 86
Crémant d'Alsace 16, 173
Crémant de Bourgogne 16, 78,
 168
Crémant de Limoux 16
Crozes-Hermitage 41, 88, 103,
 106, 172
Curry und Wein 104, 109

D

Dão, Weine aus 188
Dekantieren 158, 160
Desserts und Wein 104–105, 107
Deutschland
  Riesling 82, 100, 102, 108
  Weine aus 190–192
Dolcetto 18, 57, 84, 90, 178
Dôle 51, 84, 194
Dornfelder 57
Douro, Weine vom 187

E

Edelfäule 22, 132
Eiche 68, 126–128, 146–147
Eierspeisen und Wein 100
Eiswein 22, 34, 35, 132, 209
  und Speisen 104
Elsass
  Gewürztraminer 12, 76, 106
  Muscat 12
  Pinot blanc 100
  Pinot gris 12, 22, 100, 103, 106
  Region 173
  Riesling 12, 22
  Sélection de Grains Nobles 22,
    43, 132
  Vendange Tardive 43, 132
England, Weine aus 195
Entre-Deux-Mers 77, 166, 175
Est!Est!!Est!!! 178
Eszencia 80
Etiketten 142, 144–147

F

Farbe von Wein 62–64
Fässer 126–127
Faugères 174
Feinburgunder 31, 194
Fendant 48, 194
Fernão pires 13, 48, 189
Fiano di Avellino 181
Filtrieren 130
Fino Sherry 24, 108, 185
Fisch und Wein 102
Fitou 19, 174
Flaschen 143, 152
Fleisch und Wein 103, 106, 107
flüchtige Säure 73
Folle blanche 48, 109
Frankreich, Weine aus 164–175
  vergleichbare Rotweine, 84–87
  vergleichbare Weißweine,
    76–80
Frascati 81, 178
Friaul 31, 180

Frontignan 45, 105, 174
Fumé blanc 33, 77, 206
Furmint 48, 49, 199

G

Galestro 178
Gamay 18, 51, 84, 194
Garnacha 20, 51, 86, 183, 184
Gärung 126, 128
  siehe auch Alkoholgehalt
Gattinara 88, 178
Gavi 48, 178
Geflügel und Wein 102
Gemüse und Wein 103
Gentechnologie 119
Gespritete Weine 24–25, 133,
  181, 185, 187, 189
Gewürze und Wein 103–104
Gewürztraminer 12, 43, 76, 211
  Australien und Neuseeland
    203, 205
  Deutschland 192
  Frankreich 173
  Italien 180
  Spanien 183
  und Speisen 109
  vergleichbare Weine 83
Ghemme 88, 178
Gigondas 15, 86, 172
Givry 168
Gläser 158
Godello 49
Gouais blanc 47
Grauburgunder 46, 192
Graves 14, 46, 81, 166, 167
Graves vergleichbare Weine 87
Grenache 20, 51
  Australien 201
  Frankreich 172, 174
  USA 207
  vergleichbare Weine 84, 86,
    88, 91
Griechenland, Weine aus
  196–197
Grignolino 84, 90
Gros plant 48, 79
Grüner Veltliner 13, 44, 193
  vergleichbare Weine 78, 80, 82
Gutedel 48

H

Haut-Médoc 106, 166
Hefesatz 128, 130, 131
Hermitage 14, 20, 26, 40, 167
  vergleichbare Weine 88, 90
  weiß 44, 172
Heurige 44

I

Indien, Weine aus 217
indische Küche und Wein 109
Investieren in Wein 138–139
Irancy 168
Irsai (Irsay) Oliver 12, 48, 199
Israel, Weine aus 197
Italien
  Rotweine und Speisen 100
  vergleichbare Weißweine 81
  Weine aus 176–181

J

Jahrgänge 152
Japan, Weine aus 217
japanische Küche und Wein
  108–109
Jumilla 20, 184
junger Wein 26
Jura 18, 22, 24, 175
Jurançon 22, 49, 82, 175
  Speisen 105, 106, 109

K

Kadarka 57
Kalifornien, Weine aus 206–207
Kalterersee 18, 90
Kanada, Weine aus 209
Käse und Wein 103, 104, 106
Kékfrankos 18, 56, 57, 84
Kellerei 122–133
Keltern 123
Kerner 48, 192
Kir 48
Klima 118
Kochen mit Wein 105
Korkenzieher 156–158
Korkgeschmack 73
Körper 68
Kroatien, Weine aus 199

L

La Mancha, Weine aus 184
La Mondotte 167
Lagern von Wein 150–155
Lagertemperatur 155
Lagrein 18, 90, 180
Lambrusco 16, 57, 178
Languedoc-Roussillon 20, 174
Le Dôme 167
Le Pin 52, 167
Les Baux de Provence 173
Libanon, Weine aus 197
Limberger 18, 56
Limoux 77

Liqueur Muscat 25, 45, 79, 104

Liqueur Tokay 49
Lirac 15, 86
Listán 49
Loire, Weine von der 171
Lombardei, Region 178
Loupiac 80, 166
Lüften 158, 160
Lugana 81, 178

M

Macabeo 48
Mâcon 51, 100, 168
  vergleichbare Weine 77, 83, 84
Madeira 24, 25, 48, 49, 133, 189
  und Speisen 109
Madiran 20, 70, 175
Maische 123
Málaga 25, 104, 133, 185
Malbec 20, 52, 167, 175
  vergleichbare Weine 86, 88, 89,
    91
Malmsey Madeira 25, 48, 189
Malolaktische Gärung 128
Malvasia 48, 178, 181, 189
Malvoisie 46, 48
Manseng 49, 175
Manzanilla 24, 109, 185
Maria Gomes 48
Marsala 25, 48, 133, 181
Marsanne 14, 44, 172, 194, 201,
  203
  und Speisen 100, 109
  vergleichbare Weine 81
Mataro 53, 201
Mateus Rosé 56
Maury 104, 174
Mavrodaphne 25, 57, 196
Mavrud 57
Médoc 87, 109, 166
Melon de Bourgogne 49, 171
Mencía 50, 184
Menetou-Salon 18, 80, 106, 171
Mercurey 77, 168
Meritage 52, 207
Merlot 36, 52
  Australien und Neuseeland
    201, 203, 205
  Chile 19
  Frankreich 167, 174, 175
  Kalifornien 20
  Neuseeland 19
  Österreich 194
  Osteuropa 19, 197
  Spanien 183
  und Speisen 102, 107
  USA 207, 208
  vergleichbare Weine 85, 87,

Register 221

89, 91
Meunier 57
Meursault 77, 102
Mexiko, Weine aus 213
Minervois 19, 86, 174
Moldawien, Weine aus 199
Monastrell 20, 53, 86, 183, 184
Monbazillac 22, 80, 106, 175
Montagny 77, 168
Montepulciano d'Abruzzo 19, 57, 90, 102, 178
Montilla 24, 133, 185
Montlouis 107, 171
Morellino di Scansano 54, 89, 178
Morillon 31, 193
Moscatel 45, 79
Moscatel de Setúbal 79
Moscatel de Valencia 79, 104
Moscato 45, 178
Moscato Passito di Pantelleria 79
Mosel 82, 102
Mourvèdre 20, 53
    Australien 201
    Frankreich 172, 173, 174
    vergleichbare Weine 86
Müller-Thurgau 49, 180, 192, 194, 195
Muscadelle 49, 167
Muscadet 79, 81
Muscadet Sur Lie 102, 171
Muscat 12, 22, 45
    Australien 201
    Frankreich 173
    Griechenland 197
    und Speisen 104, 109
    vergleichbare Weine 76, 82
Muscat de Beaumes-de-Venise 22, 45, 104, 133, 172
Muscat de Beaumes-de-Venise vergleichbare Weine 79
Muscat de Frontignan 79, 104
Muscat de Rivesaltes 22, 79
Muscat de St-Jean-de-Minervois 79, 104
Muscatel 45
Muskateller 45

N

Nase 64–66
Navarra 15, 19, 81, 183
Nebbiolo 26, 53, 88, 178
Negroamaro 57, 86, 181
Nemea 56, 196
Nero d'Avola 57, 181
Neuseeland
    Sauvignon blanc 82, 106

Weine aus 204–205
Nielluccio 54

O

Obst und Wein 105, 107
offene Flaschen 161
Oloroso Sherry 24, 25, 185
Orange Muscat 79, 104
organischer Weinbau 115
Orvieto 10, 81, 178
Österreich, Weine aus 193–194
Oxidation 73

PQ

Pacherenc du Vic-Bihl 49, 175
Palette 173
Palomino 49, 185
Parker, Robert 73
Parrina 54, 89
Pasta und Wein 100, 102
Pauillac 106, 166
Pedro Ximénez Sherry 25, 49, 79, 104, 185
Penedés, Weine aus 183
Penfolds Grange 40
Periquita 56, 189
Pessac-Léognan 14, 166
Petit Verdot 57, 167
Petite Sirah 41, 57, 207, 213
Picpoul de Pinet 49
Piemont, Weine aus 178
Pineau 42, 133
Pinot beurot 46
Pinot bianco 45, 109, 180
Pinot blanc 45, 173, 192, 194
    und Speisen 100, 102
Pinot grigio 12, 46, 180
    vergleichbare Weine 79, 81, 83
Pinot gris 46, 76, 102
    Deutschland 192
    Frankreich 173
    Neuseeland 205
    Österreich 194
    USA 207
Pinot meunier 57
Pinot nero 39
Pinot noir 16, 19, 38–39
    Australien 201, 202, 203
    Deutschland 192
    Frankreich 173
    Neuseeland 205
    Österreich 194
    Spanien 183
    und Speisen 100, 102, 106, 109
    USA 207, 208
    vergleichbare Weine 78, 84, 91
Pinotage 20, 54, 88, 91, 214

Pomerol 52, 166, 167
    und Speisen 102, 106, 109
    vergleichbare Weine 87
Port 25, 57, 104, 133, 187
Portugal, Weine aus 186–189
Pouilly-Fuissé 77, 168
Pouilly-Fumé 13, 171
    und Speisen 104, 106, 108, 109
    vergleichbare Weine 78, 80, 82
Preis und Qualität 141
Primitivo 20, 55, 86, 109, 181
Priorato 20, 86, 90, 103, 181
Prosecco 16, 49, 70, 180
Provence, Weine aus der 173
Prugnolo gentile 54
Puligny-Montrachet 77
PX siehe Pedro Ximénez Sherry
Quarts de Chaume 22, 106
Quincy 80, 106, 171

R

Recioto 22, 90, 132, 180
Reifung 128, 130, 152
Reisen und Wein 140
Restaurants 141
Reuilly 80
Rhône 15, 20, 86, 172
Rhône Rangers 44, 207
Rías Baixas 42, 184
Ribera del Duero 20, 55, 90, 103, 106, 184
Riesling 34–35
    Australien und Neuseeland 13, 202, 203, 205
    botrytisiert oder edelsüß 22, 79, 80, 104, 106
    Deutschland 12, 13, 192
    Frankreich 12, 173
    Italico 49, 180
    Österreich 13, 194
    und Speisen 102, 105, 108, 109
    USA 209
    vergleichbare Weine 78, 80, 82, 83
Rioja 19, 55, 103, 104, 109
Region 183
    vergleichbare Weine 90, 91
    weiß 14, 83
Ripasso di Valpolicella 180
Rivesaltes 105, 133, 174
Rizling 34, 35, 49
Rolle 49
Romanée-Conti 38, 139
Roséweine 15, 51, 123, 171, 172, 173, 183
Rosso Cònero 57, 89, 178
Rosso di Montalcino 56, 89, 102
Rosso Piceno 54, 89

Rotwein
    frisch 18
    fruchtig 18
    körperreich 19, 37, 41
    Lagern 153
    mächtig 20
    mit Eiche 91
    mittelschwer 19, 37, 39
    ohne Eiche 91
    Servieren 160
    tanninarm 18
    vollmundig 20
    würzig 20, 41
Roussanne 49, 172
Roussette 49
Ruby Cabernet 18, 57
Rueda 13, 80, 184
Ruländer 46, 192
Rully 77, 168
Rumänien, Weine aus 199

S

Sagrantino 90, 178
Salat und Wein 100
Salento 81
Salice Salentino 57, 86, 109, 181
Samling 88 49
Samos 79, 197
Sancerre 13, 15, 18, 141, 171
    und Speisen 102, 104, 106, 108
    vergleichbare Weine 78, 80, 82, 84
Sangiovese 54, 89, 90, 102, 181
Sangioveto 54
Saperavi 57
Saumur 16, 78, 171
Saumur-Champigny 18, 50, 102, 104, 106, 171
Säure 67, 98
Sauternes 22, 46, 161, 166, 167
    und Speisen 103, 104, 106, 107
    vergleichbare Weine 80
Sauvignon blanc 13, 32–33
    Australien 201, 202, 203
    Frankreich 167, 171, 175
    Neuseeland 204
    Österreich 194
    Spanien 183, 184
    und Speisen 100, 102, 103, 104, 108
    vergleichbare Weine 77, 80, 82, 83
Sauvignon de St-Bris 168
Sauvignon de Touraine 79, 171
Sauvignon vert 33
Sauvignonasse 33, 49
Savagnin 33
Savennières 13, 42, 78, 80, 171

Savoyen, Region 175
scharfe Speisen und Wein 104, 109
Schaumweine 16, 78, 131
Scheurebe 12, 49, 192
Schwefeldioxid 73, 128
Schweiz, Weine aus 194
Sélection de Grains Nobles 22, 43, 132
Semillon 14, 46, 167, 175, 201
  Australien 201, 202, 203
  botrytisiert oder edelsüß 22, 80, 104
  und Speisen 109
  vergleichbare Weine 77, 80, 81, 83
Servieren von Wein 156–161
Seyval blanc 49, 195
Sherry 24, 49, 104, 108, 133, 185
Shiraz 40–41, 207
  Australien 16, 20, 201, 202, 203
  und Speisen 100, 103, 109
  vergleichbare Weine 86, 88, 91
Silvaner 49, 77, 173, 180, 192, 194
Sizilien, Weine aus 181
Slowakei, Weine aus 199
Soave 10, 70, 79, 81, 102, 180
Somontano 19, 183
Spanien, Weine aus 182–185
Spanna 53, 178
Spätburgunder 38, 85, 192
Spätlese Halbtrocken 108, 144, 192
Speisen und Wein 94–109, 161
Squinzano 57
St. George 56, 196
St. Laurent 57, 194
Stampfen per Fuß 123
St-Aubin 141
St-Chinian 20
Ste-Croix-du-Mont 80, 166
Steen 42, 215
St-Emilion 52, 102, 104, 166, 167
  vergleichbare Weine 87
Stierblut 57, 199
St-Joseph 41, 44, 88, 103, 172
St-Julien 106, 166
St-Nicolas de Bourgueil 50, 171
St-Péray 172
Strohwein 22, 132, 193
St-Romain 141
St-Véran 77, 168
Südafrika, Weine aus 214–216
Südtirol 12, 31
Süßweine 22, 99, 132

Syrah 26, 40–41
  Frankreich 172, 174
  Italien 181
  Neuseeland 205
  Österreich 194
  und Speisen 100, 103
  USA 20, 207, 208
  vergleichbare Weine 86, 88

T

Tannat 26, 57, 86, 175
Tannin 67–68
tanninarme Weine 26
tanninreiche Weine 26
Tarrango 18, 57, 84
Taurasi 56, 181
Tavel 15, 172
Tawny Port 25, 104, 187–188
Tempranillo 55, 183, 185
  vergleichbare Weine 89, 90, 91
Teroldego 57
Teroldego Rotaliano 57
Terroir 113, 114
thailändische Küche und Wein 108
Tinta de Toro 55
Tinta Roriz 55, 187, 188
Tinto del Pais 55
Tinto Fino 55
Tocai Friuliano 49, 180
Tokaji Aszú 22, 80, 104, 106, 199
Tokaji Szamorodni 24
Tokay 25, 201
Tokay-pinot gris
  siehe Pinot gris
Torgiano 54, 178
Toro 20, 184
Torrontes 12, 49, 76, 83
Toskana, Weine aus der 179
Touraine sauvignon 13, 171
Touriga Nacional 57, 187, 188, 189
Traminer 12, 43, 180, 192, 193
Trebbiano 49, 178, 180, 181
Trockenbeerenauslese 22, 34, 104, 105, 192
Tschechien, Weine aus 199
Türkei, Weine aus der 197

U

Ugni blanc 49
Ukraine, Weine aus 199
Ull de Llebre 55
Ungarn, Weine aus 199
Uruguay, Weine aus 213

USA, Weine aus 206–208

V

Vacqueyras 86, 172
Valandraud 167
Valdepeñas 19, 184
Valencia, Weine aus 184
Valpolicella 18, 56, 84, 180
  vergleichbare Weine 90
Vega Sicilia 184
Vendange Tardive 43, 132
Venetien, Weine aus 180
Verdejo 49, 184
Verdelho 14, 24, 49, 189, 201
  und Speisen 100, 109
  vergleichbare Weine 81
Verdicchio dei Castelli di Jesi 49, 78, 81, 109
Verkosten von Wein 60–68
Vermentino 49, 178
Vernaccia di San Gimignano 49, 78
Versandhandel 136–138
Verschlüsse 143
Verschnitt 130, 131
Vin de paille 22, 132
Vin de Pays d'Oc 76, 77, 82, 85, 87, 89
  rosé 15
Vin de Pays des Coteaux de l'Ardèche 77, 86
Vin de Pays des Côtes de Gascogne 10, 43, 100
  vergleichbare Weine 77, 79, 81, 82
Vin de Pays du Jardin de la France 81
Vin jaune 24, 175
Vinho verde 10, 79, 187
Vino Nobile de Montepulciano 54, 179
Vins de pays 175
Viognier 12, 14, 47, 76, 102, 172
Viré-Clessé 77, 168
Viskosität 64
Viura 48, 183, 184
Volnay 85
Vosne-Romanée 85, 106
Vouvray 16, 42, 82, 171
Vouvray demi-sec 102
Vouvray moelleux 22, 107

W

Wales, Weine aus 195
Weinberg 112–121
Weinbörsen 138
Weinfehler 73

Weinkauf 136–147
Weinsprache 69
Weissburgunder 45, 192
weißer Port 24, 188
Weißwein
  aromatisch 12
  Aromen und Geschmacks-
    richtungen 70–71
  Benoten 73
  blumig 12
  Farbe 62–64
  Fehler 73
  Genuss 60–61
  hocharomatisch 14
  Investieren in 138–139
  Kauf 136–147
  Kochen mit 195
  Korkgeschmack 73
  Körper 68
  körperreich 14, 31
  Lagern 150–155
  mit Eiche 83
  mittelschwer 13
  Nase 64–66
  Notizen 72–73
  offene Flaschen 161
  ohne Eiche 83
  Servieren 156–161
  Servieren 160–161
  spritzig 13
  stahlig 13
  trocken 12, 33
  trocken bis lieblich 12
  und Speisen 94–199, 161
  Verkosten 60–68
  Vertriebswege 136–138
  Viskosität 64
  Weinberg 112–121
Welschriesling 49, 193
Wild und Wein 98, 102–103, 106

YZ

Yecla 184
Zibibbo 45
Zinfandel 20, 55, 86, 88, 207
Zusätze 128
Zweigelt 57, 194
Zypern, Weine aus 197

Dank

Dank der Autorin

Die Informationen für dieses Buch verdanke ich sehr vielen Menschen, denen ich nicht namentlich danken kann. Danken möchte ich ihnen hiermit trotzdem. Überdurchschnittlich viel Zeit für meine Anfragen haben sich genommen:

John Boodle, Sarah Chadwick, Nicky Forrest, Peter Forrestal, Sue Glasgow, David Gleave MW, Anthony Hanson MW, Catherine Manac'h, Victoria Morrall, Hazel Murphy (und ihr Team), Michael Paul, Phil Reedman MW, Craig Smith, Paul Symington, Katharine Walker und Karen Wise (zusammen mit Natashia Bartlett).

Besonderer Dank gilt Lucas Hollweg und Robert Johnston von der *Sunday Times*.

Sharon Lucas, Carole Ash, Derek Coombes, Nicki Lampon, Frank Ritter und Toni Kay haben aus meinen Worten im Computer ein richtiges Buch gemacht – und ohne Felicity Bryan und Christopher Davis gäbe es das Buch überhaupt nicht. Ich danke ihnen allen.

Obwohl ich als Autorin genannt werden, haben Margaret Rand und Simon Woods entscheidend am Kapitel über die Weinregionen mitgewirkt.

Meiner Familie, Robin und Poppy, danke ich für ihre Geduld und Unterstützung.

Dank des Verlags

Dorling Kindersley dankt:
Tracy Miles für die Designassistenz; Ludo De'Brito für die Fotoassistenz für Ian O'Leary; Eliza Baird für das Food-Styling; Amanda Clarke für das Make-up; Margaret McCormack für das Register; Anne Marbot vom Conseil Interprofessionel des Vins de Bordeaux; dem Personal von Château Ausone; dem Personal von Château Haut-Brion; Dickon Johnstone und dem Personal von Château de Sours; Aimé Guibert, Howard Kaman und dem Personal von Mas de Daumas Gassac; François des Ligneris vom Restaurant Encour; Fortnum and Mason für die Bereitstellung von Weinen und Oddbins für die Bereitstellung von Etiketten und Weinen für die Fotoshootings.

Bildnachweis

Der Verlag dankt folgenden Personen und Organisationen für die Genehmigung zum Abdruck von Bildmaterial:

l = links; m = Mitte; o = oben; r = rechts; u = unten

Anthony Blake Photo Library: 30mlo, 38mlo, 40ol, 46ol, 123or, 131ur, 198ur, 198l; J.M.R. Topps 116m, 198mlu.

Cephas Picture Library: Jerry Alexander 120ol; Kevin Argue 132or; Nigel Blythe 191ol, 217ml, 217mlu, 217l; Fernando Briones 28u, 42ol; Andy Christodolo 118, 140o, 173, 178ol, 194l, 195mr, 196l, 201or, 202ml, 210l, 211or, 211u, 212ur, 212l, 213l; David Copeman 186ur, 189ml; John Davies 32ol; Juan Espi 214l; Bruce Fleming 140ml; Kevin Judd 28ol, 35ur, 39ur, 41ur, 45ul, 46ml, 54ul , 56ul, 88ol, 116ml, 128ol, 162u, 204l, 205u, 209ur; Herbert Lehmann 44ol, 56ol; Diana Mewes 38ol, 51ml, 55ol, 91or; Alain Proust 215or, 216or, 216u; Mick Rock 14ur, 15ol, 31ur, 33ur, 48ol, 48mlo, 48mlu, 48ul, 51ol, 52ml, 53ol, 54ur, 57ur, 81or, 83or, 84ol, 87ur, 89or, 114ul, 114um, 114ur, 115or, 115ul, 115um, 115ur, 116mr, 120ml, 120ul, 123ml, 125m, 125mr, 128ur, 132ur, 133or, 133ur, 134ol, 139u, 151, 155or, 163u, 165ur, 168ol, 169u, 169o, 170ol, 170ul, 171ol, 171u, 172ol, 173ol, 175ol, 176l, 177ol, 177or, 177u, 179ol, 180ol, 180ul, 181ol, 181, 182mlu, 182l, 183ol, 184, 185ol, 185ul, 186l, 187ol; 188ml, 188ur, 189 Vordergrund, 190l, 191or, 191u, 192ol, 193ur, 193l, 195mlu, 195l, 196ur, 196ulo, 199ol, 199ur, 202ol, 202u, 203ol, 203ul, 206l, 207o, 208ol, 208ul, 209l; Ted Stefanski 43ol; TOP/Hervé Amiard 154ur; TOP/Tripelon/Jarry 38ul.

Bruce Coleman Ltd: Jens Rydell 36mlo.

Corbis Stock Market: Paul Barton 141or; Rob Lewine 94.

Patrick Eagar Photography: 121ur, 124mr, 197or, 200l, 201u, 205or, 215u.

Garden Picture Library: Michael Howes 32mlu.

Getty Images: Peter Correz 78ur; Nick Dolding 92u; Paul Kenward 117ml; Anthony Marsland 24ol, 26ml, 74u, 80; Stefan May 13or, 87; Bob Thomas 18ol, 89.

Image Bank: Don Klump 8u, 22ol, 76ur; O. Pinchart 74ol.

Photonica: Aoi Tsutsumi 148ol.

Superstock Ltd.: 82, 84ur, 92ol.

Alle anderen Abbildungen © Dorling Kindersley
Weitere Informationen unter www.dkimages.com